संस्कृत श्लोकों की काव्यात्मक हिंदी छन्दबद्ध रचना

रेवती कांत पाठक

ISBN 979-8-89133-884-5

जनकल्याण के लिए **विश्व** को **समर्पित** ।

श्री रेवती कांत पाठक

कलियुग में गीता पुनः कहो

भूमिका

गीता सत्यतः कर्मग्रन्थ है परन्तु धर्म-ग्रन्थ या दर्शन ग्रन्थ मानने की बाध्यता हो तो दोनों का पारस्परिक विश्लेषण करने पर दर्शनग्रन्थ की अपेक्षा धर्मग्रन्थ मान लेना ही अधिक उपयुक्त होगा। धर्मग्रन्थ के दो पहलू होते हैं- (1) सामयिक सह नश्वर तथा (2) शाश्वत सह अनश्वर। सामयिक रचना उस काल की स्थिति से सम्बन्धित होती है, जिस काल में वह कही या लिखी गयी है। यह कालान्तर में नश्वर होने के कारण विस्मृत हो जाती है। परन्तु शाश्वत सह अनश्वर रचना हर काल में मनुष्य को अपनाने योग्य बनी रह जाती है। अतः शाश्वत सत्यों को प्रत्येक काल और परिस्थिति में अपनाये जाने की उत्कृष्ट विधियों से ओत-प्रोत ग्रन्थ ही सर्वमान्य तथा अनुकरणीय धर्मग्रन्थ की संज्ञा पाने का अधिकारी होता है।

गीता उन्हीं धर्मग्रंथों में से एक है क्योंकि धर्म की सभी शाश्वत मूल धारणाएँ न तो अर्वाचीन है और न प्राचीन ही हैं। मानव जाति की अमूल्य जीवन्तताओं को अतीत से भविष्य तक आलोकित करती हुई कर्म-पथ पर चलने के लिये यह प्रोत्साहित करती रहती है जिससे मानव जीवन धन्य हो उठता है।

हम हृदय की गहराई में सतत संघर्ष करते रहते हैं। जीत-हार की कल्पना में हमारी छटपटाहट को बाहरी संसार नहीं देख पाता है। हमारे भीतर का संसार काफी विस्तृत और गम्भीर है।

इस ग्रंथ का कर्म-दर्शन आत्म-दर्शन से निस्सरित हुआ है जो किसी भी तरह की अन्धभक्ति का विरोधी है। यह किसी एक धर्म या एक सम्प्रदाय का प्रतिनिधित्व नहीं करता बल्कि काल और देश की सीमाओं से परे सम्पूर्ण विश्व की आन्तरिक मनोदशा का प्रतिनिधित्व करते हुए मन और आत्मा के मतैक्य का आधार प्रस्तुत करता है। आत्मवान् आत्मा तो ईश्वर के राज्य का एक सदस्य है जिसमें आत्म सात् होकर ही परम लक्ष्य की प्राप्ति संभव हो पाती है। सांसारिकता के बीच रहते हुए उच्चतम आत्मा में निवास करने की समुचित प्रक्रिया को गीता में उपदेशित किया गया है। हिन्दू धर्म के विभिन्न सम्प्रदायों के वैचारिक मतभेदों को संकलित कर उनमें ऐक्य स्थापित करने का विलक्षण प्रयास उसकी उत्कृष्टता कही जायेगी। उपनिषद् से प्रभावित गीता भी उपनिषद् ही है जो मानव मन के लिये नूतन मार्ग सृजित कर महनीय सत्य के दर्शन को संभव कर देती है। हिन्दू जीवन के लगभग सभी धार्मिक दर्शनों तथा पद्धतियों को परिष्कृत कर सुगठित एकता में सूचीबद्ध करते हुए अप्रतिम कला-प्रस्तुति से विभिन्न मान्यताओं को एक ही सर्वोच्च लक्ष्य तक पहुँचाने का श्रेय सिर्फ गीता को ही प्राप्त है। इसके रचना काल और पाठ के मूल रूप के सम्बन्ध में भिन्न-भिन्न विद्वानों का भिन्न-भिन्न मत है।

महाभारत के पौराणिक संकलन कर्ता श्री व्यास को गीता की रचना का श्रेय देना सर्वाधिक उपयुक्त प्रतीत होता है। यद्यपि पांचवी शताब्दी के पूर्व की इस रचना के मूल पाठ में

अनेक हेर-फेर की सम्भावनाओं को भी नकारा नहीं जा सकता है। श्रीमद्भागवत में 12 स्कंध, 335 अध्याय और 18000 श्लोक हैं जिसमें भीष्म पर्व के 23 से 40 तक कुल अठारह अध्याय ही ''गीता'' नाम से सम्बोधित होता है।

वेद व्यास की ''समाधि-भाषा'' नीति और भक्ति का मणिकांचन संयोग है जो अन्य भारतीय ग्रन्थों में दुर्लभ है। गोपों से हारे हुए अर्जुन का विलाप, कृष्ण की रास लीला, द्वारिका का वैभव-चित्रण, युद्धादि का तदनुरूप वर्णन महाभारत काव्य की अप्रतिम विशेषता है। इस ग्रन्थ के प्रधान छन्द अनुष्टुप्, त्रिष्टुप्, जगती और वसन्ततिलका है जिसमें मनोहारी पद्यांश तथा अर्थालंकार-योजना का तो कुछ कहना ही नहीं है।

स उच्चकाशे ध्वलोदरो दहोप्यु रूक्र मस्याधर शोण शोणिमा।

दाध्माय मानः करकंज सम्पुटे यथाब्ज षण्डे कलहंस उत्स्वनः।।

''कृष्ण द्वारा बजाया गया श्वेत मध्य भाग वाला शंख उनके लाल होठों के सम्पर्क से ललछौंहा हो उठा था, उनके कर कमलों में वह कमल वन में कूँजता हंस सा प्रतीत होता था।''

ऐसे ही अनेकानेक स्थलों पर यमक, तद्गुण विलक्षण उपमा और भ्रान्तिमान् की सराहनीय योजनाओं से काव्य शैली की रमणीयता भागवत में शिखर छूती नजर आती है।

गीता के मुख्य उपास्य भगवान् श्री कृष्ण षोडश कला से परिपूर्ण सगुण परम ब्रह्म हैं। अन्य अवतारों में सगुण परब्रह्म कलांशों से अवतरित हुए हैं, परन्तु गीता का कृष्ण सम्पूर्ण ऐश्वर्य, सौन्दर्य तथा शक्ति से परिपूर्ण सगुण परब्रह्म के रूप में अवतरित हुए हैं।

गीता हिन्दू धर्म का प्राचीनतम् धर्म ग्रन्थ है जो उपनिषद् और ब्रह्मसूत्र के साथ ग्रंथत्रयी का प्रामाणिक स्वरूप बनकर वेदान्तिक सिद्धान्तों के औचित्य पर यथोचित निर्णय देता है। बौद्धधर्म के ह्रास होने पर द्वैत, अद्वैत, विशिष्टाद्वैत, शुद्धाद्वैत आदि अनेक सम्पद्रायों ने अपने-अपने समर्थन में गीता का सहारा लिया है। शंकराचार्य, रामानुज, निम्बार्क, बल्लभाचार्य, माधवाचार्य आदि टीकाकारों ने ग्रंथत्रायी की कसौटी पर अपने-अपने सम्प्रदायों को पल्लवित, पुष्पित करने का अनोखा प्रयत्न किया है।

शंकराचार्य [788-820 ईसवी] अद्वैतवाद के पोषक थे उनके ''एकोऽहं द्वितीयो नास्ति'' के मतानुसार वैदिक विधियों का अनुशरण केवल अज्ञानी लोग ही करते हैं। गीतोपदेश का उदेश्य भी संसार के सभी कर्मों का दमन करना ही है। कर्म को व्यर्थ कहते हुए उन्होंने अवास्तविक विश्व-संचालन में ''कार्य-कारण सिद्धान्त'' की अन्तहीन प्रक्रिया को पूर्णतः नकार दिया है। परन्तु वाचस्पति मिश्र, उदयनाचार्य तथा ग्यारहवी शताब्दी में रामानुज ने संसार को अवास्तविक बताने के सिद्धान्त का जोरदार खंडन कर ''कार्य-कारण सिद्धान्त'' को सर्वथा उचित ठहराया है। ब्रह्माण्ड की सर्वोच्च वास्तविकता ''आत्मा'' को ही ब्रह्म की संज्ञा दी है। संसार सत्य और वास्तविक है। संसार के ईश्वर ने अपनी प्रकृति से उत्पन्न किया है। परमात्मा आत्मा को सम्हालता है और आत्मा शरीर को सम्हालती है।

रामानुज (ग्यारहवीं शताब्दी) की व्यक्तिगत मान्यता रही है कि मनुष्य की आत्मा में चेतना और ज्ञान है। वह अपने जीवों को मुक्ति प्रदान करने की इच्छा रखती है। परमात्मा

आत्मा के भीतर निवास करता है, परन्तु आत्मा मुक्तिदायक ज्ञान प्राप्त करने के उपरान्त ही उसको पहचान पाती है।

मध्व ने गीता में द्वैतवाद के सिद्धान्त को खोजकर निकाला तथा जीव और परमात्मा को शाश्वत रूप में एक दूसरे से पृथक् माना। निम्बार्क ने द्वैताद्वैत के सिद्धान्त का प्रतिपादन किया है। उनके मतानुसार जीव, जगत और परमात्मा अलग-अलग रहते हैं, परन्तु जीव और जगत की सारी गतिविधियाँ परमात्मा पर आश्रित रहती हैं।

ऐसे ही वल्लभाचार्य, बाल गंगाधर तिलक, श्री अरविन्द एवं अनेक टीकाकारों ने गीता पर अपने-अपने विचार प्रकट किये हैं। उनके दर्शन पृथक् तो प्रतीत होते हैं परन्तु वे एक दूसरे के पूरक हैं, विरोधी नहीं है।

उपनिषद् में परब्रह्म को आत्मा के साथ तद्रूप बताया गया है और इसे सत्य माना गया कि ब्रह्म का किसी भी तरह से वर्णन करना असम्भव है। महात्मा बुद्ध ने भी किसी की ऐसी जिज्ञासा पर चुप्पी साध ली थी। अनेक ज्ञानियों ने भी ब्रह्म के सम्बन्ध में पूछे जाने पर मौन रहना ही उचित समझा है। उपनिषद् के "नेति-नेति सिद्धान्त" को भी गीता में समर्थन मिला है।

इस विश्व-प्रपंच में सबकुछ भगवान् का ही विग्रह है जो समस्त चराचर जगत की उत्पत्ति, स्थिति तथा उसके लय का नियामक है। सृष्टि और प्रलय की अनवरत क्रीड़ा अनादि काल से ही चल रही है।

भगवद्गीता अधिविद्या और नीतिशास्त्र, ब्रह्म विद्या और योग शास्त्र, ब्रह्म-विज्ञान और ब्रह्म के साथ संयोग की कला है। ज्ञानी आत्मा ईश्वर के राज्य का सदस्य बनकर कार्यों का सम्पादन करती रहती है। ब्रह्म में "हनुमान रचित" श्लोक को निश्चित रूपेण ग्राह्य माना जा सकता है।

देहबुद्धया तु दासोऽहं, जीव बुद्ध्या त्वदर्शकः।
आत्मबुद्ध्या त्वमेवाह मिति में निश्चिता मतिः।।

(शरीर मानने पर मैं तेरा सेवक हूँ, जीव मानने पर मैं तेरा अंग हूँ और आत्मा मानने पर मैं स्वयं तू ही हूँ, यही मेरा विश्वास है।)

नीति और अनीति के बीच सक्रिय संघर्ष के संसार को कृष्ण ने गाढ़ी अन्तरंगता से विश्लेषित किया है। वह संसार के कष्टों से चिन्तित है। कर्म का सिद्धान्त और ईश्वर की सर्वशक्तिमतता का प्रभाव अलग-अलग है। प्रकृति की सभी वस्तुएँ व्यवस्थित हैं और उनके व्यवस्थित रखने के नियमों के लिये परमात्मा सतत संकल्पित रहते हैं।

गीता का कृष्ण अपने भक्तों के सभी पापों को खुरचकर नष्ट करने का आश्वासन देता है। वह ईश्वर का विष्णु प्रधन रूप है।

"नारायण विद्महे वासुदेवाय धीमहि तन्नो
विष्णुः प्रकृत्याम् आविवेश"

और पद्मपुराण के कथानुसार सूर्य के प्राचीन देवता विष्णु का वर्णन सृष्टि की रचना के बाद प्रकृति में प्रवेश किया जाना कहा गया है। गीतोपदेश देने वाले कृष्ण की ऐतिहासिकता के पक्ष में यद्यपि बहुत सारे प्रमाण उपलब्ध हैं।

छान्दोग्य उपनिषद् में कृष्ण को देवकी का पुत्र तथा घोर आंगिरस का शिष्य बताया गया है। कौशीतकि ब्राह्मण के अनुसार घोर आंगिरस सूर्य का पुजारी था। उन्होंने ही कृष्ण को समझाया था कि मृत्यु के समय मनुष्य को तीन तरह के विचारों की शरण लेनी चाहिये "तू अच्युत है, तू अक्षत है, तू सम्पूर्ण जीवन का प्राण है।"

गीता के उपदेशों में इन विचारों की समानता देखी जाती है। धर्म, कर्म, ज्ञान-विज्ञान और भक्ति का सांगोपांग विश्लेषण एक ही स्थान पर उपलब्ध होने के कारण गीता को सर्वशास्त्रमयी से सम्बोधित किया गया है। इसमें सांख्य योग, कर्मयोग, आत्म-संयम योग, ज्ञान-विज्ञान योग, राजयोग, विभूति योग, भक्ति योग, मोक्ष योग आदि अनेकानेक योगों की परिपक्व व्याख्या उपदेशित है।

कृष्ण प्राचीन यदुवंश की सात्वत शाखा में उत्पन्न हुए थे जिसका स्थान संभवतः मथुरा के आसपास माना जाता है। ईसवी पूर्व 320 में मेगस्थनीज ने भी शूरसेन की चर्चा की है जिनका वास स्थान मथुरा और कृष्णपुर में था। बौद्ध गाथाओं में राधा, यशोदा, नन्द आदि प्रमुख व्यक्तियों का नाम उल्लिख्ति हैं। सात्वत लोगों द्वारा कृष्ण को सूर्य के साथ एकरूप मान लिया गया था और ईशा पूर्व चैथी शताब्दी तक वासुदेव की पूजा पूर्णतः प्रचलित हो गयी थी। कृष्ण द्वारा प्रचारित सिद्धान्त को भागवत धर्म कहा गया जिसको उन्होंने सर्वप्रथम विवस्वान् को बताया था। विवस्वान् ने मनु को और मनु ने इक्ष्वाकु को तदनुकूल उपदेश देकर भागवत धर्म को दुहराया है।

अर्जुन द्वारा साकार और निराकार ब्रह्म के उपासकों की पारस्परिक श्रेष्ठता का प्रश्न पूछे जाने पर कृष्ण का निष्पक्ष और निर्भीक उत्तर प्राप्त होता है कि वैसे दोनों की भक्ति श्रेष्ठ है परन्तु निराकार ब्रह्म की उपासना ज्ञानियों के लिये तथा सगुण ब्रह्म की भक्ति सर्वजन सुलभ होने के कारण अधिक संभव और महत्वपूर्ण है। अनश्वर ब्रह्म की खोज करने में कठिन तप की आवश्यकता पड़ती है, जबकि सब दृश्य वस्तुओं के पीछे विद्यमान अपरिवर्तनीय सत्य रूप कृष्ण को सरलता से देखकर भक्ति की जा सकती है।

कृष्ण कोई ऐसा व्यक्ति नहीं है जो अब संसार छोड़कर चला गया हो, वह तो अन्तर्वासी आत्मा ब्रह्म है जिसका मानव के रूप में अवतरण हुआ है। सम्पूर्ण मानव जाति को आध्यात्मिकता का सच्चा ज्ञान देने में तत्पर रहते हुए वह अपने अन्दर की गहराई से ही बोलता है। उसने तो जीवों के लिये बुद्धि, इन्द्रिय, मन और प्राणों की सृष्टि कर ही दी है जिनके द्वारा ईच्छानुकूल अर्थ, धर्म, काम और मोक्ष को अर्जित किया जा सकता हो।

अवतार लेकर भगवान संसार की विपरीत गति का निरोध करते हैं। कुछ दैत्यों को स्वयं नष्ट करते हैं और कुछ का नाश उनके पार्षदों के द्वारा होता है। गीता में परा-अपरा, श्रेत्र-क्षेत्रज्ञ, क्षर-अक्षर तथा प्रकृति-पुरूष से परे जो पुरूषोत्तम है वही श्रीकृष्ण अथवा ब्रह्म हैं। तत्ववेत्ता लोग

इसी अद्वितीय ज्ञान स्वरूप तत्व को ब्रह्म, परमात्मा या श्रीकृष्ण से सम्बोधित करते हैं। ये ही जगत के असंख्य जीवों की एकमात्र आत्मा हैं और जगत के कल्याण के लिये शरीरधारी जीव की भाँति प्रतीत होते हैं।

श्री वल्लभाचार्य ने श्रीमद्भागवत को श्री कृष्ण का साकार विग्रह माना है जिसके विभिन्न स्कंध श्रीकृष्ण के विभिन्न अंग है। कृष्णावतार को ईश्वर का दैहिक रूपान्तरण उतना नहीं कहा जा सकता जितना कि मनुष्यत्व का ऊपर उठकर ईश्वरीय रूपान्तरण कहा जाना अधिक उपयुक्त है।

गीता का अर्जुन संघर्षशील आत्मा का प्रतीक है जो सत्य के ज्ञान से अबतक अनभिज्ञ है। अंधकार, असत्य, सीमितता और मरणशीलता आदि उद्‌र्ध्वमार्ग की यात्रा के अवरोधक हैं, और उनकी शक्तियों से वह अनवरत युद्ध करता है, अज्ञानता के कारण कर्तव्यच्युत अर्जुन किंकर्तव्य की स्थिति में समुचित मार्ग ढूँढ़ने में असमर्थ है। वह छटपटाता है, कराहता है और गुरु कृष्ण के सम्मुख कर्म के नियमों की दीक्षा के लिये प्रार्थना करता है। उसकी आत्मीयता और विनम्र प्रार्थना पर कृष्ण उसका मार्गदर्शक बन जाते हैं। सूर्य के उगते ही जिस तरह कुहरा नष्ट हो जाता है तदनुरूप भगवान की शरण में आने वाले भक्त के सभी संशय और पाप भी नष्ट हो जाते हैं।

सर्वधर्मान्परित्यज्य मामेकं शरणं ब्रज।
अहं त्वाम् सर्वपापेभ्यो मोक्षयिष्यामि मा शुचः।।

भागवत में ब्रह्म के तटस्थ लक्षणों का निरूपण करते हुए उसकी अनेक शक्तियों का वर्णन किया गया है-यथा सृष्टि की उत्पत्ति, स्थिति एवं लय की शक्ति।

भीष्म ने स्तुति करते समय कृष्ण को ब्रह्म कहा है। कृष्ण ही सबके आदि कारण और परमपुरूष नारायण एवं अद्वितीय ईश्वर हैं। अपनी लीला से ही वे सृष्टि की उत्पत्ति, उसका पालन तथा संहार करते हैं।

"यह ब्रह्म नहीं, वह ब्रह्म नहीं, अथवा यह ब्रह्म है, वह ब्रह्म है" की निषेध् या अन्वय पद्धति से सिद्ध होता है कि सर्वातीत और सर्वस्वरूप भगवान ही सर्वत्र, सर्वदा स्थित हैं। पूर्णकाम रहते हुए भी भगवान अपनी बनायी धर्म-मर्यादा की रक्षा के लिए अवतार लेते रहते हैं। अपने अवतार का कारण अर्जुन को बताने के लिए ही भगवान कृष्ण ने निम्नांकित उद्घोषण की है।

यदा-यदा हि धर्मस्य ग्लानिर्भवति भारत, अभ्युत्थानमधर्मस्य तदात्मानं सृजाम्यहम्।
परित्राणाय साधूनां विनाशाय च दृष्कृताम्। धर्म संस्थापनार्थाय संभवानि युगे-युगे।।

कंस, शिशुपाल, जरासंध आदि अनेकानेक राजाओं का वध करके कृष्ण ने धर्म को सुरक्षित रखा है। इस तरह सम्पूर्ण संसार को पवित्र रखने के लिए कृष्ण ने अद्भुत लीलाएँ मंचित की हैं तथा उन लीलाओं के माध्यम से पृथ्वी का भार उतारा है।

जिस किसी भी साधन से श्रीकृष्ण की भक्ति प्राप्त हो जाय वही सबसे बड़ा कल्याणकारी मार्ग समझ लेना उचित है। अब जहाँ तक ब्रह्म के सगुण या निर्गुण होने का प्रश्न है तो सीधी सी जानकारी उपलब्ध है कि प्रकृति के सत्वगुण, रजोगुण तथा तमोगुण के अतीत होने एवं

गोत्र, वर्ण, जन्म, मरण, मोह, शोक आदि हेय गुणों से रहित होने के कारण ब्रह्म को निर्गुण कहा जाता है, जबकि सौशिल्य, सौन्दर्य, शौलभ्य, करूणा, दया इत्यादि दिव्य गुणों से युक्त होने के कारण ब्रह्म को सगुण कहा जाता है।

वेदों का तात्पर्य है कि यज्ञों का उदेश्य तथा योगों की साधना-सबकुछ कृष्ण के लिये ही उपदेशित है। वही परमपुरूष परमात्मा कार्य-कारण स्वरूप जगत का विधाता है। उसके असंख्य अवतार हैं-ऋषि, मुनि, देवता, प्रजापति और सभी महान व्यक्ति उसके ही अंश हैं। काल, स्वभाव, कार्य, कारण, मन, पंचभूत, अहंकार, प्रकृति के तीनों गुण, स्थावर एवं जंगम भी उस अनन्त भगवान के रूप हैं। वह उस परमब्रह्म के साथ तद्रूप है जो सभी पदार्थों के पीछे विद्यमान रहकर स्थिर सत्य स्वरूप कहलाता है। उस प्रकट भगवत स्वरूप को हम मर्त्यलोक वासी बहुत आसानी से देख-समझ सकते हैं।

माया की अनोखी शक्ति के प्रभाव में उत्पन्न भ्रमित करने वाली आंशिक चेतना वास्तविकता को समझने में असमर्थ हो जाती है। संसार को भ्रामक समझने का कारण परमात्मा का अपनी सृष्टि के पीछे छिप जाना है। वस्तुतः संसार को कभी भी धोखा नहीं समझना है, हाँ धोखे का निमित्त हो सकता है। अपने मन को स्रष्टा में लगाने की बजाय सांसारिक विषयों में लिप्त रहने की प्रवृति अधिक होने के कारण माया की गतिविधियों को भेदकर उसके पीछे पहुँचना असंभव हो जाता है।

परमात्मा का एक विचित्र परिवेश में लिपटा हुआ होने के कारण अविद्या को हम माया समझ बैठते हैं और कारण रूप परमात्मा की तुलना में यह कार्य रूप संसार अधिक वास्तविक प्रतीत होने लगता है जो सत्य नहीं है।

अब अर्जुन के सन्दर्भ में कुरूक्षेत्र के युद्ध की प्रारम्भिक स्थिति की समीक्षा करने पर हम पाते हैं कि युद्ध के मैदान में सबके समक्ष संकटकालीन स्थिति का सामना करने के लिये वह खड़ा तो है परन्तु नहीं जानता कि सहजवृति से चलने वाले सज्जन प्राणी को आनुवंशिकता के फलस्वरूप नैतिक निर्णय लेने में कितनी असमर्थता रहती है। इस संसार में सभी प्राणियों की स्थिति कभी न कभी लगभग ऐसी ही हो जाया करती है। ऐसी स्थिति में गीता ने अच्छे-बुरे का अन्तर समझने की जिम्मेदारी उन्हीं पर छोड़ दी है।

अर्जुन वैसी आत्मा का प्रतीक है जिसका विश्वास अनिश्चित और चेतना भ्रान्तिग्रस्त तथा दुश्चिन्ताओं से परिपूर्ण है। जीवन के सन्देह, निषेध और घनी निराशा से आंक्रान्त प्राणी को इन सब से मुक्ति के लिये परमात्मा के सहारे की आवश्यकता पड़ती है। हमारे अस्तित्व की चेतना और अनुभूति अपने ढंग की है, फिर भी इन्द्रियों को दमन किये बिना आत्मा की शिखा जलायी नहीं जा सकती है। वैसे हमारे जीवन का निर्माण एक निश्चित उदेश्य से ही होता है। जीव हमेशा ऊपर उठने की कोशिश तो करता है, परन्तु अनात्म के मिथ्या बन्धन में फँसे रहने के कारण ज्ञान का विकास नहीं कर पाता है। बिना ज्ञान को विकसित किये अनात्म सम्बन्धित उपकरणों का प्रकाशित होना असंभव है। प्रकृति को नष्ट नहीं करके उसको आत्मिक बनाने की आवश्यकता होती है।

प्रकृति तो नियतिवाद का संपोषक है फिर भी आत्मिक शक्तियों से प्रभावित होकर अपनी दिशा बदल सकती है और आत्म-प्रकृति की घेराबन्दी को तोड़कर परमात्मा से अपना सम्बन्ध स्थापित कर सकती है। हमारे आन्तरिक अस्तित्व पर परमात्मा भी जबर्दस्ती नहीं करता है। अपनी व्यक्तिगत सत्ता को रजस्, तमस् और सत्व गुणों से मुक्त करके परमात्मा के साथ एकीकृत हुआ जा सकता है। बिना त्रिगुणातीत हुए सांसारिक बन्धनों से मुक्त होना असंभव है। चंचल चित्त का अर्जुन अपनी वासनाओं की अग्नि को शान्त नहीं कर पाया है और अपनी इन्द्रियों को पूर्ण नियन्त्रित कर बुद्धि को उचित प्रशिक्षण नहीं दे सका है। वह कितना भाग्यशाली है कि साक्षात परमात्मा गुरु कृष्ण के रूप में उसको सम्पूर्ण प्रशिक्षण देने के लिये उपस्थित हैं।

गीता में कृष्ण ने कर्म, भक्ति और ज्ञान की सांगोपांग व्याख्या करते हुए अर्जुन के चंचल चित्त को नियंत्रण में रखने का अमूल्य संदेश उपदेशित किया है। कर्म तो उसको करना पड़ेगा, क्योंकि संसार कर्म के कारण ही है। मानवीय स्तर पर इच्छा, राग या काम के कारण कर्म किया जाता है और अविद्या या प्रकृति में अज्ञानता इच्छा का मूल कारण है। इसी अज्ञानता के कारण मनुष्य नाम-रूप के दुश्चक्र में फँसा हुआ रहता है। अविद्या और अज्ञानता को नष्ट करना होगा, तभी हम कर्मों के बन्धन से मुक्त हो पायेंगे।

प्रकृति और आत्मा के बीच अवस्थित द्वैत भाव को अद्वैत बनाना होगा। व्यक्तिगत सत्ता को ईश्वर में विलीन करने पर ही त्रिगुणातीत होकर हम सारे बन्धनों से मुक्त हो सकेंगे। इसके लिए प्रकृति को कुचलने या विनष्ट करने की आवश्यकता नहीं है। सिर्फ सक्रिय होकर विलक्षण ढंग से जीवन को जीने की अनिवार्यता है जिसमें आन्तरिक जीवन परमात्मा के साथ सतत जुड़ा हुआ रहे। प्रकृति निरन्तर कार्य करती रहती है, संसार प्रतिदिन विकसित हो रहा है, हम प्राणी प्रकृति का अंग होकर चुप कैसे बैठे रहेंगें। इन्हीं कारणों से गीता में युद्ध को वैध या अवैध नहीं ठहराया गया है। सत्य और न्याय की सुरक्षा के लिये अर्जुन के द्वारा युद्ध से इनकार करने की स्थिति में ही तो कृष्ण ने सर्वथा अकाट्य और समीचीन परामर्श दिया है। गीता का उद्देश्य फलेच्छाओं से मुक्त होकर निष्ठापूर्वक कर्म करते रहने का है।

अर्जुन भी युद्ध के औचित्य या अनौचित्य पर प्रश्न नहीं उठा रहा है। वह तो स्वजनों के विरुद्ध हिंसा प्रयोग करने का प्रश्न उठा रहा है। अनर्गल चिन्ताओं के वशीभूत होकर वह वैराग्य और सन्यास की बात करने लगा है। बिना राग और द्वेष के घटनाओं को स्वीकार नहीं कर पाने के कारण द्वन्द्वातीत होकर वह कर्तव्य कर्म करने में अपने को असमर्थ पा रहा है। उसको सचमुच कृष्ण जैसे उपदेशक की नितान्त आवश्यकता महसूस हो रही है।

नैतिक व्यवस्था को बनाये रखने के लिये धर्म के परम्परागत नियमों का पालन करना सर्वथा अनिवार्य होता है क्योंकि सर्वांग-सम्पूर्ण शान्ति-योजना प्रत्येक मनुष्य के लिये सभी काल में अपरिहार्य है। कर्म, ज्ञान और भक्ति पृथक नहीं है, एक दूसरे के पूरक होते हैं। जीवनमुक्त आत्मा सांसारिक घटनाओं के प्रति क्रियाशील रहते हुए भी उनमें कभी उलझती नहीं है। अनात्म और उसके रूपों के साथ असत् की एकात्मकता में फँसने से बचकर वह बन्धन में नहीं पड़ता

है। आत्म और अनात्म की प्रकृति का हृदयंगम विकसित ज्ञान से ही संभव है जो सचेत प्रयास करने पर क्रियान्वित हो सकता है।

अर्जुन अन्दर-अन्दर अपर्याप्तता की भावना से पीड़ित होकर सभी मानवीय प्रसन्नता को दिखावटी और अनिश्चित समझने लगा है। असह्य बेचैनी और आत्मा की तड़प ने उसमें आत्मगौरव, समस्वरता और शान्ति के सिद्धान्त में अधिक हितकारी रूचि उत्पन्न कर दिया है। उसकी सम्पूर्ण चेतना भ्रान्तिग्रस्त होकर घनघोर अन्धकार में डूबती हुई प्रतीत होती है।

इच्छा का मूल कारण अविद्या है। अविद्या और कर्म की श्रृंखलाओं से मुक्ति तो अज्ञानपूर्ण इच्छाओं और अविहित कर्मों से परहेज करने पर ही संभव है। आत्मा की मलीनता को स्वच्छ करके ही अज्ञान रूपी आध्यात्मिक अन्धता प्रतिबन्धित हो सकती है। ज्ञान कहीं से प्राप्त करने की वस्तु नहीं है, वह तो एक प्रत्यक्ष अनुभव है जो अविद्या के आवरण से आच्छादित रहने के कारण अप्रकट है।

सर्वोच्च वास्तविकता के दिव्य ज्ञान के लिये ही गुरु कृष्ण ने भिन्न-भिन्न साम्प्रदायिक विधियों की सांगोपांग व्याख्या की है। कुरूक्षेत्र के धर्मयुद्ध में ध्यान योग, ज्ञान योग, भक्ति योग सन्यास इत्यादि विधियों का सविस्तार वर्णन सिर्फ इस उदेश्य से करना अनिवार्य था ताकि "गहना कर्मणो गतिः" का यथार्थ ज्ञान अर्जुन को प्राप्त हो सके। अन्य योगों के प्रभाव में सन्यासी या भजनी बनने पर युद्ध कौन करेगा और धर्म की सुरक्षा कैसे हो सकेगी?

अर्जुन तो अनात्म और उसके रूपों के साथ मिथ्या एकात्मकता में फँसकर बन्धन में पड़ा हुआ है। गुरु कृष्ण के द्वारा दिया गया दिव्य ज्ञान ही आत्म और अनात्म की सच्ची प्रकृति का हृदयंगम करा सका है और अनात्मोत्पन्न उपकरणों को आत्म-सहायता से प्रकाशित कर बुद्धि सम्मत यथोचित कर्म करते रहने की प्रेरणा दे पाया है।

विभिन्न सम्प्रदायों ने अपने अनूठे प्रयोगों एवं विधियों के माध्यम से ब्रह्म-साक्षात्कार करने का मार्ग उपदेशित किया है। गीता में कृष्ण ने सबकी उत्कृष्टता पर विश्वास दिखाया है, योग, भक्ति, ध्यान, ज्ञान, कर्म, आत्म-अनात्म, पुरूष, प्रकृति आदि सभी मार्गों की प्रशंसा की है। परन्तु कर्म की अनिवार्यता सब में हैं और कर्म किये बिना सबकुछ असंभव है। सीमित व्यक्तियों के लिए कोई भी मार्ग पकड़कर मोक्ष तक पहुँच जाना संभव हो सकता है, पर सम्पूर्ण संसार ऐसा ही करने लगे तो सम्पूर्ण सृष्टि ही ठप्प हो जायेगी और परमात्मा का सारा विन्यास धरा पड़ा रह जायेगा। कहीं माला फेड़ते तो कहीं भजन गाते और कहीं योग करते हुए ही लोग दिखेंगे। तब फिर कुरूक्षेत्र या धर्मक्षेत्र से सम्बन्धित इतिवृत्ति की सम्पूर्ण प्रासंगिकता ही असत्य हो जायेगी। सब विधियाँ स्वीकार योग्य हैं परन्तु गन्तव्य तक पहुँचने की योग्यता का आकलन करके उसकी सर्वसुलभता एवं व्यावहारिकता का विश्लेषण करना तो आवश्यक है ही।

कुरूक्षेत्र में अर्जुन द्वारा युद्ध नहीं करने के निर्णय के कारण उपस्थित कठिनाइयों की समस्या से गीता का शुभारम्भ होता है। वह तरह तरह की युक्तियाँ प्रस्तुत कर गुरु कृष्ण से कर्म-सन्यास की बात करने लगता है। मनुष्य को कभी-कभी अर्जुन की तरह ही कलेजा फटने या विह्वल होने की स्थिति उत्पन्न हो जाती है और वह सब कुछ छोड़कर सन्यास का मार्ग

श्रेयस्कर मानने पर मजबूर हो जाता है। अज्ञान और वासना के कारण लोक संग्रह या लोक कल्याण का कार्य छोड़कर वह भागने पर उतारू हो जाता है। अन्तर्मन में इस गुत्थी को सुलझाने से असमर्थ होकर ही अर्जुन गुरु कृष्ण के समक्ष शरणागत होकर निवेदन करता है।

''कार्पण्यदोषोपहतस्वभावः, पृच्छामि त्वां धर्म समूढचेताः।
यच्छ्रेयः स्यान्निश्चितं ब्रूहि तन्मे, शिष्यस्तेऽहं शाधिमां त्वां।।''

(भगवद्गीता अध्याय-2 श्लोक-7)

उसकी विह्वलता और कातरता पर गुरु कृष्ण ने ''कर्तारम अकर्तारम" का विलक्षण उदाहरण देते हुए राजा जनक द्वारा कर्तव्य पालन करने का वर्णन किया क्योंकि वे संसार की घटनाओं से कभी क्षुब्ध नहीं होते थे। उस काल के प्रचलित सभी सम्प्रदायों में कृष्ण ने मेल स्थापित कर सम्पूर्ण सर्वांग शान्ति योजना की प्रस्तुति से वास्तविक लक्ष्य तक पहुँचने का मार्ग बताया है। सारी पारिस्थितियों को मानवीय दृष्टिकोण से देखते हुए सत्य और न्याय की रक्षा करने के लिये उन्होंने अर्जुन को युद्ध करने की सलाह दी है।

''कर्मण्येवाधिकारस्ते मा फलेषु कदाचन'' का सिद्धान्त मानते हुए कर्म करना है और ''सर्वधर्मान् परित्यज्य मामेकं शरण ब्रज'' का समर्पण-भाव जागृत करना है क्योंकि सभी पाप-पुण्यों का भार भगवान कृष्ण अपने ऊपर लेने के लिए हर पल उपस्थित रहते ही हैं।

आर0 के0 पाठक
"गोल्डेन"

दो शब्द

सरस्वती के वरदपुत्र साहित्यकार श्री रेवती कान्त पाठक जी ने 'श्रीमद्भगवद्गीता' की पध्यबद्ध रचना कर अपनी अनूठी कवित्व प्रतिभा का परिचय दिया है।

मुझे तो ऐसा प्रतीत होता है कि जिस तरह भगवत्कृपा से तुलसीदास ने 'रामचरितमानस' की सर्जना कर सामान्य जनों में श्रीराम के प्रति असीम श्रद्धा और भक्तिभाव को उद्भासित किया है, ठीक उसी तरह भगवत्प्रेरणा से ही श्री पाठक जी ने 'श्रीमद्भगवद्गीता' को राष्ट्रभाषा हिन्दी में अनूदित कर अपनी कवित्वशक्ति को उद्भासित किया है। ध्यातव्य है कि उक्त दोनों ही ग्रन्थ देववाणी संस्कृत में लिखित होने के कारण सामान्य जनों को आत्मसात् करना आसान नहीं है।

हम यह भलीभाँति जानते हैं कि जब तक इस पृथ्वी पर पर्वतश्रेणियाँ अवस्थित रहेगीं, नदियों की अविरल धाराएँ बहती रहेगीं, तब तक 'श्रीमद्भगवद्गीता' का सन्देश लोगों के बीच अक्षुण्ण गति से प्रचारित और प्रसारित होता रहेगा।
वैसे तो गीता के रहस्यों का संक्षेप में उद्भेदन करना अत्यन्त ही जटिल है, फिर भी, थोड़े से शब्दों में इसके मर्मों को प्रकट करना भी प्रासंगिक हो जाता हैः-

'श्रीमद्भगवद्गीता' एक ऐसा रहस्यमय उपदेशप्रद ग्रन्थ है, जिसमें सभी वेदों का सार संगृहीत है। साथ ही, गीता भारतीय धर्म और संस्कृति की एक ऐसी भी जाज्वल्यमान रचना है जो समय-समय पर हमारा मार्गदर्शन करती आयी है। शंकराचार्य को गीता में सन्यासयोग दृष्टिगत हुआ तो मध्यकालीन सन्तपरम्परा को भक्तियोग। गीता समयानुसार चलती रहती है। यह अपने उद्भव से लेकर वर्तमान काल तक अलग-अलग रूपों में सामने आती रही है।

गीता में भगवान् श्रीकृष्ण ने भगवत्प्राप्ति के लिये मुख्यतया दो मार्ग निर्दिष्ट किये हैं, - सांख्ययोग और कर्मयोग। परिदृश्यमान सारे के सारे पदार्थ मृगतृष्णा या स्वप्न की भाँति मायामय होने के फलस्वरूप माया के कार्यरूप सभी गुण ही गुणों में वर्तमान रहते है।- एवम्बिध धारणा को आत्मसात् कर मन, इन्द्रियों और शरीर द्वारा सम्पादित सभी कर्मों में कत्र्तापन के अभिमान से विरत होना और सर्वव्यापी, सर्वभूतान्तरात्मा, परमात्मा के स्वरूप में एकात्मभाव से नित्य सुस्थिर रहते हुए एकमात्र सच्चिदानन्दधन वासुदेव के अतिरिक्त अन्य किसी के विद्यमान रहने की भावना से विरमित होकर रहना ही सांख्ययोग का साधन या मार्ग है।

परिदृश्यमान सभी विषयवस्तु एकमात्र भगवान् का समझकर, सिद्धि-असिद्धि में समानता का भाव रखते हुए आसक्ति और फलेच्छा का सर्वथा परित्याग कर भगवान् की आज्ञा के अनुसार एकमात्र भगवान् के लिये ही सभी कर्मो का आचरण करना और श्रद्धाभक्ति समन्वित होकर मन,

वाणी और शरीर से एकमात्र भगवान् के शरणागतवत्सल होकर, नाम, गुण और प्रभाव सहित भगवान् के स्वरूप का निरन्तर चिन्तन करना कर्मयोग का साधन माना गया है।

उपर्युक्त द्विविध साधनों का परिणाम एक होने के कारण दोनों ही मार्ग अभिन्न माने गये हैं। किन्तु साधना की अवस्था में अधिकारी भेद से दोनेां के बीच भेद होने के फलस्वरूप दोनों मार्ग भिन्न-भिन्नतया निर्दिष्ट किये गये हैं।

इन दोनों ही साधनों में सन्यासाश्रम में कर्मो का स्वरूप तथा परित्याग भी करना आवश्यक होता है। फलतः कर्मयोग का मार्ग सन्यासाश्रम में सम्भव नहीं हो सकता। इसके विपरीत सांख्ययोग का मार्ग सभी आश्रमों में सम्भव है। किन्तु उक्त दोनों ही मार्ग में भगवान् श्रीकृष्ण ने सांख्ययोग का मार्ग कठिनतया अतएव निर्दिष्ट किया है, क्योंकि उस मार्ग के अधिकारी को देहाभिमान से सर्वथा विरत रहना आवश्यक होता है। वैसे तो श्री कृष्ण ने सांख्ययोग को सन्यास के नाम से अभिहित किया है जो गृहस्थाश्रम में सम्भव नहीं है। किन्तु ऐसी बात नहीं कही जा सकती। कारण गृहस्थाश्रम में रहता हुआ भी मानव त्याग के माध्यम से परमात्मा को प्राप्त कर सकता है। परमात्मा की प्राप्ति के लिए त्याग ही प्रमुख साधन है। भगवान् श्रीकृष्ण ने निम्नलिखित सप्तविध त्यागों को निर्दिष्ट किया हैः-1. निषिद्ध कर्मो का सर्वथा परित्याग, 2. काम्य कर्मों का त्याग, 3. तृष्णा का सर्वथा परित्याग, 4. स्वार्थपूर्ति के लिए दूसरों से सेवा कराने का त्याग, 5. सभी प्रकार के कर्त्तव्य कर्मों में आलस्य और फल की इच्छा का सर्वथा परित्याग, 6. संसार के सभी पदार्थो में और कर्मों में ममता और आसक्ति का त्याग, 7. संसार, शरीर और सारे-के-सारे कर्मों में सूक्ष्म वासना और अहं भाव का सर्वथा परित्याग।

उल्लेख्य है कि उपर्युक्त सातवीं श्रेणी के त्यागरूप पर वैराग्य को प्राप्त हुए पुरूषों के अन्तः करण की सभी वृत्तियाँ सम्पूर्ण संसार से उपरत हो जाती हैं। यदि कभी किसी तरह का सांसारिक स्फुरण होता भी है तो भी उनके संस्कार स्फुरित नहीं हुआ करते। कारण उनकी एकमात्र सच्चिदानन्द परमात्मा में ही अनन्यभाव से प्रगाढ़ स्थिति हमेशा बनी रहती है। अतएव उनके अन्तःकरण में सभी तरह के अवगुणों का अभाव होकर सद्गुणों का सन्निवेश स्वभावतः ही हो जाता है। इस तरह स्पष्ट है कि सशरीर सभी पदार्थो और कर्मो में वासना और अहंभाव के नितान्त अभाव होने के फलस्वरूप एकमात्र सच्चिदानन्द घन परमात्मा के स्वरूप में ही एकात्मभाव से दृढ़ स्थिति रूप ज्ञान की परिपक्व अवस्था को प्राप्त हुए पुरूष का लक्षण निर्धारित किया गया है। एवम्बिध पुरूष का उस क्षणभंगुर, नाशवान् और त्रिगुणमयी माया के कार्यरूप संसार से किसी तरह का सम्बन्ध नहीं रहा करता, बल्कि यह संसार मृगतृष्णा के जल की भाँति या स्वप्न की तरह प्रतीत होता है। अतः सभी प्रकार के सद्गुणों को अपने-अपने अन्तः करण में स्फुरित करने के लिये सभी को शरणागतवत्सल भगवान् तक पहुँचने के लिये अथक, अपरिमित और अविरल प्रयत्न करना अपेक्षित होता है।

अन्ततः यही कहना है कि सच्चिदानन्दघन परमेश्वर को प्राप्त पुरूष का भाव वह स्वयं ही जानता है। मन, बुद्धि और इन्द्रियों द्वारा प्रकट करने के लिये किसी में भी सामर्थ्यें नहीं देखा जाता। फलतः अज्ञाननिद्रा से विरमित होकर उपर्युक्त सप्तविध त्यागों को अपना कर परमात्मा के प्राप्त्यर्थ सत्पुरूषों के शरण में जायें और उनके कथनानुसार साधना करने में तत्पर होवें कारण, यह अत्यन्त दुर्लभ मनुष्य-योनि, भगवत्कृपा से ही प्राप्त होती है।

अतः क्षणभंगुर संसार में उपलब्ध अनित्य भोगों को भोगने में अपना अमूल्य समय कथमपि नष्ट नहीं करना चाहिए।

मुझे आशा ही नहीं, अपितु पूर्ण विश्वास है कि जिस तरह लोकमान्य बालगंगाधर तिलक ने मांडेर कारावास में 'श्रीमद्भगद्गीतारहस्य' की रचना कर स्वतन्त्रता सेनानियों के बीच बिगुल फूंक कर स्वराज्य को जन्म सिद्ध अधिकार बताया। साथ ही, इसके लिए उन्होंने एक प्रतापी राजा की तरह ललकार भरते हुए लोगों को सचेत करते हुए अंगेजों की छाती पर चढ़ जाने का आदेश दिया। ठीक उसी तरह श्री रेवतीकान्त पाठक द्वारा लिखित गीता का भाषानुवाद लोगों के बीच नयी चेतना और स्फूर्ति को जागृत करने के साथ-साथ कर्तव्यपथ पर अग्रसर होने के लिए उत्प्रेरित भी करेगा। साथ ही, सामान्य जनों के लिये भी सच्चिदानन्दधन परमपिता परमेश्वर तक पहुँचने में बहुत हद तक सहायक सिद्ध होगा।

विश्वनाथ ठाकुर
व्याकरण साहित्याचार्य,
व्याकरणतीर्थ,
एम.ए.,पी.एच.डी (कल. वि.)
भूतपूर्व प्राध्यापक, संस्कृत विभाग,
पूर्णियाँ महाविद्यालय, पूर्णियाँ

कलियुग में गीता पुनः कहो

पृष्ठभूमि

यह कथा पुरानी द्वापर की रजगुण प्रधान प्रकृति तब थी
राजे रजवारों में अर्जन बल-सर्जन की प्रवृति तब थी 1

त्रेता सत-रज का मिश्रण था ऋण त्याग प्रबल जन गन में था
द्वापर रज तम का योग बना धन बल अर्जन जन गण में था 2

कुरूवंशी थे धृतराष्ट्र, पाण्डु जो भरत राज्य के वंशज थे
धृतराष्ट्र-ज्येष्ठ जन्मांध हुआ और अनुज पाण्डु ही अंशज थे 3

कुरूवंश शुरू से था महान, इसमें ही राजा भरत हुए
उनकी प्रशस्ति थी दिग-दिगंत उन पर ही भारत नाम हुए 4

जन्मांध राज-सिंहासन के सब राज काज कैसे करते
अग्रज थे फिर भी, अति विशाल साम्राज्य भार कैसे सहते 5

काका थे भीष्म पितामह वह भी असमंजस में पड़े रहे
निष्कर्ष नहीं कुछ निकल सका सब मौन अनिश्चित खड़े रहे 6

तब अनुज पाण्डु पर दृष्टि गयी वह था सुयोग्य और कर्मवीर
कुल की परम्परा में वह भी नृप-भरत तुल्य था धर्मवीर 7

सिंहासन पर शोभित नृप का सब कर्म धर्म था अतिविशिष्ट
सम्मान राज्य का खूब बढ़ा अग्रज के प्रति था बहुत शिष्ट 8

अल्पावधि में पांचों शिशु को वह छोड़ मृत्यु को गले लगे
तत्काल सिंहासन का क्या हो जो दादा, गुरु को भले लगे 9

धृतराष्ट्र जन्म से अंधा था तो राज-काज कैसे होगा
दादा, ताऊ, गुरु के निर्देशन में ही सब संभव होगा 10

संरक्षक भीष्म पितामह का निर्देशन सदा लगा रहता
राजा कौरव के राज महल में बच्चों का पालन होता 11

पांचों पांडव भाई का लालन पालन संग-संग होता

राजा के सौ पुत्रों का भी सब देख रेख होता रहता 12

गुरु द्रोण प्रशिक्षक सैन्य कला के परम ज्ञान से शोभित थे
सब बच्चों में अर्जुन की धनुष-निपुणता पर वे मोहित थे 13
पांचों पांडव में ज्येष्ठ युधिष्ठिर द्वितीय भीम था गदा निपुण
अर्जुन था धनुष निपुण एवं सहदेह नकुल में था सब गुण 14

कौरव के सौ पुत्रों में सबसे ज्येष्ठ पुत्र था दुर्योधन
वह भीम तुल्य था गदा-निपुण और था कठोर वज्रित तन मन 15

बांकी सब उनके अनुज धुरंधर युद्ध-भूमि में थे अजेय
पांडव से सब ईष्या करते नृप होने का था दृष्टि ध्येय 16

परिवार राज्य के संरक्षक थे भीष्म पितामह दृढ़ प्रतिज्ञ
कौरव के संग महल में पांडव घृणा द्वेष से था अभिज्ञ 17

धृतराष्ट्र राज्य का भार पुत्र को देने पर तत्पर रहते
भर दिन कुचक्र रच कर दुर्योधन उन्हें तंग करते रहते 18

पांडव को राज्य मार्ग से हटने दुर्योधन प्रपंच करता
हत्या की विविध योजना से भी रंच नहीं वह सब डरता 19

माता कुन्ती का सगा भतीजा कृष्ण वहां आया करता
उनका संरक्षण उससे और विदुर चाचा से हो जाता 20

वह कृष्ण कोई सामान्य नहीं कृष्णावतार द्वापर का था
जब जब धर्मों की हानि हुई अवतार विष्णु बन आता था 21

वसुदेव देवकी से मथुरा के हाजत में अवतार लिया
मथुरा के राजा ने अबतक नवजात सबों को मार दिया 22

यह अष्टम् पुत्र कृष्ण ही था मामा को वही मार पाता
उसके भय से गोकुल में ही उसका संरक्षण हो पाता 23

वसुदेव रात में ही शिशु को ले नन्द यशोदा के घर था
और वहाँ जेल में कंस पहुँचकर जाँचा तो सब गड़बड़ था 24

पालक थे नन्द यशोदा उनसे स्नेह अपार मिला करता
गोकुल से वृंदावन सबका अप्रतिम प्यार था लहराता 25

उस क्रम में सबको ज्ञात हुआ बालक अवतार विष्णु का है
जो चमत्कार बालक करता लक्षण अवतार कृष्ण का है 26

अग्रज बलराम को संग लिये मामा के गृह वह आ पहुँचा
उसको पहले मृत्युदंड दिया फिर कारागार तुरत पहुँचा 27

कब से माँ बाप आश में थे बंदीगृह से आजाद किया
कर्तव्य उचित संपादित कर दीदी के घर प्रस्थान किया 28

पाँचों पांडव यह जान गये वह कृष्ण कोई सामान्य नहीं
सबकुछ संभव उनसे ही है स्थापित धर्म अमान्य नहीं 29

सब धर्मवीर थे सत्य पथिक तो कृष्ण प्रेम मिलना ही था
अर्जुन से सखा भाव रहता सौभाग्य कुसुम खिलना ही था 30

पूज्य पितामह विदूर आदि ने राज्य समस्या को सुलझाया
खाण्डव वन मरूभूमि क्षेत्र का भाग पांडवों को दिलवाया 31

पांडव थे अति बलशाली नैतिकता उनमें कूट भरी थी
अल्पावधि में घोर परिश्रम से सत्ता अब सजी खड़ी थी 32

नूतन सुन्दर इन्द्रप्रस्थ का राज्य विश्व में सम्मानित था
सिंहासन पर ज्येष्ठ युधिष्ठिर नीति न्याय से अति चर्चित था 33

अश्वमेघ का यज्ञ युधिष्ठिर को संपन्न प्रथम करना था
इस निमित्त पृथ्वी के राजाओं को आमंत्रित करना था 34

कौरव, गुरुजन तथा कुटुम्बों की जमात सब आमंत्रित थे
सखा कृष्ण के निर्देशन में विधिवत सबकुछ संपादित थे 35

आकर्षक सुंदर महलों की लड़ी चतुर्दिक तनी हुई थी
बन्धुजनों की सभी व्यवस्था महल बीच ही बनी हुई थी 36

वातायन से देख द्रौपदी ने कौरव की हँसी उड़ायी
अंधपुत्र कह उसने दुर्योधन के दिल में आग लगायी 37

महलों की सतहें झिलमिल थी थल जल भ्रामक बना हुआ था
दुर्योधन को भ्रम हो जाता तल दोनों का सना हुआ था 38

दुर्योधन ने आँख तरेरी कहा एक दिन बदला लूँगा
देवर भाभी का संबंध भूल कर उस दिन बतला दूँगा 39

सुलग चुकी थी आग ह्रदय में मामा शकुनी को समझाया
द्युतक्रीड़ा पर उन्हें बुला लूँ दाव पेंच उनको बतलाया 40

पाण्डु पुत्र के सर्वनाश का कुछ प्रपंच कैसे चल पाता
कृष्ण भागवत साथ रहे तो कुछ अनीति कैसे बल पाता 41

शकुनी मामा की शह पर दुर्योधन ने उनको फटकारा
साहस है तो चऊसर खेलो पाण्डव को उसने ललकारा 42

ललकार युधिष्ठिर सह न सका चऊसर का निर्णय तुरत लिया
चऊसर का माहिर शकुनी ने दुर्योधन को तकनीक दिया 43

सब राज-पाट, पत्नी को भी चऊसर पर पांडव हार चुके
तत्काल द्रौपदी पर कौरवगण निज अधिकार संभाल चुके 44

गुरुजन, पिता, पितामह, सब उस सभा मध्य चुप देख रहे थे
कौरव कैसे भरी सभा में चीर हरण उत्केर रहे थे 45

कृपा कृष्ण की थी सुदूर से वस्त्र यथोचित आता जाता
थककर कौरव हार गया देखा वस्त्रों को लिपटा जाता 46

द्युतक्रीड़ा ने सजा दिलायी पांडव को बनवास मिलेगा
तेरह वर्ष बिताने पर ही पाण्डव को फिर राज्य मिलेगा 47

सत्य पथिक पाण्डव जन हँसते-हँसते दण्ड भुगत घर आया
वापस राज्य हमें अब दे दो कौरव को दुतकार लगाया 48

तेरह वर्षों तक सुख पाकर राज्य पुनः कौरव क्या देगा
गुरुजन परिजन के कहने पर भी वह दौलत कैसे देगा 49

पांडव का संदेश लिए केशव ने भी अनुरोध जताया
पाँच गाँव कम से कम देने का प्रस्ताव उन्हें बतलाया 50

दुर्योधन ने मूछे ऐंठी "शुचि अग्रेन न दातव्यम्" कहकर
घोर निराशा हुई कृष्ण को "बिन युद्धेन केशवः" सुनकर 51

तृष्णा, ईष्या, अहंकार, खट्दोष मनुज को बहुत सताता
कौरव उसके वश में था अन्याय, न्याय कुछ समझ न पाता 52

राजा प्रजा सगा संबंधी सबको पाण्डव ने बुलबाया
पंचायत असफल होने का घोर कष्ट उनको बतलाया 53

अब विकल्प है युद्ध करूँ या मोह त्याग फिर जंगल जाऊँ
केशव ही यह बतला सकते दंगल अथवा मंगल गाऊँ 54

बिल्कुल थी प्रतिकूल परिस्थिति फिर भी कुछ निर्णय लेना था
कौरव से कोई भीख नहीं वह इन्द्रप्रस्थ लौटा देना था 55

अब तो समर शंख फूँके बिन राज्य कभी ना वापस होगा
कौरव का घमंड तोड़े बिन न्याय प्रतिष्ठित कभी न होगा 56

केशव! कृपया निर्देशन दें मित्र राज्य को भी समझावें
महासमर में उन्हे बुलावे या अपने बल पर सुलझावें 57

सखे! महासंकट की बेला में अपनों को शीघ्र बुला लो
कूटनीति भी यही बताती उन सबको अनुकूल बना लो 58

दूर दूर देशों से राजाओं का जमघट लगा पहुँचने
मामा मित्र सगा संबंधी जमा हुए हर बात समझने 59

केशव के निर्णय पर सबकी मुहर लगी अब युद्ध उचित है
जिनको जिधर ठीक लगता हो शिविर सबों के लिए रचित है 60

सुबह सुबह दुर्योधन पहुँचा केशव के घर मदद मांगने
पीछे से अर्जुन भी पहुँचा बैठा बिल्कुल उसी सामने 61

नींद खुली केशव की तो देखा अर्जुन था पैर दबाते
पूछा पार्थ! कहाँ आये हो किधर चले हो हाथ दिखाते 62

दुर्योधन ने टोका उनको सिरहाने बैठा हूँ कब से
पहले अर्जुन से पूछा पर मैं आया हूँ पहले उससे 63

बिल्कुल सत्य कहा तुमने पर सिरहाने तुम दिखते कैसे
कभी किसी से कुछ कहना हो बैठो तुम भी अर्जुन जैसे 64

तुम दोनों अपने हो मेरे किसी पक्ष से नहीं लड़ूँगा
जिधर रहूँ निःशस्त्र साथ में युद्धनीति मैं दिया करूँगा 65

मेरी सेना जग प्रसिद्ध साहस में सबसे बढ़ चढ़ कर है
दुर्योधन! बोलो दोनों में क्या लोगे क्या श्रेयस्कर है 66

मन ही मन खुश था केशव की सेना का सहयोग माँगकर
बिना शस्त्र मायावी केशव क्या कर लेगा नीति बताकर 67

अर्जुन भी मन से गदगद था विष्णु अंश केशव को पाकर
दोनों वापस चले स्वगृह को अपना अपना लक्ष्य प्राप्त कर 68

सभी स्वजन और मित्र राज्य नृप वहाँ सशस्त्र पधार चुके थे
कुछ कौरव के शिविर तथा कुछ पांडव के ही शिविर रूके थे 69

मामा, दादा, गुरुजन, परिजन दुर्योधन के संग खड़े थे
धृष्टद्युम्न पांडव सेना के सेनापति रणवीर बड़े थे 70

धृष्टद्युम्न को पिता द्रुपद ने पुत्र-यज्ञ कर प्राप्त किया था
राजा द्रुपद द्रोण से बदला लेने हेतु उसे पाया था 71

शिक्षा दीक्षा शस्त्र ज्ञान द्रोणाश्रम में करवा देना था
वह था दृढ़प्रतिज्ञ पहले से गुरु से बदला ले लेना था 72

गुरु की महानता अद्भूत थी सब ज्ञान अलौकिक उसे दिया
विधि की विडंबना उसने ही नेतृत्व सैन्य का ग्रहण किया 73

कुरुक्षेत्र खचाखच हाथी घोड़ा रथ से अद्भुत दिखता था
कौरव पांडव के महायुद्ध को महाकाल ही लिखता था 74

कुरुक्षेत्र बना था धर्मक्षेत्र भगवान स्वयं रथ हाँक रहे
दोनों पक्षों की राजनीति को न्याय तुला से नाप रहे 75

प्रारंभ युद्ध का शंख फूँककर द्विपक्षों ने शुरू किया
भीषण निनाद भयक्रांत क्षेत्र ने निर्बल मन को डरा दिया 76

दुर्योधन ने गुरु द्रोण निकट आकर अपनी सेना देखा
सेनापति धृष्टद्युम्न सज्जित सेना को भी उसने जोखा 77

गुरुवर! अपने प्राचीन शिष्य की युद्ध व्यवस्था को आँके
और वृद्ध पितामह के रक्षार्थ विशेष सैन्य टुकड़ी झोंके 78

गुरु देखें! अर्जुन का रथ संभवतः इस ओर बढ़ा आता
सीधा हमला करने आता या संधि वार्ता को बढ़ता 79

दोनों पक्षों के मध्य ठहरकर केशव से विनती करता
कैसा विचित्र! वह है उदास रो रोकर कुछ कहते जाता 80

यह गीता की है पृष्ठभूमि आधार सभी ज्ञानों का है
अवतार विष्णु का कब होता यह ज्ञान बुद्धिमानों का है 81

ऐसा लगता अर्जुन से न्याय प्रतिष्ठित वह करवा देंगे
जीवन को पूर्ण सफल करने का मार्ग उसे बतला देंगे। 82

प्रथम अध्याय

क्या विचित्र है हम ही पाप कर्म को करने अग्रित हैं।
स्वजनों को ही मार राज्य सुख की इच्छा से प्रेरित हैं?

कुरूक्षेत्र बन गया धर्मक्षेत्र केशव से
धृतराष्ट्र विकल था युद्ध ठना था जबसे
संजय! रण को निज दिव्य दृष्टि से देखो
पांडव कौरव की समर नीति को परखो 1

अर्थ- धृतराष्ट्र का सचिव संजय ने गुरु व्यास से शिक्षा ग्रहण की थी। गुरु श्री व्यास ने संजय को दिव्य दृष्टि प्रदान की थी जिससे राजा धृतराष्ट्र के महल में बैठे-बैठे ही वह कुरुक्षेत्र का पूरा दृश्य देख सकता था। कुरुक्षेत्र पूर्व से ही पावन धरती मानी जाती थी, परंतु भगवान श्री कृष्ण की उपस्थिति के कारण वह धर्मक्षेत्र बन गया था। कौरव और पांडव एक ही परिवार के सदस्य थे। पांडव के पिता श्री पाण्डु तथा कौरव के पिता श्री धृतराष्ट्र थे। धृतराष्ट्र पांडु से बड़ा था लेकिन जन्मान्ध होने के कारण राजगद्दी अनुज श्री पाण्डु को ही दे दी गयी थी। राजा श्री पाण्डु अल्पावधि तक ही राज्य कार्य करने के बाद स्वर्ग सिधार गये थे। पाण्डव के आदणीय पितामह श्री भीष्म, चाचा विदुर, गुरुवर एवं अन्य पूज्य श्रेष्ठ कुटुम्बों की सहमति से जन्मान्ध धृतराष्ट्र को ही तत्काल राजगद्दी सौंप दी गयी थी। पितामह श्री भीष्म, विदुर एवं राजगुरु की देखरेख में हस्तिनापुर राज्य सुव्यवस्थित तथा सुचारू रूप से विकसित हो रहा था। पाण्डव पाँचों भाई माता कुन्ती के साथ राजमहल में ही निवास कर रहे थे। राजा धृतराष्ट्र के सौ पुत्रों का भी लालन पालन राजमहल में ही हो रहा था।

पांडव के बड़ा होने पर राजा धृतराष्ट्र को हस्तिनापुर की राजगद्दी पान्डव ज्येष्ठ युधिष्ठिर को वापस करने का प्रस्ताव दिया गया, परन्तु उनका ज्येष्ठ पुत्र दुर्योधन किसी भी कीमत पर राज्य वापस करने के पक्ष में नहीं था। दादा श्री भीष्म, गुरु, विदुर एवं अन्य संबंधियों के हस्तक्षेप करने के बाद अंततः हस्तिनापुर का कुछ भाग (खाण्डव) वन पाण्डव को सुपूर्द कर दिया गया। पाण्डव ज्येष्ठ श्री युद्धिष्ठिर की देखरेख में सभी भ्राताओं ने मिलकर खाण्डव वन राज्य को काफी आकर्षक एवं अलौकिक बना दिया। नूतन राज्य इन्द्रप्रस्थ में राजा युद्धिष्ठिर द्वारा अश्वमेघ यज्ञ संपन्न करने के क्रम में कौरव को भी आमंत्रित किया गया था। राजमहल के एक हिस्से में सतह कुछ इस तरह निर्मित था कि थल और जल में अंतर निकाल कर चलना कठिन था। दुर्योधन द्वारा थल-जल के संदेह को देखते हुए कदम बढ़ाता देखकर रानी द्रौपदी ने हँसते-हँसते "अंधे का पुत्र अंधा" बोल डाला। द्रौपदी भाभी के इस कटु मजाक को दुर्योधन बर्दास्त नहीं कर सका और उसने मन ही मन बदला लेने का संकल्प ले लिया। महाभारत युद्ध का बीजारोपण यहीं से प्रारंभ हो गया। दुर्योधन के मामा शकुनी द्युत-क्रीड़ा में शीर्षस्त खिलाड़ी माने जाते थे। उनसे विचार विमर्श कर दुर्योधन ने युधिष्ठिर को द्युत-क्रीड़ा खेलने के लिए ललकारा। द्युत-क्रीड़ा का माहिर शकुनी के सामने राजा युद्धिष्ठिर भला कहाँ तक टिक पाते। अंततः उस जुए में युद्धिष्ठिर राज पाठ, पत्नी, आदि सबकुछ हार गए। तेरह वर्षों के सशर्त वनवास को पूरा करने के

बाद लौटने पर पान्डव को पुनः राज्य वापस देने का निर्णय कौरवों द्वारा लिया गया। वनवास की पूरी अवधि बिताकर लौटने पर पाण्डवों ने अपना राज्य वापस कर देने का आग्रह भी किया, परंतु कौरव राज्य वापस करने से मुकर गया। भगवान कृष्ण द्वारा पाण्डव को कम से कम पाँच गाँव भी देकर मामला शांत करने का प्रस्ताव (दुर्योधन को) दिया गया परंतु उसने उसे भी निरस्त कर उद्घोषणा कर दी कि बिना युद्ध किये सूई की नोक के बराबर भी राज्य का कोई हिस्सा नहीं देगा। अंततः कुरूक्षेत्र में कौरव तथा पाण्डव के बीच का महायुद्ध निश्चित हो गया। दोनों पक्षों ने अपना-अपना शंख फूँककर युद्ध प्रारंभ करने की उद्घोषणा कर दी। अर्जुन के रथ पर सारथी के रूप में श्री कृष्ण स्वयं विराजमान थे। युद्ध शुरू होने के पूर्व ही अर्जुन ने श्री कृष्ण से रथ को दोनों सेनाओं के बीच में ले जाने का आग्रह किया। युद्ध के पूर्व वह एक बार सभी स्वजनों को निहार लेना चाहता था।

उधर धृतराष्ट्र अपने महल में बैठे-बैठे सचिव संजय से कुरुक्षेत्र की सभी घटनाओं को जानने के लिए उत्सुक था। वह तो भीतर से युद्ध के परिणाम को दुर्योधन के पक्ष में होने की कामना कर रहा था।

पांडव की सैन्य सजावट से वह घबराया
सेनापति को बतलाने दुर्योधन आया।
राजन! सचेष्टता दुर्योधन की है कितनी
आरंभ युद्ध के पहले जितनी हो उतनी। 2

अर्थः- सचिव संजय ने राजा धृतराष्ट्र को कुरूक्षेत्र का दृश्य समझाया और कहा कि हे राजन! पाण्डव सेना की व्यूह रचना को देखकर दुर्योधन अपने सेनापति गुरु द्रोणाचार्य के साथ कुछ मंत्रणा कर रहे हैं।

विशेषार्थः- राजा धृतराष्ट्र अपने पुत्रों की विजय कामना में कुछ अधिक अधीर हो रहे थे। धर्मक्षेत्र में अनीति की सफलता पर संदेह होने के कारण, उनका विकल होना स्वाभाविक था। उनके धैर्य को दृढ़ करने के लिए संजय ने दुर्योधन के इस कार्य को उसकी सचेष्टता और कुटनीतिज्ञता बताया है।

धृतराष्ट्र उवाच
धर्मक्षेत्रे कुरूक्षेत्रे समवेता युयुत्सवः।
मामकाः पाण्डवाश्चैव किमकुर्वत संजय।।**1**।।
संजय उवाच,
दृष्ट्वा तु पाण्डवानीकं व्यूढं दुर्योधनस्तदा।
आचार्यमुपसङ्गम्य राजा वचनमब्रवीत्।।**2**।।

कितना कौशल से धृष्टद्युम्न ने व्यूह रचा
ऐसा लगता झोंका सब साहस बचा खुचा।
आचार्य! आपसे ही गुरूड़ करता दिखता
ऐसा दुस्साहस गुरु से शिष्य नहीं करता। 3

अर्थः- हे आचार्य! पाण्डव की विशाल सेना को देखें। उसकी व्यूह रचना द्रुपद पुत्र धृष्टद्युम्न द्वारा की गयी है। राजा द्रुपद का द्रोणाचार्य के साथ राजनैतिक विद्वेष पूर्व से ही था। आचार्य का वध करने के उदेश्य से द्रुपद ने महान पुत्र-यज्ञ संपन्न कर पुत्र धृष्टद्युम्न को प्राप्त किया था। परंतु यह सब जानते हुए भी उस बालक को युद्ध की शिक्षा देने में आचार्य ने कोई कोताही नहीं की थी। आज कुरुक्षेत्र में वही धृष्टद्युम्न पाण्डव सेना का सेनापति बनकर सेना की अद्भुद्-व्यूह रचना की है। दुर्योधन गुरु को पांडवो के विरूद्ध भड़का कर उत्तेजित करना चाहता है।

पांडव सेना में वीर धुरंधर हैं अनेक
बलशाली भीम तथा अर्जुन सा युद्ध टेक
युयुधान, द्रुपद-योद्धा, विराट की शौर्य कथा
जिनसे बढ़ जाती युद्धभूमि में शत्रु-व्यथा। 4
संगत में पुरूजित, सैव्य, चेकितन, कुन्ति भोज
था धृष्टकेतु सह काशिराज का पूर्ण ओज 5
दुर्जेय युधामन्यु है एवं उत्तमौज
द्रौपदी सुभद्रा के आत्मज का विविध फौज 6

अर्थः- दुर्योधन अपने सेनापति सह गुरु द्रोणाचार्य को पांडव सेना के कुछ प्रमुख महारथियों का परिचय देकर आगाह कर देना चाहता है कि महाबली भीम एवं शस्त्रज्ञ अर्जुन अपने समान उपरोक्त महारथियों के सहयोग से युद्धभूमि में निर्णायात्मक स्थिति उत्पन्न कर सकते हैं। अतः युद्ध का निश्चय करने के पूर्व दोनों सेना की तुलना करना विचारणीय है।

पश्यैतां पाण्डुपुत्राणामाचार्य महतीं चमूम्।
व्यूढां द्रुपदपुत्रेण तव शिष्येण धीमता।।3।।
अत्र शूरा महेष्वासा भीमार्जुनसमा युधि।
युयुधानों विराटश्च द्रुपदश्च महारथः।।4।।
धृष्टकेतुश्चेकितानः काशिराजश्च वीर्यवान्।
पुरुजित्कुन्तिभोजश्च शैब्यश्च नरपंुगव।।5।।
युधामन्युश्च विक्रान्त उत्तमौजाश्च वीर्यवान्।
सौभद्रो द्रौपदेयाश्च सर्व एव महारथाः।।6।।

हे परमपूज्य! यह शत्रु सैन्य का है विवरण
तुलना करने उद्धृत है अपना भी चित्रण 7
हैं आप, भीष्म और कृपाचार्य, अश्वत्थामा
एवं विकर्ण सह कर्ण सोमदत्तजनामा। 8
शस्त्रादि विलक्षण से सज्जित हैं कई वीर
जो उद्यत दिखते जान गँवाने वक्ष चीर 9

विशेषार्थः- राजकुमार दुर्योधन ने पाण्डवों के पक्ष में खड़े महारथियों एवं वीरों का संक्षिप्त विवरण देकर अब अपनी कौरव सेना के प्रमुख युद्धवीरों का परिचय दिया है। सेनापति द्रोणाचार्य को वह आश्वस्त करना चाहता है कि पितामह भीष्म, कर्ण, कृपाचार्य, अश्वत्थामा, विकर्ण, सोमदत्त-पुत्र भूरिश्रवा आदि सभी सदैव युद्ध में विजयी होते रहे हैं। इनके अतिरिक्त भी अनेक महाबली विलक्षण शस्त्रों से सुसज्जित होकर सेना सहित मेरे हित में अपनी जान देने को तत्पर हैं।

यह शक्ति अतुल्य पितामह से संरक्षित है
किंचित पाण्डव की शक्ति भीम से रक्षित है 10
अपने मोर्चा पर सैन्य व्यूह स्थिर रख दें।
और भीष्म पितामह की रक्षा निश्चित कर दें।। 11

अर्थः- दुर्योधन अपनी और पाण्डवों की सैन्य शक्ति की तुलना प्रस्तुत कर गुरु द्रोणाचार्य को अपनी विजय के प्रति आश्वस्त करना चाहता है। भीष्म पितामह जैसे महाबली और अनुभवी योद्धा को हर तरह सुरक्षित रखने पर ही अल्प अनुभवी भीम के सेनापतित्व में पाण्डवों की किंचित शक्ति को परास्त करना संभव हो सकेगा।

अस्माकं तु विशिष्टा ये तान्निबोध द्विजोत्तम।
नायका मम सैन्यस्य संज्ञार्थं तान्ब्रवीमि ते।।7।।
भवान्भीष्मश्च कर्णश्च कृपश्च समितिंजयः।
अश्वत्थामा विकर्णश्च सौमदत्तिस्थैव च।।8।।

अन्ये च बहवः शूरा मदर्थे त्यक्तजीविताः।
नानाशस्त्रप्रहरणाः सर्वे युद्धविशारदाः।।9।।
अपर्याप्तं तदस्माकं बलं भीष्माभिरक्षितम्।
पर्याप्तं त्विदमेतेषां बलं भीमाभिरक्षितम्।।10।।
अयनेषु च सर्वेषु यथाभागमवस्थिताः।
भीष्ममेवाभिरक्षन्तु भवन्तः सर्व एव हि।।11।।

जब वृद्ध भीष्म का शंख सिंह सम गरज उठा।
तब दुर्योधन भी हर्षित होकर झूम उठा।। 12
सब शंख, नगाड़े, ढोल, श्रृंग बज गये तुरत।
मिश्रित बाजों के संग बिगुल भी बजा तुरत।। 13

अर्थः- उसी क्षण वयोवृद्ध परम प्रतापी भीष्म पितामह ने उच्च स्वर में अपना शंख बजाकर सिंह गर्जना जैसी ध्वनि उत्पन्न कर दी जिसको सुनकर दुर्योधन बहुत हर्षित हुआ।

शंख, नगाड़े, बिगुल, तुरही, श्रृंग इत्यादि बाजे एक साथ बजना शुरू हो गये जो काफी कोलाहलपूर्ण एवं भयानक था।

उधर श्वेत घोड़े विशाल रथ खींच रहे थे।
उस पर अर्जुन कृष्ण शंख को फूँक रहे थे। 14
पांचजन्य और देवदत्त से साहस झोंका।
बली भीम ने पौन्ड्र शंख से भय को झोंका।। 15

अर्थः- भगवान कृष्ण ने पांचजन्य नामक दिव्य शंख को फूँका तथा धनंजय (अर्जुन) ने देवदत्त शंख को बजाया। अति भोजी भीम ने भी पौंड्र नामक शंख को बजाया जो बहुत भयानक था।

विशेषार्थः- कुरुक्षेत्र की युद्ध भूमि में अर्जुन की इन्द्रियों को समुचित निर्देश देते रहने के कारण भगवान को हृषिकेश भी कहा गया है। अर्जुन को धनंजय की संज्ञा दी गयी है। युद्धिष्ठिर द्वारा यज्ञ संपन्न करने के समय अर्जुन द्वारा ही धन एकत्रित किया गया था। ठीक उसी तरह भीम को भी अधिक खाने एवं अति मानवीय कार्य करने (यथा हिडिम्बा नामक असुर का वध) के कारण वृकोदर कहकर पुकारा जाता है। इस तरह अत्यंत प्रेरणाप्रद शंखध्वनि से पांडव के सैनिकों में जोश का उत्पन्न होना स्वाभाविक था।

तस्य संजनयन्हर्षं कुरुवृद्धः पितामहः।
सिंहनादं विनद्योच्चैः शंख दध्मौ प्रतापवान्।।12।।

ततःशंखाष्च भेर्यश्च पणवानकगोमुखाः।
सहसैवाभ्यहन्यन्त से शब्दस्तुमुलोऽभवत्।।13।।

ततः श्वेतैर्हयैर्युक्ते महति स्यन्दने स्थितौ।
माधवः पाण्डवश्चैव दिव्यौ शंखौ प्रदध्मतुः ।।14।।

पांचजन्यं हृषीकेशो देवदत्तं धनंजयः ।
पौण्ड्रं दध्मौ महाशंख भीमकर्मा वृकोदरः ।।15।।

राजन! कुन्ती ज्येष्ठ पुत्र ने शंख अनंत विजय को फूँका।
नकुल और सहदेव अनुज ने भी सुघोष मणि-पुष्पक झोंका।। 16
काशी राज, विराट, सात्यिकी, द्रुपद, शिखंडी उत्तेजित थे।
धृष्टद्युम्न के संग सभी निज शंख फूँककर उत्साहित थे।। 17
पुत्र द्रौपदी और शुभद्रा के आत्मज भी अड़े खड़े थे।
बारी बारी से वे सब भी शंख फूँकने वहीं अड़े थे।। 18

अर्थः- संजय ने युद्ध भूमि की घटनाओं के संबंध में विस्तृत जानकारी देते हुए राजा धृतराष्ट्र को बताया कि पाण्डवों की ओर से कुन्तीपुत्र राजा युधिष्ठिर ने अपना अनंत विजय नामक शंख बजाया। नकुल और सहदेव ने सुघोष एवं मणिपुष्पक नामक शंख बजाया। महान धनुर्धर काशीराज, योद्धा शिखंडी, धृष्टद्युम्न, विराट, सात्यिकी, द्रुपद, द्रौपदी के पुत्र एवं शुभद्रा के महाबाहु पुत्र आदि सब ने भी अपने-अपने शंख बजाये।

शंखों की मिश्रित ध्वनि से यह पृथ्वी-गगन हुआ था गुंजित।
कौरव पुत्रों को उस ध्वनि से होना था विदीर्ण सह कंपित।। 19

अर्थः- विभिन्न शंखों की ध्वनि इतनी कोलाहलपूर्ण थी कि वह पृथ्वी और आकाश को शब्दायमान करती हुई राजा धृतराष्ट्र के पुत्रों का हृदय भी विदीर्ण करने लगी। दोनों पक्षों के शंखनाद ने युद्ध प्रारंभ होने की सूचना तो दे दी लेकिन पांडव की ओर के शंखनाद ने कौरव को बहुत अधिक भयभीत कर दिया।

अनन्तविजयं राजा कुन्तीपुत्रो युधिष्ठिरः।
नकुलः सहदेवश्च सुघोषमणिपुष्पकौ।।16।।
काश्यश्च परमेष्वासः शिखण्डी च महारथः।
धृष्टद्युम्नो विराटश्च सात्यकिश्चापराजितः।।17।।

द्रुपदो द्रौपदेयाश्च सर्वशः पृथिवीपते।
सौभद्रश्च महाबाहुः शंखान्दध्मुः पृथक्पृथक्।।18।।
स घोषो धार्तराष्ट्राणां हृदयानि व्यदारयत्।
नभश्च पृथिवीं चैव तुमुलोऽभ्यनुनादयन्।।19।।

हनुमद् ध्वजा लगे, रथ पर था पाण्डु पुत्र अर्जुन रण में
उसने अपना धनुष उठाकर देखा कौरव को क्षण में
तुरत निवेदन किया कृष्ण से रथ ले चलने मध्य क्षेत्र में
युद्ध हेतु आये दुष्मन को मैं रख लूँगा निज नेत्रों में **(20, 21, 22)**

अर्थः- हनुमद् ध्वज लगे रथ पर आसीन अर्जुन ने धनुष उठाकर तीर चलाने के पूर्व दृष्टि दौड़ाई और धृतराष्ट्र के पुत्रों को व्यूह में देखकर सारथी श्रीकृष्ण से रथ को दोनों दलों के बीच में ले चलने का आग्रह किया। वहाँ वह युद्ध की अभिलाषा रखने वालों को एक बार देख लेना चाहता था।

विशेष अर्थ- अब तो युद्ध प्रारंभ हो रहा है; क्यों न शत्रु पक्ष के लोगों को एक बार नजदीक से देख लिया जाय। युद्ध के लिए प्रबल इच्छा रखने वालों को चिन्हित कर लेना आवश्यक है जो अधर्म का साथ देने के लिए तत्पर हैं।

उन्हें देखकर पहचानूँ जो युद्ध हेतु आ कर टपके हैं
अज्ञानी दुर्योधन को खुश करने ही सब आ धमके हैं **23**

अर्थः- मैं उन सभी लोगों को देखकर पहचान लेना चाहता हूँ जो धृतराष्ट्र के अज्ञानी पुत्र दुर्योधन को प्रसन्न करने के लिए वहाँ पधारे हैं।

संजय बोला हे राजन! वह रथ भी सेना मध्य रूका था।
जी भर अर्जुन देख सके वैसे ही रथ भी वहीं टिका था।। **24**

अर्थ- धृतराष्ट्र के मंत्री संजय ने राजा को यह संवाद दिया कि अर्जुन की व्यग्रता देखकर कृष्ण ने दिव्य रथ को दोनों सेनाओं के बीच में ले जाकर खड़ा कर दिया।

अथ व्यवस्थितान्दृष्ट्वा धार्तराष्ट्रान्कपिध्वजः।
प्रवृत्ते शस्त्रसम्पाते धनुरुद्यम्य पाण्डवः।।**20**।।
हृषीकेशं तदा वाक्यमिदमाह महीपते।
सेनयोरुभयोर्मध्ये रथं स्थापय मेऽच्युत।।**21**।।
यावदेतान्निरीक्षेऽहं योद्धुकामानवस्थितान्।
कैर्मया सह योद्धव्यमस्मिन्रणसमुद्यमे।।**22**।।
योत्स्यमानानवेक्षेऽहं य एतेऽत्र समागताः।
धार्तराष्ट्रस्य दुर्बुद्धेर्युद्धे प्रियचिकीर्षवः।।**23**।।
एवमुक्तो हृषीकेशो गुडाकेशेन भारत।
सेनयोरुभयोर्मध्ये स्थापयित्वा रथोत्तमम्।।**24**।।

राजा भीष्म, द्रोण को इंगित कर भगवन उससे तब बोले
पार्थ! कौरवों को एकत्रित आँखों से अब शीघ्र देख ले 25

अर्थ- भीष्म, द्रोण एवं संसार के समस्त राजाओं को इंगित कर भगवान कृष्ण ने अर्जुन से कहा कि वहाँ एकत्रित सभी कौरवों को अपनी आखों से देख लो।

विशेषार्थ-अर्जुन के मनोभाव को भगवान समझ गये थे। उसके आग्रह पर उन्होंने रथ को दोनों सेनाओं के मध्य में ले जाकर खड़ा कर दिया। भीष्म, द्रोण तथा समस्त राजाओं के साथ कौरवों को देख लेने का उन्होंने इशारा भी किया। ऐसा कहने का कुछ रहस्य था। अर्जुन की घबड़ाहट को वह जान गये थे। जिन कौरवों के धोर अन्याय का पाण्डव सामना कर रहे थे, युद्ध क्षेत्र में उन्हें एकत्रित देख लेने पर बदला साधने का संकल्प अधिक प्रबल हो सकता था।

मामा, भ्राता, चाचा, ताऊ, गुरु, पितामह, सभी स्वजन को
देखा पुत्र, पौत्र, शुभचिन्तक, मित्र, ससुर एवं परिजन को 26

अर्थ- दोनों सेनाओं के मध्य में पहुँचने पर अर्जुन ने अपने चाचा, ताऊ, पितामह, गुरु, मामा, भाई, पुत्र, पौत्र, मित्र, ससुर एवं शुभचिन्तकों को देखा।

विशेषार्थ- पिता के समकालीन भूरिश्रवा, पितामह भीष्म, सोमदत्त, गुरु द्रोणाचार्य तथा कृपाचार्य, मामा शल्य एवं शकुनी, मित्र अश्वत्थामा, शुभ चिंतक कृत वर्मा और अनेक मित्रों को युद्ध भूमि में बड़ा गौर से देखा।

भीष्मद्रोणप्रमुखतः सर्वेषां च महीक्षिताम्।
उवाच पार्थ पश्यैतान्समवेतान्कुरूनिति।।**25**।

तत्रापश्यत्स्थितान्पार्थः पितृनथ पितामहान्।
आचार्यान्मातुलान्भ्रातृन्पुत्रान्पौत्रान्सखींस्तथा।।**26**।।

अर्जुन ने संबंधी मित्रों विविध श्रेणियों को भी देखा
करूणा में डूबे अर्जुन ने कृष्ण-भावना को भी परखा 27
भगवन्! मेरे अपने जन सब कितना युद्धातुर दिखते हैं।
देख देह कंपित होता और कंठ सूखते भी जाते हैं।। 28

अर्थ- कुन्ती पुत्र अर्जुन ने बंधु-बांधव एवं मित्रों की भिन्न खारियों (बाबा, पुत्र, पौत्रादि) को देखा और करूणा से आर्द्र होकर श्रीकृष्ण से अपनी स्थिति को स्पष्ट किया।

हे भगवन। युद्ध करने आये अपने मित्रों एवं संबंधियों को सामने उपस्थित देखकर मेरे अंग कांपने लगे हैं और कंठ भी सुखा जा रहा है।

नोटः- कोमल और शुद्ध ह्रदय वाले की ऐसी स्थिति हो ही जाती है।

पूरी काया कम्पित है और रोम-रोम हैं खड़े मेरे
सरक रहा गांडीव हाथ से चर्म जला जा रहा मेरे 29

अर्थ- मेरा संपूर्ण शरीर कांप रहा है और रोंगटे खड़े हो रहे हैं। गांडीव धनुष भी मेरे हाथ से सरक रहा है। और मेरी त्वचा में जलन उत्पन्न हो गया है।

हूँ असमर्थ खड़ा रहने में सर मेरा है चकराता।
सखा! अमंगल के भय से मैं हूँ अशांत, मन घबड़ाता।। 30

अर्थः- मैं अब अधिक समय तक यहाँ नहीं रह सकता हूँ। मेरा सर चकरा रहा है और मैं अपने को भूलता जा रहा हूँ। मुझे केवल अमंगल ही अमंगल दिख रहा है। जय और पराजय दोनों स्थितियों में निराशा प्राप्त होने के कारण अर्जुन काफी बेचैन हो गया है।

श्वशुरान्सुहृदश्चैव सेनयोरुभयोरपि।
तान्समीक्ष्य स कौन्तेयः सर्वान्बन्धूनवस्थितान्।।27।।
कृपया परयाविष्टो विषीदन्निदमब्रवीत्।
दृष्ट्वेमं स्वजनं कृष्ण युयुत्सुं समुपस्थितम्।।28।।
सीदन्ति मम गात्राणि मुखं च परिशुष्यति।
वेपथुश्च शरीरे मे रोमहर्षश्च जायते।।29।।
गाण्डीवं स्रंसते हस्तात्त्वक्चैव परिदह्यते।
न च शक्नोम्यवस्थातुं भ्रमतीव च मे मनः।।30।।

सखा! युद्ध में स्वजनों की हत्या न मुझे अच्छी लगती है।
राज्य विजय या सुख की इच्छा कभी नहीं मुझको रहती है।। 31

अर्थः- हे कृष्ण! मुझे इस युद्ध में स्वजनों का वध करना अच्छा नहीं दिख रहा है। मैं किसी भी प्रकार से विजय प्राप्त कर राज्य या सुख की इच्छा नहीं करता हूँ।

सुख एवं साम्राज्यों से जीवन में क्या है लाभ हमें
सभी लोग हैं युद्ध भूमि में अबतक चाहा सदा जिन्हें 32
पितृ, पुत्र, गुरु और पितामह, मामा, स्वसुर, पुत्र, साले
वे सब अड़े हुए हैं जो कौरव को है देने वाले 33
इन सबको कैसे मैं मारूँ भले मेरी हत्या कर लें
मैं इनसे न कभी लड़ सकता, मधुसूदन! हम लौट चलें। 34
इस धरती से लोभ नहीं, तीनों लोकों की चाह नहीं
इन्हें मार कर गद्दी पाऊँ इससे अच्छा हार सही 35

अर्थः- हे गोविन्द! जीवन में राज्य और सुख से मुझे क्या लाभ मिलेगा क्योंकि जिनको हम अत्यधिक चाहते हैं वे सब के सब मेरे विरूद्ध इस युद्ध भूमि में खड़े हैं।

हे मधुसूदन! गुरुजन, पितृगण, पितामह, मामा, स्वसुर, पौत्रगण, साले तथा अन्य संबंधीगण सबके सब कौरवों को धन और प्राण अर्पित करने के लिए मेरे सामने खड़े हैं। ऐसे में ज्यादा अच्छा है कि उनको मारने से बेहतर वे ही मुझे मार डालें।

मैं इनसे लड़ने को तैयार नहीं हूँ भले ही इसके लिए मुझे यह धरती और तीन लोक क्यों न मिल जाये। धृतराष्ट्र के पुत्रों को मारकर मुझे कुछ भी प्रसन्नता नहीं मिलेगी

विशेषार्थः- अर्जुन अपने सभी संबंधियों को युद्धभूमि में देखकर माया और करूणा से ग्रस्त हो गया था। उनसे युद्ध कर उन्हें मार देने में वह अकेले राज्य का सुख कैसे भोगेगा? कोई नहीं बचेगा तो जीवन जीना मुश्किल होगा। आततायियों का वध कर दूँ पाप मुझे लग जायेगा।।

निमित्तानि च पश्यामि विपरीतानि केशव।
न च श्रेयोऽनुपश्यामि हत्वा स्वजनमाहवे।।**31**।।
न काङ्क्षे विजयं कृष्ण न च राज्यं सुखानि च।
किं नो राज्येन गोविन्द किं भोगैर्जीवितेन वा।।**32**।।
येषामर्थे कांक्षितं नोराज्यं भोगाः सुखानि च।
त इमेऽवस्थिता युद्धे प्राणांस्त्यक्त्वा धनानि च।।**33**।।
आचार्याः पितरः पुत्रास्तथैव च पितामहाः
मातुलाः श्वशुराः पौत्राः श्यालाः सम्बन्धिनस्तथा।।**34**।।
एतान्न हन्तुमिच्छामि घ्नतोऽपि मधुसूदन।
अपि त्रैलोक्यराजयस्य हेतोः किं नु महीकृते।।**35**।।

राजा पुत्र तथा मित्रों के वध से क्या मिल पायेगा?
लक्ष्मीपति! स्वजनों को मरने पर कैसा सुख आयेगा? 36

अर्थः-इन आतताईयों का वध करने पर हम आतताई कहलायेंगे। धृतराष्ट्र के पुत्रों एवं मित्रों का वध करना उचित नहीं होगा। हे लक्ष्मीपति कृष्ण! अपने कुटुम्बों को मारकर हमको क्या लाभ मिलेगा हम कैसे सुखी रह पायेंगे।

विशेषार्थः- अर्जुन साधु प्रकृति का था। राजनीतिक कारणों से स्वजनों का वध न करके धर्म और सदाचार के माध्यम से उन्हें क्षमा कर देना चाहता था। वह जानता था कि राज्य और उसका सुख स्थायी नहीं है। स्वजनों पर दया दिखाकर वह ष्शाष्वत-मुक्ति नहीं मिलने के संकट से अपने को बचा लेना चाहता है।

सखा! लोभ से पीड़ित व्यक्ति कुलघात विचार नहीं करते
स्वजनों का वध मित्र-द्रोह में दोष नहीं देखा करते। 37
हम तो स्वजनों की विनष्टि में दोष समझ ले सकते हैं।
फिर कैसे निकृष्ट कर्म में बिना वजह हम फँसते हैं।। 38

अर्थः- हे जनार्दन! लोभ से अभिभूत चित वाले लोग अपने स्वजनों को मारने या मित्रों से द्रोह करने में कोई दोष नहीं देखते हैं। किंतु हम इस कुकृत्य को अपराध मानते हैं तो फिर ऐसे पाप कर्म में क्यों लिप्त होंगे।

निहत्य धार्तराष्ट्रान्नः का प्रीतिः स्यांजनार्दनः।
पापमेवाश्रयेदस्मान्हत्वैतानाततायिनः।। 36।।
तस्मान्नार्हा वयं हन्तुं धार्तराष्ट्रान्स्वबान्धवान्।
स्वजनं हि कथं हत्वा सुखिनः स्याम माधव।।37।।
यद्यप्येते न पश्यन्ति लोभोपहतचेतसः।
कुलक्षयकृतं दोषं मित्रद्रोहे च पातकम्।।38।।

कुल विनाश से शाश्वत कुल-धर्मों की भी विनष्टि होती।
शेष जनों की प्रवृति, पाप-कर्मों में ही बढ़ती जाती।। 39

अर्थः- कुल का नाश होने पर कुल की सनातन परम्परा भी नष्ट हो जाती है। और बचे हुए कुल के लोग अधर्म में प्रवृत्त हो जाते हैं।

विशेषार्थः- वर्णाश्रम व्यवस्था में जन्म से लेकर मृत्यु तक सभी संस्कारों एवं पारिवारिक परम्पराओं का अनुपालन आध्यात्मिक मूल्यों की उपलब्धि के लिए महत्वपूर्ण माना गया है। युद्ध के कारण या किसी अन्य कारणों से कुल के नष्ट होने पर बचे हुए लोग उन परम्पराओं का निर्वहन नहीं कर पाते हैं। मार्गदर्शन देने के लिए बड़े बुजूर्गों का लम्बे समय तक जीवित रहना लाभदायक होता है। कुरुक्षेत्र के युद्ध में सबके मारे जाने के बाद शेष लोगों द्वारा कौलिक परम्पराओं को नजरअंदाज किया जा सकता है। इस तरह अधर्म में प्रवृत्ति बढ़ जायेगी और वे मुक्ति-लाभ से वंचित हो जा सकते हैं।

कुल में, पापों के कारण स्त्रियाँ दूषित हो जाती हैं।
सखा, अवांक्षित संताने स्त्रित्व पतन से होती है। 40

अर्थ-हे कृष्ण! जब किसी कुल में अधर्म बढ़ जाता है तो उस कुल की स्त्रियाँ दूषित हो जाती हैं और अवांक्षित संताने उत्पन्न होने लगती हैं।

विशेषार्थः- वर्णाश्रम व्यवस्था में बालक और स्त्रियों का समुचित संरक्षण परिवार के बड़े बुजुर्गों द्वारा ही प्राप्त होता रहता है। आध्यात्मिक उन्नति एवं समरसता प्राप्त करने के लिए स्त्रियों का सतीत्व और उसकी निष्ठा को बहुत महत्व दिया गया है। अच्छी स्त्रियाँ ही अच्छी संताने उत्पन्न कर सकती हैं। बड़े बुजुर्गों के मार्गदर्शन में अच्छी संताने कुल की परम्पराओं का परिपालन करने में समर्थ होंगी और परिवार का सर्वतोमुखी विकास हो पायेगा। युद्ध में जब वे बचेंगे ही नहीं तब अनर्थ का होना निश्चित है।

यह अधर्म बढ़ने से कुल भी नारकीय जीवन जीता
पितरों का गिरना तय है जब पिण्ड-दान भी रूक जाता 41

अर्थः- वैदिक कर्मो के विधि विधान के अनुसार पितरों को उचित समय पर जल और पिण्ड का अर्पण करना अनिवार्य माना गया है। अगर कुल नष्ट हो जाता है तो वर्ण शंकर संतानों द्वारा समय-समय पर पिंड दान एवं जल अर्पण की वैदिक क्रिया संपन्न नहीं हो पाती है। और फलस्वरूप पितरलोग नीचे गिर जाते हैं।

कथं न ज्ञेयमस्माभिः पापादस्मान्निवर्तितुम्।
कुलक्षयकृतं दोषं प्रपश्यद्भिर्जनार्दन।।**39**।।
कुलक्षये प्रणश्यन्ति कुलधर्माः सनातनाः।
धर्मे नष्टे कुलं कृत्स्नमधर्मोऽभिभवत्युत।।**40**।।
अधर्माभिभवात्कृष्ण प्रदुष्यन्ति कुलस्त्रियः।
स्त्रीषु दुष्टासु वार्ष्णेय जायते वर्णसंकरः।।**41**।।

कुल परम्परा की विनष्टि से संताने शंकर होती।
दुष्कर्मों में भला न है कुल-धर्मों की विनष्टि होती।। 42

अर्थः- जब कुल की परम्परा नष्ट हो जाये और अवांछित संतानों का जन्म होने लगे तब निश्चित ही समाज और परिवार का कल्याणकारी कार्य नष्ट हो जाता है।

सखा! सुना है श्रेष्ठों से कुलधर्मों का महत्व बढ़ता।
उनके मरने पर ही सबका नरक वास निश्चित होता।। 43

अर्थः- हे जनार्दन। गुरु परम्परा से सुना है कि कुल धर्म को नष्ट करने वाले निश्चित रूप से नरक जाते हैं।

विशेषार्थः- वर्णाश्रम व्यवस्था में पाप कर्मो के लिए प्रायश्चित करने का विधान है। गुरु अथवा बड़े बुजूर्गो द्वारा कौलिक परम्पराओं के निवर्हन के क्रम में अनेक बातों के लिए मार्गदर्शन दिया जाता है। कुरुक्षेत्र के युद्ध में जब वे बड़े बुजूर्ग बचेंगे ही नहीं तो फिर बचे हुए लोगों को रास्ता बताने वाला कौन रहेगा। ऐसी स्थिति में कुल धर्म का विनाश होना निश्चित है और पितर समेत सबको नरक भोगना पड़ेगा।

क्या विचित्र है हम ही पाप कर्म को करने अग्रित हैं।
स्वजनों को ही मार राज्य सुख की इच्छा से प्रेरित हैं? 44

अर्थः- कितना आश्चर्य है कि हम जघन्य पाप कर्म करने के लिए उद्यत हैं। सिर्फ राज्य सुख के लिए ही अपने संबंधियों को मारने पर तुले हुए हैं।

विशेषार्थः- विभिन्न तर्को को प्रस्तुत कर अर्जुन युद्धभूमि से वापस लौटना चाहता है।

कौरव निज शस्त्रों से मुझको मारे तो वह अच्छा है
कभी नहीं प्रतिकार करूँगा जैसी उसकी इच्छा है। 45

अर्थः- यदि शष्त्रधारी धृतराष्ट्र के पुत्र रणभूमि में मुझे निहत्था देख कर भी मारे और इसका प्रतिकार न करने वालो को भी मार दे तो यह भी मेरे लिए श्रेयस्कर ही होगा।

संजय बोला राजा को अब पार्थ धनुष को फेंक चुका।
शोकाकुल होकर वह रथ के आसन पर भी बैठ चुका।। 46

अर्थः- संजय ने अपने राजा धृतराष्ट्र से बताया कि कृष्ण को इतना सबकुछ कहने के बाद अर्जुन शोकाकुल होकर रथ के आसन पर बैठ गया।

संकरो नरकायैव कुलघ्नानां कुलस्य च ।
पतन्ति पितरो ह्येषां लुप्तपिण्डोदकक्रियाः।।**42**।।
दोषैरेतैः कुलघ्नानां वर्णसंकरकारकैः।
उत्साद्यन्ते जातिधर्माः कुलधर्माश्च शाश्वताः।।**43**।।
उत्सन्नकुलधर्माणां मनुष्याणां जनार्दन।
नरकेऽनियतं वासो भवतीत्यनुशुश्रुम।।**44**।।
अहो बत महत्पापं कर्तुं व्यवसिता वयम्।
यद्राज्यसुखलोभेन हन्तुं स्वजनमुद्यताः।।**45**।।
यदि मामप्रतीकारमशस्त्रं शस्त्रपाणयः।
विसृज्य सशरं चापं शोकसंविग्नमानसः।
एवमुक्त्वार्जुनः संख्ये रथोस्पथ उपाविषत्।
विसृज्य सषरं चापं शोक संविग्न मानसः।।**46**।।

<u>इति प्रथमोध्यायः</u>

अध्याय-दो

कर्मों पर है अधिकार तुझे फल पर तेरा अधिकार नहीं।
उद्येश्य नहीं हो कर्म-फलों का, कर्म त्याग से प्यार नहीं।।

संजय बोले शोकाकुल अर्जुन की आँखें हैं अश्रुयुक्त।
करूणा से व्याप्त वीर अर्जुन को मधुसूदन ने कहा सूक्त।। 1

अर्थः- संजय मंत्री ने राजा धृतराष्ट्र को युद्धभूमि में होने वाली घटना के बारे में बताया कि अर्जुन के नेत्र अश्रुपूरित थे, वह शोकग्रस्त एवं करूणा से अभिभूत था और उसकी वह हालत देखकर कृष्ण ने निम्नलिखित बातें कही।

भगवन् बोले, हे अर्जुन! कल्मष तुमको क्यों आया मन में?
ज्ञानी हो, स्वर्गों के बदले अयश मिलेगा ही क्षण में।। 2

अर्थः- भगवान कृष्ण ने अर्जुन से पूछा कि उसके मन में 'कल्मष' कैसे आया? जो जीवन के मूल्य को जानने वाला ज्ञानी हो उसको इससे उच्च लोक मिलने की जगह अपयश मिलेगा।

हे पार्थ! नपुंसकता छोड़ो यह तुम्हें नहीं शोभा देता।
मन की दुर्बलता त्याग युद्ध में ऐसे खड़ा हुआ जाता।। 3

अर्थः- हे पार्थ (कृष्ण के पिता वसुदेव की बहन पृथा का पुत्र अर्जुन) तुम्हें वह हीन नपुंसकता बिल्कुल नहीं शोभती है। मन की क्षुद्र दुर्बलता को छोड़कर तुम युद्ध करने के लिए खड़ा हो जाओ।

अर्जुन बोला-हे मधुसूदन! गुरु द्रोण, पितामह रण में है।
वैसे पुरूषों पर कैसे वाण चलावें हम उलझन में है।। 4

अर्थः- अर्जुन ने मधुसूदन से कहा कि रणक्षेत्र में गुरु द्रोणाचार्य तथा पितामह भीष्म जैसे परम पूज्य व्यक्तियों के विरूद्ध वह उलटकर कैसे वाण चला सकता है?

संजय उवाच
तं तथा कृपयाविष्टमश्रुपूर्णाकुलेक्षणम्।
विषीदन्तमिदं वाक्यमुवाच मधुसूदनः।।1।।
श्री भगवानुवाच
कुतस्त्वा कश्मलमिदं विषमे समुपस्थितम।
अनार्यजुष्टमस्वर्ग्यमकीर्तिकरमर्जुन।।2।।

क्लैब्यं मा स्म गमः पार्थ नैतत्त्वय्युपपद्यते।
क्षुद्रं हृदयदौर्बल्यं त्यक्त्वोत्तिष्ठ परन्तप।।3।।

अर्जुन उवाच
कथं भीष्ममहं संख्ये द्रोणं च मधुसूदन।
इषुभिः प्रतियोत्स्यामि पूजार्हावरिसूदन।।4।।

ये महापुरूष हैं, गुरु मेरे, कैसे सुखार्थ इनको मारूँ।
भिक्षाटन कर जीना अच्छा, गुरुजन से अब मैं ही हारूँ।।
वे भले लाभ के इच्छुक हों फिर भी हैं पूजनीय मेरे।
इनका वध कर मैं सुख भोगूँ तो राज्य दिखेगा रक्त भरे।। 5

अर्थः- ये महापुरूष मेरे गुरु हैं। भले ही वे सांसारिक लाभ के इच्छुक हों फिर भी वे गुरु ही हैं। उनको मारकर सुखी जीवन जीने से अच्छा है भीख माँग कर जीयें। अगर उनका वध होगा तो सभी भोग्य पदार्थ रक्त से सना हुआ दिखेगा।

मैं नहीं जानता क्या अच्छा है मैं हारूँ या वे हारें।
कौरव वध कर क्या जीना है, वे खड़े रहें आगे मेरे।। 6

अर्थः-मैं नहीं जानता हूँ कि मेरे हारने या उनके हारने में किसका भला है। धृतराष्ट्र के पुत्रों का वधकर जीवित रहने की कोई भी ईच्छा मेरी नहीं है, फिर भी वे युद्धभूमि में मेरे समक्ष खड़े हैं।

विशेषार्थः- अर्जुन बड़ा संकट में है कि वह युद्ध करे या नहीं। अगर युद्ध में वहहार गया तो राज्यविहीन होकर उसे भीख माँगना पड़ेगा। और अगर जीत गया तो वह राज्य पाने के उपरान्त भी कौरवों के नहीं रहने से जीवन जीना कठिन महसूस करेगा। वह सही अर्थ में पुण्यात्मा है।

कार्पण्य दोष के कारण मेरा उचित कर्म ही छूट गया।
श्रेयस्कर जो हो बतला दो, विश्वास-धैर्य अब टूट गया।।
मैं शिष्य तुम्हारा हूँ एवं हरदम शरणागत रहता हूँ।
समुचित उपदेश मुझे दे दो विश्वास तुम्हीं पर करता हूँ।। 7

अर्थः- कृपणता एवं दुर्बलता के कारण मैं अपना कर्त्तव्य भूल गया हूँ, और अपनी अधीरता को खोलकर बता रहा हूँ। मेरे लिए जो श्रेयस्कर हो वह निश्चित बताओ। मैं तुम्हारा शिष्य हूँ और शरणागत हूँ। मुझे विश्वास है कि तुम मुझे समुचित उपदेश दोगे।

गुरूनहत्वा हि महानुभावान् श्रेयोभोक्तुं भैक्ष्यमपीह लोके।
हत्वार्थकामांस्तु गुरूनिहैव भुंजीय भोगान्रुधिरप्रदिग्धान्।।5।।
न चैतद्विद्मः कतरन्नो गरीयो यद्वा जयेम यदि वा नो जयेयुः।
यानेव हत्वा न जिजीविषाम- स्तेऽवस्थिताः प्रमुखे धार्तराष्ट्राः।।6।।
कार्पण्यदोषोपहतस्वभावः पृच्छामि त्वां धर्मसम्मूढचेताः।
यच्छ्रेयः स्यान्निश्चितं ब्रूहि तन्मे शिष्यस्तेऽहं शाधि मां त्वां प्रपन्नम्।।7।।

देवों सा स्वर्ग मिले मुझको इसकी कोई है चाह नहीं।
सुख-सुविधा एवं शत्रु रहित जीने की है परवाह नहीं।।
मेरी आकुलता टल जाये इसका दिखता कोई राह नहीं।
इन्द्रियाँ शोक से मुक्त रहे ऐसे साधन की थाह नहीं।। 8

अर्थः- इन्द्रियों को शोक से मुक्त करने का कोई साधन नहीं दिखता है। देवों के स्वर्ग की तरह इस पृथ्वी पर शत्रुविहीन, धनधान्य सम्पन्न राज्य भी मिल जाय फिर भी मैं अशान्त रहूँगा और मेरा शोक दूर नहीं होगा।

विशेषार्थः- अर्जुन बहुत ज्ञानी और धार्मिक है। युद्ध जीत कर राज्य प्राप्त करने के बाद की स्थिति पर गम्भीर चिन्तन कर रहा है। कौरव भाइयों, गुरुजनों एवं सभी सम्बन्धियों के मारे जाने पर अगर राज्य मिलेगा भी तो शोक और आकुलता नहीं दूर होगी। उसका हृदय छटपटा रहा है और विभिन्न तर्कों को प्रस्तुत कर वह युद्ध से भागना चाहता है। कृष्ण उसके भाई और सखा हैं। फिर भी वह अत्यन्त व्याकुल हो गया है। कृष्ण को गुरु मानकर वह उपदेश सुनना चाहता है। कत्र्तव्य का सही ज्ञान तो कोई महान गुरु ही दे सकता है।

संजय बोले- रिपु विध्वंसक अर्जुन ने निज मत सुना दिया।
गोविन्द! "युद्ध मैं नहीं लड़ूँगा" कहकर चुप्पी साध लिया।। 9

अर्थः- संजय ने कहा कि शत्रुओं का दमन करने वाला अर्जुन ने सबकुछ कहने के बाद अपना अन्तिम निर्णय गोविन्द को सुना दिया, "हे गोविन्द। मैं युद्ध नहीं लड़ूँगा"। और यह कहकर वह चुप हो गया।

हे भरतवंश के राजा! वह था सेनाओं के बीच खड़ा।
शोकाकुल अर्जुन को हँसकर गुरु ने बतलाया ज्ञान बड़ा।। 10

अर्थः- संजय ने कहा, हे भरत वंशी राजा (धृतराष्ट्र)! उस समय दोनों सेनाओं के बीच खड़े शोकमग्न अर्जुन को कृष्ण ने हँसते हुए ये शब्द कहा।

न हि प्रपश्यामि ममापनुद्याद्- यच्छोकमुच्छोषणमिन्द्रियाणाम्।
अवाप्य भूमावसपत्नमृद्धं राज्यं सुराणामपि चाधिपत्यम्।।8।।
संजय उवाच
एवमुक्त्वा हृषीकेशं गुडाकेशः परन्तप।
न योत्स्य इति गोविन्दमुक्त्वा तूष्णीं बभूव ह।।9।।
तमुवाच हृषीकेशः प्रहसन्निव भारत।
सेनयोरुभयोर्मध्ये विषीदन्तमिदं वचः।।10।।

भगवन् बोले, हे अर्जुन! ज्ञानी होकर भी शोकाकुल हो?
ज्ञानी तो शोक नहीं करते जीने मरने से व्याकुल हो? 11

अर्थः- भगवान कृष्ण ने अर्जुन से कहा कि तुम ज्ञानी जैसा वचन भी बोलते हो और शोक भी करते हो। ज्ञानी लोग तो मृत अथवा जीवित प्राणी के लिए शोक नहीं करते हैं।

विशेषार्थः- भगवान् को कहने का अर्थ था कि अर्जुन को इस बात का ज्ञान नहीं है कि शरीर और आत्मा दोनों अलग-अलग चीज हैं। शरीर तो बार-बार जन्म लेता और मरता है परन्तु आत्मा अमर है। अतः जिसका आज या कल विनाश निश्चित है उसके लिए विद्वान लोग शोक नहीं करते हैं। फिर भी वह विद्वान की तरह भाषण दे रहा है।

कोई भी समय नहीं था, ऐसा जब, तुम या हम नहीं रहे।
और ऐसा समय नहीं होगा जब हम आगे भी नहीं रहें।। 12

अर्थः- किसी भी काल में ऐसा नहीं हुआ कि तुम, हम या राजा लोग नहीं रहे हों। और ऐसा भी कभी नहीं होगा कि हम भविष्य में नहीं रहेंगे।

विशेषार्थः-भगवान कृष्ण द्वारा अर्जुन को उपदेश दिया जा रहा है कि हम सभी लोग, पहले भी थे और आगे भी रहेंगे। मरनशील जीवों के लिए शोक करना निरर्थक है। परम पुरूष का अंश-आत्मा सब जीवों में उपस्थित रहने के कारण अविनाशी है। यहाँ पर कृष्ण की स्पष्टोक्ति है कि हम सबों का अस्तित्व पूर्व में भी था और भविष्य में भी रहेगा। माया के आवरण से पृथक होकर आत्मा के ब्रह्म में लीन होने की बात का समर्थन भगवान नहीं करते हैं। यानि यह भौतिक शरीर ही मरेगा, भगवान् और भौतिक शरीर में उपस्थित उनका अंश-आत्मा का अस्तित्व सबदिन अक्षुन्न रहेगा।

आत्मा शरीर के वाल्य, तरूण, वृद्धावस्था में भी रहती।
वैसे ही मर जाने पर फिर से अन्य देह में आ जाती।। 13

अर्थः- देह स्थित आत्मा, वाल्य, तरूण और वृद्ध रूप में निरन्तर अग्रसर होती रहती है। ठीक उसी तरह मरणोपरान्त वह आत्मा अन्य शरीर में चली जाती है। अतः इस तरह के परिवर्तन से धीर लोग मोह नहीं करते हैं।

विशेषार्थः- इस शरीर का रूप प्रतिक्षण बदलते रहता है। कभी बालक, कभी युवक और कभी बूढा बनकर अन्त में मृत्यु को प्राप्त हो जाता है। परन्तु शरीर में वास करने वाली आत्मा यथावत रहती है। देह के मरने पर वह अन्य देह में चली जाती है। कार्य-कारण सिद्धान्त के अनुरूप आत्मा को नया शरीर मिलते रहता है। पुराने शरीर से नये शरीर में आत्मा को जाने देने में

रूकावट डालना अपराध होगा। भीष्म, द्रोणाचार्य या सखा सम्बन्धियों के मर जाने जैसे विषय पर अर्जुन का दुखी और विह्वल होना अशोभनीय है।

हे कुन्तीपुत्र! सदा सुख दुख का उदय, अस्त होते रहता।
सर्दी-गर्मी ऋतु के आ जाने जैसा सब सहना पड़ता।। 14

अर्थः-हे कुन्तीपुत्र! सुख और दुःख का उदय-अस्त सर्दी-गर्मी ऋतु के आने-जाने के समान है। मानव को अविचल भाव से यह सहन करना पड़ता है।

हे पुरूष श्रेष्ठ! सुख-दुःख में जो न कभी विचलित हो कर जीता।
दोनों में जो समभाव सदा रखता हो वही मुक्ति पाता।। 15

अर्थः- हे पुरूषश्रेष्ठ अर्जुन! जो सुख और दुख में निरन्तर समभाव रखकर जीता हो और कभी उससे विचलित नहीं होता हो वही पुरूष मुक्ति पाने का अधिकारी है।

यों तत्वदर्शियों के विचार से असत् शरीर क्षणिक होता।
सत्-आत्मा स्थायी है उसमें कभी न परिवर्तन होता।। 16

अर्थः-तत्वदर्शियों ने लम्बे समय तक शोध करके निष्कर्ष निकाला है कि भौतिक शरीर असत् एवं क्षणिक होता है और सत्-आत्मा स्थायी तथा अपरिवर्तनीय होता है।

जो सभी देह में व्याप्त रहे उसको अविनाशी कहते हैं।
अव्यय आत्मा को कभी नहीं हम मरणशील कह सकते हैं।। 17

अर्थः- जो सारे शरीर में व्याप्त है उसको ही तुम अविनाशी समझो। उस अव्यय आत्मा को कोई भी नष्ट नहीं कर सकता है।

विशेषार्थः- सम्पूर्ण शरीर में जो चेतना व्याप्त है उससे व्यष्टि आत्मा का बोध होता है। अलग-अलग शरीर में अलग-अलग व्यष्टि चेतना का वास है। इसी कारण से एक शरीर के सुख-दुख का अनुभव दूसरे शरीर धारी को नहीं हो पाता है।

उपनिषद में आत्मा का स्पष्ट विवरण उद्धृत है। केस या बाल के अग्रभाग को दस हजार भागों में बाँटने पर जो शेष बचता है वही आत्मा का परिमाण है। आत्मा के असंख्य परमाणुओं की विद्युत धारा शरीर में चेतना के रूप में अनुभव होती रहती है। यह चेतना शरीर के कारण नहीं है, यह तो आत्मा के असंख्य परमाणुओं के कारण है। यह हृदय के अन्दर रहता है। औषधि विज्ञान में लाल रक्तकण आत्मा से ही शक्ति प्राप्त कर आक्सीजन को फेफड़े से संवाहित करता है। शरीर की शक्ति का उद्गम स्थान हृदय ही है। हृदय के अन्दर ही प्राण, अपान, व्यान, समान और उदान- इन पाँचों प्राणों में अणु-आत्मा तैरती रहती है और पूरे शरीर में अपने प्रभाव का

विस्तार करती है। हठ-योग में इन्हीं पाँच प्राणों से नियंत्रित आत्मा को उस घेरा से मुक्त किया जाता है।

श्रीभगवानुवाच
अशोच्यानन्वशोचस्त्वं प्रज्ञावादांश्च भाषसे।
गतासूनगतासूंश्च नानुशोचन्ति पण्डिताः।।**11**।।

न त्वेवाहं जातु नासं नत्वं नेमे जनाधिपाः।
न चैव न भविष्यामः सर्वे वयमतः परम्।।**12**।।

देहिनोऽस्मिन्यथा देहे कौमारं यौवनं जरा।
तथा देहान्तरप्राप्तिर्धीरस्तत्र न मुह्यति।।**13**।।

मात्रास्पर्शास्तु कौन्तेय शीतोष्णसुखदुः खदाः।
आगमापायिनोऽनित्यास्तांस्तितिक्षस्व भारत।।**14**।।
यं हि न व्यथयन्त्येते पुरुषं पुरूषर्षभ।
समदुःखसुखं धीरं सोऽमृतत्वाय कल्पते।।**15**।।
नासतो विद्यते भावो नाभावो विद्यते सतः।
उभयोरपि दृष्टोऽन्तस्त्वनयोस्तत्त्वदर्शिभिः।।**16**।।
अविनाशि तु तद्विद्धि येन सर्वमिदं ततम्।
विनाशमव्ययस्यास्य न कश्चित्कर्तुमर्हति।।**17**।।

हे अर्जुन! यही सत्य जानो अज्ञेय-आत्म अविनाशी है।
तुम युद्ध करो, भौतिक शरीर तो सदा क्षणिक और नाशी है।। 18

अर्थः- इस भौतिक शरीर का अन्त निश्चित है। अविनाशी, अप्रमेय और शाश्वत-आत्मा का वास भौतिक शरीर में ही है। अतः हे भरतवंशी! तुम युद्ध करो।

विशेषार्थः- भौतिक शरीर का विनष्ट होना निश्चित है। इसके अन्दर हृदय में अविनाशी, अप्रमेय और शाश्वत जीव-आत्मा इतना शूक्ष्म है कि कोई उसको देख भी नहीं सकता- मारने की बात अलग है। आत्मा के प्रकाश से इस भौतिक शरीर का पोषण होता है। शरीर से आत्मा को बाहर निकलने के बाद शरीर में गंध आने लगता है। भौतिक शरीर को बहुत दिन बचाकर नहीं रख सकते हैं। तो फिर उस शरीर पर मोह करने से क्या लाभ है। भगवान अर्जुन को यह उपदेश देकर युद्ध करने के लिए प्रेरित कर रहे हैं।

अज्ञानी, जीवात्मा को मारक, मरने वाला कहता है।
यह कभी किसी को नहीं मारता और न खुद ही मरता है।। 19

अर्थः- अज्ञानी लोग जीवात्मा को मारने वाला और मरने वाला कहता है, जो असत्य है। यह न कभी मरता है और न किसी को मारता है।

जीवात्मा किसी काल में कभी न जन्मा है न जन्म लेगा।
यह नित्य, अजन्मा, शाश्वत है, केवल शरीर मर जायेगा।। 20

अर्थः- आत्मा का जन्म-मरन किसी काल में नहीं हुआ है। यह कभी न जन्मा था, न जन्मा है, और न जन्म लेगा। भौतिक शरीर के मरने पर यह नहीं मरता है। यह तो नित्य अजन्मा और षाश्वत है।

हे पार्थ! अजन्मा, शाश्वत, अव्यय आत्मतत्व का ज्ञान जिसे।
वह कैसे मरवाने-मरने की बात करेगा खुद तुमसे।। 21

अर्थः- हे पार्थ! अविनाशी, अजन्मा, षाश्वत तथा अव्यय आत्मा के बारे में जो जानता है वह किसी को कैसे मारने और मरने की बात करेगा?

अन्तवन्त इमे देहा नित्यस्योक्ताः शरीरिणः।
अनाशिनोऽप्रमेयस्य तस्माद्युध्यस्व भारत।।18।।
य एनं वेत्ति हन्तारं यश्चैनं मन्यते हतम्।
उभौ तौ न विजानीतो नायं हन्ति न हन्यते।।19।।
न जायते म्रियते वा कदाचिन् नायं भूत्वा भविता वा न भूयः।
अजो नित्यः शाश्वतोऽयं पुराणो न हन्यते हन्यमाने शरीरे।।20।।
वेदाविनाशिनं नित्यं य एनमजमव्ययम्।
कथं स पुरुषः पार्थ कं घातयति हन्ति कम्।।21।।

जब वस्त्र-पुराना त्याग कोई नूतन कपड़ा धारण करता।
वैसे ही आत्मा जीर्ण देह को त्याग सदा नूतन पाता।। 22

अर्थ-पुराने वस्त्रों को त्यागकर मनुष्य नया वस्त्र पहनता है, ठीक उसी तरह आत्मा भी जीर्ण शरीर को त्यागकर नया शरीर को धारण करती है।

विशेषार्थः-विभिन्न उदाहरणों द्वारा अर्जुन को भगवान् ने, आत्मा (या अणु आत्मा) और भौतिक शरीर के सम्बन्ध में ज्ञान बोधित किया है। वाल्यावस्था, कौमार्यावस्था, युवावस्था तथा वृद्धावस्था में परिवर्तित होकर यह भौतिक शरीर मृतावस्था को प्राप्त करता है। शरीर ज्योंही नष्ट हुआ उसके अन्दर में रहने वाला अणु-आत्मा भी किसी अन्य नूतन शरीर में प्रवेश कर जाता है। सिर्फ शरीर में परिवर्तन होता है, अणु-आत्मा तो अजन्मा और षाश्वत होने के कारण अपरिवर्तनशील है। पितामह, गुरुद्रोणाचार्य या सभी सम्बन्धियों के भौतिक शरीर के अन्दर रहनेवाला अणु आत्मा भी शरीर नष्ट होने पर कर्मानुसार नूतन शरीर को ग्रहण करेगा। तो फिर उस शरीर के लिये कैसी चिन्ता, कैसा दुख या विषाद- यह परिवर्तन तो होना ही है, तुमतो केवल इस परिवर्तन में सहयोग करोगे।

शस्त्रों से कभी न खन्डित है पावक इसको न जला सकता।
पानी भी नहीं भिंगा सकता, वायु भी नहीं सुखा सकता।। 23

अर्थः- किसी अस्त्र द्वारा आत्मा को खंडित नहीं किया जा सकता और न अग्नि द्वारा उसको जलाया जा सकता है। इसको जल द्वारा भिंगाया भी नहीं जा सकता और न वायु द्वारा सुखाया ही जा सकता है।

यह अघुलनशील अखंडित आत्मा कभी न जलती या सुखती।
शाश्वत, स्थिर अविकारी, आत्मा एक रूप हरदम रहती।। 24

अर्थः- यह आत्मा अघुलनशील और अखंडित है। इसको न जलाया जा सकता है और न सुखाया जा सकता है। यह शाश्वत, सर्वव्यापी, अविकारी, स्थिर तथा सदैव एक सा रहनेवाली है।

विशेषार्थः- भौतिक शरीर के अन्दर निवास करने वाली अणु-आत्मा को विशेष गुणों से सम्पन्न माना जाना सार्थक है। अणु-आत्मा कभी भी परम आत्मा के साथ मिलकर एक नहीं हो सकती है। इस श्लोक से अद्वैतवाद का सिद्धान्त थोड़ा शिथिल होता लग रहा है।

वासांसि जीर्णानि यथा विहाय नवानि गृह्णाति नरोऽपराणि।
तथा शरीराणि विहाय जीर्णान्य-न्यानि संयाति नवानि देही।।**22**।।
नैनं छिन्दन्ति शस्त्राणि नैनं दहति पावकः।
न चैनं क्लेदयन्त्यापो न शोषयति मारुतः।।**23**।।
अच्छेद्योऽयमदाह्योऽयमक्लेद्योऽशोष्य एव च।
नित्यः सर्वगतः स्थाणुरचलोऽयं सनातनः।।**24**।।

यह सदा अदृष्य, अचिन्त्य आत्मा परिवर्तित न कभी होती।
तुम ज्ञानी जैसों को भौतिक देहों की चिन्ता क्यों होती।। 25

अर्थः- इस आत्मा को अपरिवत्र्तनीय, अकल्पनीय और अव्यक्त कहा जाता है। यह जानते हुए भी भौतिक शरीर के लिए शोक नहीं करना चाहिए।

विशेषार्थः- आत्मा अत्यन्त सूक्ष्य है। वेद और श्रुति के अतिरिक्त कोई अन्य आधार नहीं है जो आत्मा के अस्तित्व को सिद्ध कर दे। आत्मा चेतन है। इसमें भौतिक शरीर जैसा कोई परिवर्तन नहीं होता है। परमात्मा अनन्त है और आत्मा उसका अति सूक्ष्म अणु-रूप है। वेद के अकाट्य प्रमाणों पर विश्वास करने के अतिरिक्त और कोई अन्य विकल्प भी नहीं है।

यदि तुम कहते आत्मा का लक्षण जन्म-मरण ही होता है।
तब फिर चिन्ता क्यों करते हो वह भी तो जीता मरता है।। 26

अर्थः- यदि वह सोचता है कि आत्मा का भी जन्म-मरण होता है तब भी उसको शोक करने की कोई आवश्यकता नहीं दीखती है।

विशेषार्थः- लोकायतिक तथा वैभाषिक दार्शनिकों का यह मत है कि भौतिक संयोग जब परिपक्व अवस्था में आ जाता है तब जीवन का लक्षण घटित होने लगता है। यानि शरीर भौतिक तत्वों का संयोग है। नृतत्व विज्ञान का यही मत है कि भौतिक तथा रासायनिक तत्वों के संयोग से जीवन का लक्षण घटित होने लगता है।

अणुआत्माओं का अस्तित्व हो अथवा नहीं हो और आत्मा का पुनर्जन्म हो अथवा नहीं हो, दोनों स्थिति में पितामह या गुरु के वध करने के पापफलों से डरने की आवश्यकता नहीं है। क्षत्रिय होने के कारण अर्जुन को वैदिक धर्म के सिद्धान्त का पालन करना ही उचित है।

जो जन्म लिया वह मरता है और पुनः जन्म ले लेता है
तो अपरिहार्य कर्तव्य कर्म में शोकाकुल क्यों होता है। 27

अर्थः-जन्म लेने वालों की मृत्यु निश्चित है तथा मृत्यु के ऊपरान्त पुनः जन्म लेना भी निश्चित है। अतः करने योग्य कर्म को करने में शोक नहीं करना चाहिये।

अव्यक्तोऽयमचिन्त्योऽयमविकार्योऽयमुच्यते।
तस्मादेवं विदित्वैनं नानुशोचितुमर्हसि।।25।।
अथ चैनं नित्यजातं नित्यं वा मन्यसे मृतम्।
तथापि त्वं महाबाहो नैनं शोचितुमर्हसि।।26।।
जातस्य हि ध्रुवो मृत्युर्ध्रुवं जन्म मृतस्य च।
तस्मादपरिहार्येऽर्थे न त्वं शोचितुमर्हसि।।27।।

जीवों का शुरू नहीं दीखता केवल मध्यांश सदा दिखता।

फिर अन्त नहीं उसका दिखता तो शोकाकुल वह क्यों होता?28

अर्थः- सभी जीव प्रारम्भ में अव्यक्त रहते हैं केवल मध्य अवस्था में व्यक्त दिखते हैं। विनष्ट होने के उपरान्त वे पुनः अव्यक्त हो जाते हैं। अतः शोक क्यों किया जाय?

विशेषार्थः- आत्मा के अस्तित्व को मानने वाले या उसके अस्तित्व को नहीं मानने वाले नास्तिकों के सिद्धान्त में विश्वास रखने पर भी बहुत फर्क नहीं पड़ता है। वैदिक सिद्धान्त के अनुसार आत्मा का अस्तित्व है, वह कभी नहीं मरती है। भौतिक शरीर के नष्ट होने पर नया शरीर को ग्रहण करता है, जैसे पुराने वस्त्र को बदलकर नया वस्त्र धारण किया जाता है। यानि आस्तिक और नास्तिक सिद्धान्त में शरीर को नष्ट होना ही है तो फिर इसके लिए शोक करने की क्या आवश्यकता है।

नास्तिकों के सिद्धान्त के अनुसार आत्मा और शरीर दोनों का नष्ट होना निश्चित माना गया है। अतः इसको मानने वालों के लिए भी शरीर के नष्ट होने का शोक करना अनावश्यक है।

प्रारम्भ में और अन्त में शरीर का कोई अता-पता नहीं, सिर्फ मध्य में कुछ दिनों के लिए वह रहता है। अतः किसी भी स्थिति में भौतिक शरीर के नष्ट होने पर शोक करना उचित नहीं है।

आत्मा आश्चर्य दिखे कुछ को, आश्चर्य इसे बतलाता है।

कुछ आश्चर्यों को सुन लेता कुछ सुनकर भी न समझता है।।29

अर्थः- कुछ लोग आत्मा को आश्चर्य से देखता है कुछ इसको आश्चर्य बताता है। कुछ लोग यह आश्चर्य की तरह सुनता है और कुछ लोग इस विषय को सुनकर भी कुछ नहीं समझ पाता है।

विशेषार्थः-यह सही में आश्चर्य है कि इन असंख्य पशु वृक्ष, किटाणुओं में अणु-आत्मा कैसे उपस्थित है? अणु-आत्मा की संरचना एवं उसके विवरण के सम्बन्ध में सुनकर या देखकर भी लोग मायावश कुछ नहीं समझ पाते हैं। आत्म-साक्षात्कार के बिना यह समझ पाना पूर्ण असम्भव है।

देहों के भीतर देही का बध कभी नहीं हो सकता है

फिर किसी जीव के लिये शोक करना कारण क्यों बनता है? 30

अर्थः- हे भरतवंशी। देह के भीतर रहने वाले देही का वध कभी नहीं किया जा सकता है। अतः किसी भी जीव के लिए शोक क्यों किया जाय?

अव्यक्तादीनि भूतानि व्यक्तमध्यानि भारत।
अव्यक्तनिधनान्येव तत्र का परिदेवना।।28।।
आश्चर्यवत्पश्यति कश्चिदेन-माश्चर्यवद्वदति तथैव चान्यः।
आश्चर्यवच्चैनमन्यः शृणोति श्रुत्वाप्येनं वेद न चैवकश्चित्।।29।।
देही नित्यमवध्योऽयं देहे सर्वस्य भारत।
तस्मात्सर्वाणि भूतानि न त्वं शोचितुमर्हसि।।30।।

तुम क्षत्रिय हो धर्मार्थ युद्ध से बढ़कर कोई कार्य नहीं।
संकोच त्याग, कर्तव्य करो निश्चित ही होगा धर्म सही।। 31

अर्थः- धर्म की रक्षा करने के लिये युद्ध के अतिरिक्त क्षत्रियों का कोई कर्त्तव्य नहीं है। अतः तुम्हें संकोच करने की आवश्यकता नहीं है।

विशेषार्थः- वर्णाश्रम धर्म में क्षत्रियों को धर्म की रक्षा करने के लिए युद्ध करना अनिवार्य माना गया है। स्वधर्म पालन करने में अगर हिंसा भी होती है तो उसे हिंसा नहीं मानी जाती है। यज्ञ में पशु-बलि और धर्म के रक्षार्थ क्षत्रियों द्वारा किये गये युद्ध में हिंसा को मानव-कल्याण का कार्य माना गया है। अधर्म पर अंकुश तथा समाज की व्यवस्था, सुरक्षा एवं नियमितता को कायम रखने के लिए इसको अनिवार्य माना गया है।

हे पार्थ! युद्ध का ऐसा अवसर जो क्षत्रिय पा लेता है।
धर्मार्थ युद्ध के लिए उसी को स्वर्गलोक मिल जाता है।। 32

अर्थः- वे क्षत्रिय सुखी कहलाते हैं जिनको इस तरह धर्म-युद्ध करने का सुअवसर मिलता है, क्योंकि ऐसा करने से उनके लिए स्वर्ग का द्वार खुल जाता है।

इस धर्मयुद्ध से भागोगे तो पाप तुम्हें खा जायेगा।
योद्धा न कभी कहलाओगे अपयश तुम पर छा जायेगा।। 33

अर्थः- स्वधर्म का पालन करने के लिए युद्ध नहीं करना कर्त्तव्य की उपेक्षा करना होगा, जिससे तुम्हें पाप तो लगेगा ही साथ ही तुम योद्धा के रूप में अपना यश भी खो दोगे।

विशेषार्थः- आम नागरिकों का कष्ट दूर करना ही क्षत्रियों का धर्म है, इसके लिए उसे हिंसा ही क्यों न करना पड़े। यह युद्ध करने से अर्जुन को दोहरा लाभ मिल रहा था। अगर वह मारा जाता है तो स्वधर्म का समुचित पालन करने के लिए स्वर्ग को पा लेता है और अगर युद्ध जीत जाता है तो राज्य का भोग करते हुए तथा नागरिकों की रक्षा से सम्बन्धित स्वधर्म का पालन करते हुए पुनः स्वर्ग को प्राप्त करता है। वह प्रख्यात योद्धा था। गुरु द्रोणाचार्य का सबसे अधिक प्रिय शिष्य था। उन्होंने अर्जुन को एक ऐसा अस्त्र प्रदान किया था जिससे उनका भी वध कर सकता था। धर्मपिता राजा इन्द्र, से महत्वपूर्ण अस्त्र तथा शिवजी से पाशुपास्त्र प्राप्त करके वह अजेय योद्धा बना हुआ था। इतना शक्तिशाली योद्धा रहते हुए भी उसको युद्ध से भागने का सीधा अर्थ था क्षत्रिय धर्म की उपेक्षा का दोषी बन जाना। अयश को प्राप्त करना तथा नरक भोगने का रास्ता पकड़ना ही इसको कहा जायेगा।

स्वधर्ममपि चावेक्ष्य न विकम्पितुमर्हसि।
धर्म्याद्धि युद्धाच्छ्रेयोऽन्यत्क्षत्रियस्य न विद्यते।।31।।
यदृच्छया चोपपन्नं स्वर्गद्वारमपावृतम्।
सुखिनः क्षत्रियाः पार्थ लभन्ते युद्धमीदृशम्।।32।।
अथ चेत्त्वमिमं धर्म्यं संग्रामं न करिष्यसि।
ततः स्वधर्मं कीर्तिं च हित्वा पापमवाप्स्यसि।।33।।

ऐसे अपयश की चर्चा कर सबलोग तुम्हीं पर हँस देंगे।
मानित जन को ऐसा अपयश मरने से बढ़कर भी होंगे।। 34

अर्थः- सभी लोग तुम्हारे अपयश का वर्णन कर उपहास करेंगे। सम्मानित व्यक्ति के लिए अपयश मृत्यु से बढ़कर होता है।

योद्धाओं ने अबतक तेरे यश को हरदम सम्मान दिया।
अब वही कहेंगे अर्जुन ने डर से ही रण को छोड़ दिया।। 35

अर्थः- वे सभी बड़े-बड़े योद्धा जिन्होंने तेरे नाम और यश को सम्मानित किया है वे तुम्हें डरकर युद्धभूमि से भागने के बारे में सोचकर तुच्छ मानेंगे।

विशेषार्थः- कृष्ण का निर्णय है कि दुर्योधन, कर्ण या अन्य महारथी यह कभी नहीं सोचेंगे कि तुमने प्रेम या दयावश युद्धभूमि से वापस जाने का मन बना लिया है। वे सोचेंगे कि प्राणभय या पराजय-भय के कारण युद्धभूमि से तुम भाग रहे हो। और इस तरह तुम्हारी प्रतिष्ठा धूल में मिल जायेगी। इससे तो अच्छा है कि तुम युद्धभूमि में लड़कर मर जाओ।

सब शत्रु अवाच्य कथा कहकर तेरा सामर्थ्य घटा देंगे।
सामर्थ्य ह्रास की चर्चा कर तेरे दुःख और बढ़ा देंगे।। 36

अर्थः- तुम्हारे बारे में अवाच्य कथनों को बोलकर तेरा उपहास करेंगे, तुम जैसे वीरों के लिये सामर्थ्य का उपहास तो दुःखदायी होगा ही।

कौन्तेय! अगर तुम मरते हो तो स्वर्ग-भोग निश्चित होगा।
विजयी होने पर राज्य मिलेगा, लड़ना श्रेयस्कर होगा।। 37

अर्थः- हे कुन्तीपुत्र! युद्ध में मारे जाने पर तुम्हें स्वर्ग और विजयी होने पर साम्राज्य का भोग होगा। अतः दृढ़ संकल्प लेकर उठो और युद्ध करो।

अकीर्तिं चापि भूतानि कथयिष्यन्ति तेऽव्ययाम्।
सम्भावितस्य चाकीर्तिर्मरणादतिरिच्यते।।34।।
भयाद्रणादुपरतं मंस्यन्ते त्वां महारथाः।
येषां च त्वं बहुमतो भूत्वा यास्यसि लाघवम्।।35।।
अवाच्यवादांश्च बहून्वदिष्यन्ति तवाहिताः।
निन्दन्तस्तव सामर्थ्यं ततो दुःखतरं नु किम्।।36।।
हतो वा प्राप्स्यसि स्वर्गं जित्वा वा भोक्ष्यसे महीम्।
तस्मादुत्तिष्ठ कौन्तेय युद्धाय कृतनिश्चयः।।37।।

तुम विजय-पराजय, सुख-दुःख, लाभ-हानि का सब विचार छोड़ो।
ऐसा करने में पाप नहीं, युद्धार्थ सिर्फ तुम युद्ध करो।। **38**

अर्थः- विजय-पराजय, हानि-लाभ या सुख-दुख का बिना कोई विचार किये सिर्फ युद्ध के लिये युद्ध करो। ऐसा करने पर तुम्हें पाप नहीं लगेगा।

विशेषार्थः- समुचित कर्त्तव्य के पालनार्थ किये गये कर्म के सम्पादन में हानि-लाभ, सुख-दुःख या विजय-पराजय का कोई विचार नहीं करना चाहिये।

यह सांख्य-ज्ञान का वर्णन था, निष्काम कर्म तुम अब जानो
कर्मों का बन्धन नहीं रहेगा, कर्म-ज्ञान को ही मानो।। **39**

अर्थः- मैंने इस ज्ञान का वर्णन "सांख्य" योग के आधार पर किया था। अब निष्काम भाव से करने योग्य कर्म को करने या ज्ञान सहित कर्मों के सम्पादन के सम्बन्ध में बताता हूँ। हे पृथापुत्र! ज्ञान सहित कर्म करने पर तुम कर्म के बन्धन से मुक्त हो जा सकते हो।

विशेषार्थः-भगवान् कृष्ण ने अर्जुन को शुरू में क्षत्रिय का कत्र्तव्य बताया है। और फिर पार्थिव शरीर को मरणशील बताकर अब सांख्य-योग का ज्ञान दे रहे हैं। अपने दादा, गुरु और सगे-सम्बन्धियों की मृत्यु से अर्जुन घबड़ा गया है। उन सबको मारकर राज्य-सुख की कल्पना करने से भी वह डरा हुआ है। इसे महापाप मानकर वह युद्ध छोड़कर भागना चाहता है।

अर्जुन के भय को दूर करने के लिए सांख्य-योग (यानी शरीर एवं आत्मा का वैश्लेषिक अध्ययन) को स्पष्ट करते हुए भगवान् ने आत्मा की अमरता पर बार-बार जोर दिया है। चूँकि आत्मा अमर है और भौतिक शरीर के आने-जाने का क्रम निरन्तर लगा रहता है, अतः इस ज्ञान के साथ स्थापित कर्म को करने पर कुछ भी पाप नहीं लगता है। और सबसे बड़ी बात है कि भगवान स्वयं ऐसा कर्म करने के लिए अर्जुन को प्रोत्साहित कर रहे हैं।

इस कर्म-योग के सम्पादन में हानि तथा कुछ ह्रास नहीं।
थोड़ा प्रयत्न करके देखो तो डर-भय की भी आश नहीं।। **40**

अर्थः- इस तरह के (कर्म-योग) प्रयास करने में कोई हानि नहीं होती है। इस मार्ग पर किया गया थोड़ा प्रयास (या प्रगति) भी बड़े-बड़े भय से रक्षा कर सकता है।

विशेषार्थः-भगवान द्वारा कर्म-योग पर अधिक बल दिया गया है। जिस व्यक्ति के लिए जो कर्म निर्धारित है उसका सम्पादन निःस्वार्थ भाव से करते हुए वह प्रगति पथ पर आगे बढ़ता रहे तो कठिन भय से भी उसकी रक्षा होती रहती है।

सुखदुःखे समे कृत्वा लाभालाभौ जयाजयौ।
ततो युद्धाय युज्यस्व नैवं पापमवाप्स्यसि।।**38**।।
एषा तेऽभिहिता सांख्ये बुद्धिर्योगे त्विमां शृणु।
बुद्ध्या युक्तो यया पार्थ कर्मबन्धं प्रहास्यसि।।**39**।।
नेहाभिक्रमनाशोऽस्ति प्रत्यवायो न विद्यते।
स्वल्पमप्यस्य धर्मस्य त्रायते महतो भयात्।।**40**।।

यह मार्ग पकड़ने वालों का तो लक्ष्य-प्रयोजन दृढ़ होता।
जो दृढ़-प्रतिज्ञ हैं वह न कभी शाखाओं में बँटता रहता।। 41

अर्थः- इस मार्ग पर चलने वालों का प्रयोजन और लक्ष्य स्थिर होता है। जो दृढ़-प्रतिज्ञ नहीं है, वे विभिन्न शाखाओं में विभक्त होते रहते हैं।

अल्पज्ञ, वेद के आकर्षक-शब्दों पर मोहित होते हैं।
जो स्वर्ग, शक्ति, सुन्दर जन्मों की संस्तुति करते रहते हैं।। 42
ऐसे सकाम कर्मों से इन्द्रिय-सुख की वे इच्छा करते।
जीवन में ही ऐश्वर्य-भोग को सबसे बढ़-चढ़कर कहते ।। 43

अर्थः- अज्ञानी लोग वेद के आकर्षक शब्दों पर मोहित हो जाते हैं जिसमें स्वर्ग, सुन्दर जन्म, शक्ति इत्यादि की प्राप्ति के लिए विविध सकाम कर्मों की संस्तुति की गई है। इन्द्रिय सुख की प्राप्ति से बढ़कर वे कुछ नहीं मानते हैं।

विशेषार्थः- वेद के कर्मकाण्ड भाग में सकाम यज्ञ-कर्म करने की अनुशंसा की गई है। अल्पज्ञानी लोग बस यहीं तक अभिलाषा करते हैं और तदनुसार यज्ञ-कर्मों का सम्पादन कर स्वर्ग-सुख, अगला सुन्दर जन्म, या विशेष शक्ति इत्यादि की प्राप्ति से बढ़कर कुछ नहीं मानते हैं। वे वेद का सम्पूर्ण अभिप्राय इतना भर ही जान पाते हैं। यह आनन्द तो परमानन्द तक पहुँचने की सीढ़ी के समान है जिसको अल्पज्ञानी अन्तिम लक्ष्य मान लेता है।

इन्द्रिय भोगों, ऐश्वर्य सुखों से मोहग्रस्त जो होता है।
उसके मन में भगवान-भक्ति का निश्चय कभी न होता है।। 44

अर्थः- जो लोग भौतिक सुख और इन्द्रिय भोग से आसक्त होकर उसके मोह में पड़ जाते हैं उनका मन परमात्मा में एकाग्र नहीं होता है।

व्यवसायात्मिका बुद्धिरेकेह कुरुनन्दन।
बहुशाखा ह्यनन्ताश्च बुद्धयोऽव्यवसायिनाम्।।**41**।।
यामिमां पुष्पितां वाचं प्रवदन्त्यविपश्चितः।
वेदवादरताः पार्थ नान्यदस्तीति वादिनः।।**42**।।
कामात्मानः स्वर्गपरा जन्मकर्मफलप्रदाम्।
क्रियाविशेषबहुलां भोगैश्वर्यगतिं प्रति।।**43**।।
भोगैश्वर्यप्रसक्तानां तयापहृतचेतसाम्।
व्यवसायात्मिका बुद्धिः समाधौ न विधीयते।।**44**।।

वेदों में वर्णित प्रकृति गुणों से ऊपर पहले उठ जाओ।

तुम द्वैत, लाभ और योगक्षेम को छोड़ आत्मवत हो जाओ।। 45

अर्थः- हे अर्जुन। वेदों में वर्णित प्रकृति के तीन गुणों से तुम स्वतंत्र हो जाओ। तुम सब द्वन्द्वों से मुक्त होकर दृढ़तापूर्वक सत्व भाव में स्थित हो जाओ। तुम योग-क्षेम यानि अर्जन और रक्षण की चिन्ता छोड़कर आत्मा को प्राप्त करो।

विशेषार्थः- भौतिक सभी कार्यों में प्रकृति के तीनों गुण सत्वगुण, रजोगुण और तमोगुण का प्रभाव रहता है। कृष्ण द्वारा अर्जुन को उपदेश दिया जा रहा है कि वह इन तीनों गुणों से ऊपर उठकर आत्मा को प्राप्त करे।

छोटे कूपों का कार्य जिस तरह बड़ा जलाषय कर देता।

यह कर्मकान्ड, वेदों के ज्ञानी को कूपों जैसा दिखता।। 46

अर्थः- बड़े जलाशय के रहते छोटे कूपों की जितनी उपयोगिता होती है, ठीक उसी तरह वेद के ज्ञानी के लिए कर्मकान्ड की उपयोगिता एवं उसका महत्त्व है।

विशेषार्थः- अर्जुन को समझाने के उदेश्य से भगवान नलकूप और बड़े जलाशय का उदाहरण प्रस्तुत करते हैं। बड़े जलाशय के रहते छोटे नलकूपों की जितनी उपयोगिता होती है, ठीक वैसी ही वेदज्ञानी के समक्ष कर्मकान्ड की उपयोगिता है। वेद के कर्मकाण्ड का उदेश्य है आत्म साक्षात्कार की दिशा में क्रमिक विकास करने हेतु प्रोत्साहन देना। मनुष्य को इतनी बुद्धि तो रखनी ही चाहिये कि कर्मकाण्डी-अनुष्ठान और यज्ञ तक ही सीमित न रहकर आगे आत्म-साक्षात्कार करने की वे चेष्टा करें।

कर्मों पर है अधिकार तुझे फल पर तेरा अधिकार नहीं।

उद्येश्य नहीं हो कर्म-फलों का, कर्म त्याग से प्यार नहीं।। 47

अर्थः- तुमको सिर्फ कर्म करने का अधिकार है, उसके फल पर कोई अधिकार नहीं है। तुम्हारे कर्म करने का उदेश्य उसका फल नहीं हो, न कर्मो को त्यागने के प्रति अनुराग हो।

विशेषार्थः- जब फल की ईच्छा से कर्म किया जाता है तो वह अनासक्ति से विचलित होना माना जायेगा। बिना फल के उदेश्य से अर्जुन को कर्म करने की सलाह कृष्ण द्वारा दी गयी है। कर्म को त्यागने के प्रति बिना अनुराग किये, (युद्ध करने) निष्काम कर्म करने की प्रबल अनुशंसा की गयी है।

त्रैगुण्यविषया वेदा निस्त्रैगुण्यो भवार्जुन।
निर्द्वन्द्वो नित्यसत्त्वस्थो निर्योगक्षेम आत्मवान्।।45।।
यावानर्थ उदपाने सर्वतः सम्प्लुतोदके।
तावान्सर्वेषु वेदेषु ब्राह्मणस्य विजानतः।।46।।
कर्मण्येवाधिकारस्ते मा फलेषु कदाचन।
मा कर्मफलहेतुर्भूर्मा ते सङ्गोऽस्त्वकर्मणि।।47।।

हे अर्जुन! विजय-पराजय की आसक्ति छोड़ कर युद्ध करो।
समभावों में स्थित होकर योगी जैसा ही कर्म करो।। 48

अर्थः- हे अर्जुन! सफलता या विफलता की सभी आसक्ति को मन से त्यागकर, समभाव से योग में स्थित होते हुए अपना कर्म करता जा। मन को साम्य रखना ही योग है।

हे अर्जुन! बुद्धि-योग बिन सारे कर्म सदा ओछे होते।
जो व्यक्ति सकाम कर्मफल भोगे वही कृपण समझे जाते।। 49

अर्थः- हे धनंजय! बुद्धियोग, कर्म से अधिक बड़ा होता है। इसलिए तुम बुद्धि की शरण लो। जो लोग अपने कर्म के फल की इच्छा करते हैं वे कृपण और दयनीय है।

इस जीवन में ही अच्छे एवं बुरे कर्म मिट जाते हैं।
तुम वैसा बनकर योग करो तो वह कौशल टिक जाते हैं।। 50

अर्थः- भक्त इस जीवन में ही अच्छे-बुरे कर्मों से मुक्त हो जाता है। इसलिये योग के लिये प्रयत्न करो, यही सम्पूर्ण कार्य-कौशल है।

ज्ञानी जब ब्रह्मलीन होकर कर्मों का फल न चखा करता।
मरने-जीने का चक्र छोड़ कर विष्णु-लोक ही वह जाता।। 51

अर्थः- बड़े-बड़े ऋषि-मुनि भौतिक संसार में ही कर्म-फल के भोग से अपने को मुक्त कर लेते हैं। फलस्वरूप वे जन्म-मृत्यु के चक्र से छूटकर भगवान के पास चले जाते हैं जहाँ किसी भी तरह का दुःख नहीं रहता है।

जब बुद्धि, मोह की मलीनतायें पार अग्रसर हो जाती।
सूनी अनसूनी बातों से विरक्त होकर सुख पा लेती।। 52

अर्थः- जब बुद्धि मोह रूपी सघन वन को पार कर जाती है तब तुम सुनी हुई या सुनने योग्य सभी बातों से विरक्त होकर अन्यमनस्क हो जाओगे।

योगस्थः कुरु कर्माणि संगम् त्यक्त्वा धनंजय।
सिद्ध्यसिद्ध्योः समो भूत्वा समत्वं योग उच्यते।।**48**।।
दूरेण ह्यवरं कर्म बुद्धियोगाद्धनजंय।
बुद्धौ शरणमविच्छ कृपणाः फलहेतवः।।**49**।।
बुद्धियुक्तो जहातीह उभे सुकृतदुष्कृते।
तस्माद्योगाय युज्यस्व योगः कर्मसु कौशलम्।।**50**।।
कर्मजं बुद्धियुक्ता हि फलं त्यक्त्वा मनीषिणः।
जन्मबन्धविनिर्मुक्ताः पदं गच्छन्त्यनामयम्।।**51**।।
यदा ते मोहकलिलं बुद्धि व्यतितरिष्यति।
तदा गन्तासिनिर्वेदं श्रोतव्यस्य श्रुतस्य च।।**52**।।

जब मन वेदों से बिना प्रभावित हुए आत्मदर्शन करता।
उस स्थिति में ही भक्त सर्वदा दिव्य चेतना पा लेता।। 53

अर्थः- जब मन, वेदों की भाषा से बिना विचलित हुए, आत्म-साक्षात्कार की समाधि में लीन हो जाय तब तुम्हें दिव्य चेतना की प्राप्ति निश्चित हो जायेगी।

विशेषार्थः-वेदों की अलंकारिक भाषा में स्वर्ग प्राप्त करने के उद्देश्य से अनेकानेक सम्प्रदायों द्वारा सकाम कर्म करने की विधि उपदेशित की गयी है। उन साम्प्रदायिक विधियों से किंकर्त्तव्यविमूढ होना आश्चर्यजनक नहीं है। अतः इससे ऊपर उठकर आत्म-साक्षात्कार में मन को स्थिर कर देने से दिव्य चेतना की प्राप्ति निश्चित होती है। कृष्ण ने अर्जुन को आत्म-साक्षात्कार में स्थिर हो जाने का निर्देश इसी कारण से दिया है ताकि उसको दिव्य चेतना प्राप्त हो सके।

अर्जुन ने पूछा स्थित-प्रज्ञों का लक्षण कैसा होता?
भाषा-बोली, चलना-फिरना या अन्य कर्म कैसा करता? 54

अर्थः- अर्जुन ने केशव से पूछा कि हे भगवन्! स्थित-प्रज्ञों का क्या लक्षण होता है? वह कैसी भाषा बोलता है और क्या बोलता है। वह किस तरह बैठता है या चल देता है?

विशेषार्थः- अर्जुन सिद्ध पुरूषों को पहचानने के सम्बन्ध में अपने गुरु श्री कृष्ण से जानकारी लेना चाहता है। सच्चाई यह है कि हिन्दू धर्म में जीवन-व्यवस्था को चार सोपान मेंं विभक्त किया गया है। पहला सोपान विद्यार्थी जीवन का, दूसरा सोपान गृहस्थ का, तीसरा सोपान वानप्रस्थ का तथा चैथा सोपान सन्यास का होता है। अन्तिम अवस्था में गृह-विहीन जीवन को जो अपना लेते है वे सन्यासी कहलाते हैं। ये विकसित आत्मायें भौतिक वस्तुओं की माया का पूर्ण परित्याग कर समाज के लिए बड़ा लाभकारी सिद्ध होते हैं। अर्जुन इन्हीं स्वतंत्र और विकसित आत्मा को पहचानने का तरीका पूछते हैं।

जब मन की इच्छा परित्याग कर आत्मा में संतुष्ट रहे।
हे पार्थ! वही प्रज्ञ-स्थित है जब बुद्धि अचल और पुष्ट रहे।। 55

अर्थः- मन की सभी इच्छाओं को त्यागकर जब किसी की आत्मा अपने अन्दर ही संतुष्ट रहने लगे तब हे पार्थ! उसकी बुद्धि स्थिर हो जाती है और ऐसे स्थिर बुद्धि वाले ही स्थित-प्रज्ञ कहलाते हैं।

विशेषार्थः- यह दशा स्वार्थपूर्ण इच्छाओं से मुक्त हो जाने की दशा है। अथवा सकारात्मक रूप से भगवान् में एकाग्र होने की दशा है।

श्रुतिविप्रतिपन्ना ते यदा स्थास्यति निश्चला।
समाधावचला बुद्धिस्तदा योगमवाप्स्यसि।।**53**।।
अर्जुन उवाच,
स्थितप्रज्ञस्य का भाषा समाधिस्थस्य केशव।
स्थितधीः किं प्रभाषेत किमासीत व्रजेत किम्।।**54**।।

दुःख में जब मन बेचैन नहीं, सुख से वह सुखी नहीं होता।
आसक्ति क्रोध, भय, रागों से, मुनि का मन मुक्त सदा होता।। 56

अर्थः- जिसका मन दुःखों में बेचैन नहीं हो और सुखों में प्रसन्न नहीं रहे, तो आसक्ति, भय, क्रोध से मुक्त मन वाला व्यक्ति मुनि कहलाता है।

जिसको शुभ से कोई हर्ष नहीं, अशुभों से कोई घृणा नहीं।
भौतिक जग में वैसा प्राणी ही ज्ञान-स्थित है सही-सही।। 57

अर्थः- इस भौतिक संसार में जो शुभ से प्रसन्न नहीं होता और अशुभ से दुःखी नहीं होता वही पूर्ण ज्ञान में स्थित माना जाता है।

निज अंगों को समेट कछुआ भी खोली में कर लेता है।
ज्ञानी भी इन्द्रिय को विषयों से अलग-थलग कर लेता है।। 58

अर्थः- जिस तरह कछुआ अपने अंगों को समेटकर खोली के भीतर कर लेता है, ठीक उसी तरह ज्ञानी, भी अपनी इन्द्रियों को विषयों से अलग खींचकर चेतना में स्थिर हो जाया करता है।

इन्द्रिय विषयों से मुक्त देह में इच्छा कायम रह सकती।
भगवद्-दर्शन के वाद भोग की वह इच्छा भी मर जाती।। 59

अर्थः- इन्द्रिय के भोग से भले कोई निवृत हो जाय पर भोग करने की ईच्छा बनी रहती है। लेकिन भोग से निवृत होकर उत्तम रस (भगवान्) का अनुभव करते रहने पर उसकी इच्छाएँ मर जाती है और वह भक्ति में स्थिर हो जाता है।

विशेषार्थः- इन्द्रिय भोगों को प्रतिबन्धित करने के बहुत सारे ऊपाय बताये गये हैं। अष्टांग योग का यम, नियम, आसन, प्राणायाम, प्रत्याहार, धारणा, ध्यान आदि कई उपायों द्वारा इन्द्रिय-संयमन का तरीका प्रचलित है। ऐसा करने पर इन्द्रिय-भोगों को संयमित किया जा सकता है परन्तु भोग करने की इच्छा उसकी बनी रहती है। जैसे किसी रोगी को भोज्य पदार्थ खाने पर प्रतिबन्ध तो हम लगा देते हैं, लेकिन कुछ न कुछ खाने की इच्छा उसकी बनीं रहती है। इन्द्रिय-भोगों से निवृत होकर अगर वह उत्तम-रस यानी भगवान के दर्शन का अभ्यास करता रहे तो वह भक्ति में स्थिर हो जा सकता है।

श्रीभगवानुवाच
प्रजहाति यदा कामान्सर्वान्पार्थ मनोगतान्।
आत्मन्येवात्मना तुष्टः स्थितप्रज्ञस्तदोच्यते।।55।।

दुःखेष्वनुद्विग्नमनाः सुखेषु विगतस्पृहः।
वीतरागभयक्रोधः स्थितधीर्मुनिरुच्यते।।56।।
यः सर्वत्रानभिस्नेहस्तत्तत्प्राप्य शुभाशुभम्।
नाभिनन्दति न द्वेष्टि तस्य प्रज्ञा प्रतिष्ठिता।।57।।

हे अर्जुन! प्रबल-तेज-इन्द्रिय मन को बलात हर लेती है।
उनको वश में करने की हिम्मत सफल नहीं हो पाती है।। **60**

अर्थः- हे अर्जुन! इन्द्रियाँ बहुत बलवान एवं वेगवान होती हैं। वह किसी भी विवेकी पुरूष के मन को बलपूर्वक हर लेती है। उन्हें वश में करने का प्रयत्न विफल हो जाता है।

विशेषार्थः- विश्वामित्र जैसे महान योगी भी मेनका के मायाजाल में फँसकर भटक गये थे। ऐसे अनेक उदाहरण हैं जिसमें इन्द्रियनिग्रह कर चुके योगी या तपस्वी भी प्रथभ्रष्ट होते रहे हैं। इसका एक ही उपाय है भगवान में लीन हो जाना यानि कृष्ण की भावना में अपने को समा देना।

इन्द्रियाँ नियंत्रित कर जब कोई मुझमें ध्यान लगा लेता।
मुझमें चेतनता स्थिर कर वह स्थिर-बुद्धि प्राप्त करता।। **61**

अर्थः- जो अपनी इन्द्रियों को वश में रखते हुए इन्द्रिय-संयमन द्वारा चेतना को मुझमें स्थिर और दृढ़ कर लेता है तो वैसा योगी स्थिर बुद्धि वाला कहलाता है।

इन्द्रिय विषयों के चिन्तन से उसमें आसक्ति बनी रहती।
उससे ही काम जन्म लेता उत्पत्ति क्रोध की भी होती।। **62**

अर्थः- अपनी इन्द्रियों के विषय में चिन्तन करते रहने से मनुष्य को उसके प्रति आसक्ति बन जाती है और फिर उसी से काम की उत्पत्ति हो जाती है।

क्रोधों से मोह, मोह से स्मृति-भ्रम पैदा होता रहता।
वह बुद्धि नष्ट करके भव-कूपों में ही पुनः गिरा देता।। **63**

अर्थः- क्रोध से मोह जन्म लेता है और मोह से स्मरण शक्ति भ्रमित हो जाती है। अन्ततः भ्रमित स्मरण शक्ति से बुद्धि नष्ट हो जाती है और मनुष्य पुनः भव-कूप में गिर जाता है।

सब राग-द्वेष से मुक्त भक्त जब संयम करते रहता है।
इन्द्रिय वश में करने पर भगवद्-कृपा प्राप्त कर लेता है।। **64**

अर्थः- समस्त राग-द्वेषों से मुक्त होकर जब इन्द्रियों को संयम में रखते हुए मनुष्य अपने वश में कर लेता है तब उसे भगवान् की कृपा प्राप्त होती है।

भगवद् की कृपा प्राप्त होने पर सभी कष्ट मिट जाते हैं।
ऐसे विशुद्ध नर तुरत बुद्धि को आत्मस्थित कर लेते हैं।। **65**

अर्थः- भगवद्-कृपा प्राप्त होने पर मनुष्य के सारे दुःख समाप्त हो जाते हैं और ऐसे विशुद्ध आत्मा वाले व्यक्ति की बुद्धि तुरत आत्मा में स्थिर हो जाती है।

एकाग्र शक्ति और बुद्धि नहीं हम मन में स्थिर कर सकते।
इनके अभाव में शान्ति और सुख कभी नही हम पा सकते।। 66

अर्थः- असंयत व्यक्ति में बुद्धि और एकाग्रता की शक्ति नहीं रहती है। बिना एकाग्रता के शान्ति नहीं मिल सकती और शान्ति नहीं मिलने से सुख कैसे मिल सकता है?

जब मन इन्द्रिय के पीछे भागे, बुद्धि विषम हो जाती है।
जल में नैया को जैसे वायु कुपथ बहा ले जाती है।। 67

अर्थः- भटकती हुई इन्द्रियों के पीछे मनुष्य का मन भागकर उसकी बुद्धि का हरण कर लेता है, जिस तरह जल में नाव को वायु बहा ले जाती है।

हे महाबाहु! इन्द्रिय-विषयों पर ठोस नियंत्रण जब होता।
उससे निश्चय ही योगी भी निज बुद्धि सदा स्थिर रखता।। 68

अर्थः- हे अर्जुन! जिस पुरूष की इन्द्रियाँ अपने विषयों से विरत होकर उसके नियंत्रण में हो जाती है, उस पुरूष की बुद्धि निस्सन्देह स्थिर हो जाती है।

प्राणी जब सोते, आत्म-संयमी रातों भर जगते रहता।
उनके जगने पर आत्म-संयमी निश्चित ही सोते रहता।। 69

अर्थः- सभी प्राणियों के लिए जो रात होती है वह आत्म संयमी के लिए जगते रहने का समय है। और जो प्राणियों के लिए जगने का समय है वह आत्मसंयमी के लिए सोने का समय होता है।

विशेषार्थः-संयमी या आत्मनिरीक्षण करने वाले प्राणी वास्तविकता को समझने के लिए जागते रहते हैं और भौतिकतावादी व्यक्ति अनभिज्ञता के कारण आत्म-साक्षात्कार के बदले सोये रहते हैं। इसी बात को समझाने के लिए दिन-रात या जगने-सोने का उदाहरण दिया गया है।
नदियों के लगातार मिलने से ही सागर स्थिर रहता।
इन इच्छाओं के ही प्रवाह में ज्ञानी भी स्थिर रहता।।

इच्छाओं की संतुष्टि हेतु वह कभी नहीं कोशिश करता।
और सदा अविचलित स्थिर रहकर शान्ति प्राप्त करते रहता।। 70

अर्थः- नदियों के लगातार मिलते रहने पर भी सागर सदैव स्थिर रहता है। ठीक वैसे ही ज्ञानी लोग इच्छाओं की धारा में अविचलित और स्थिर रहकर शान्ति प्राप्त करते रहते हैं।

इन्द्रिय इच्छा से मुक्त, ममत्व रहित होकर जो जीता है।
वह अहंकार से निस्पृह रहकर शान्ति सदा पा लेता है।। 71

अर्थः- जो इन्द्रिय-तृप्ति की सभी इच्छाओं को त्यागकर किसी वस्तु से ममता नहीं रखता है वह अहंकार रहित होकर सच्ची शान्ति को प्राप्त कर लेता है।

शाश्वत जीवन जीने वाला निर्मोही बनकर जीता है।
जीवन के अन्त समय में भी वह मोक्ष प्राप्त कर लेता है।। 72

अर्थः- जो निर्मोही होकर ब्राह्मी स्थिति यानि षाश्वत जीवन जीता है वह जीवन के अन्तिम क्षण में भी इस स्थिति में आने पर मोक्ष (ईश्वर) को प्राप्त कर लेता है।

यदा संहरते चायं कूर्मोऽङ्गानीव सर्वशः।
इन्द्रियाणीन्द्रियार्थेभ्यस्तस्य प्रज्ञा प्रतिष्ठिता।।**58**।।

विषया विनिवर्तन्ते निराहारस्य देहिनः।
रसवर्जं रसोऽप्यस्य परं दृष्ट्वा निवर्तते।।**59**।।

यततो ह्यपि कौन्तेय पुरुषस्य विपश्चितः।
इन्द्रियाणि प्रमाथीनि हरन्ति प्रसभं मनः।।**60**।।

तानि सर्वाणि संयम्य युक्त आसीत मत्परः।
वशे हि यस्येन्द्रियाणि तस्य प्रज्ञा प्रतिष्ठिता।।**61**।।

ध्यायतो विषयान्पुंसः संगस्तेषूपजायते।
संगात्संजायते कामः कामात्क्रोधोऽभिजायते।।**62**।।

क्रोधाद्भवति सम्मोहः सम्मोहात्स्मृतिविभ्रमः।
स्मृतिभ्रंशाद् बुद्धिनाशो बुद्धिनाशात्प्रणश्यति।।**63**।।

रागद्वेषविमुक्तैस्तु विषयानिन्द्रियैश्चरन्।
आत्मवश्यैर्विधेयात्मा प्रसादमधिगच्छति।।**64**।।

प्रसादे सर्वदुःखानां हानिरस्योपजायते।
प्रसन्नचेतसो ह्याशु बुद्धिः पर्यवतिष्ठते।।**65**।।

नास्ति बुद्धिरयुक्तस्य न चायुक्तस्य भावना।
न चाभावयतः शान्तिरशान्तस्य कुतः सुखम्।।**66**।।

इन्द्रियाणां हि चरतां यन्मनोऽनुविधीयते।

तदस्य हरति प्रज्ञां वायुर्नावमिवाम्भसि।।**67**।।

तस्माद्यस्य महाबाहो निगृहीतानि सर्वशः।
इन्द्रियाणीन्द्रियार्थेभ्यस्तस्य प्रज्ञा प्रतिष्ठिता।।**68**।।

या निशा सर्वभूतानां तस्यां जागर्ति संयमी।
यस्यां जाग्रति भूतानि सा निशा पश्यतो मुनेः।।**69**।।

आपूर्यमाणमचलप्रतिष्ठं समुद्रमापः प्रविशन्ति यद्वत्।
तद्वत्कामा यं प्रविशन्ति सर्वे स शान्तिमाप्नोति न कामकामी।।**70**।।

विहाय कामान्यः सर्वान्पुमांश्चरति निःस्पृहः।
निर्ममो निरहंकारः स शान्तिमधिगच्छति।।**71**।।

एषा ब्राह्मी स्थितिः पार्थ नैनां प्राप्य विमुह्यति।
स्थित्वास्यामन्तकालेऽपि ब्रह्मनिर्वाणमृच्छति।।**72**।।

इति द्वितीयोध्यायः

तृतीय अध्याय
कर्मयोग

कर्मों को यज्ञ रूप मानो, बाँकी सब कुछ बन्धन बनता।
हे पार्थ! कर्म भी अनासक्त होने पर कर्म-यज्ञ बनता ।।

हे कृष्ण! बुद्धि का मार्ग, कर्म से श्रेष्ठ तुम्हीं बतलाते हो
तो महा युद्ध में कर्मयोग करने को क्यों उकसाते हो।। 1

अर्थः-हे जनार्दन! तुम बुद्धि या ज्ञान के मार्ग को कर्म के मार्ग से अधिक श्रेष्ठ कहते हो तो फिर घोर युद्ध के कर्म में मुझे क्यों लगाना चाहते हो?

उपदेश अनेकों से मेरा यह ज्ञान भ्रमित हो जाता है।
निश्चयपूर्वक बतला दो मुझको, श्रेयस्कर क्या होता है? 2

अर्थः- तुम्हारे उपदेश अनेकार्थक लगने से मेरी बुद्धि भ्रमित हो गई है। अतः निश्चयपूर्वक बताने का कष्ट करो कि मेरे लिये सबसे अधिक क्या श्रेयस्कर होगा?

विशेषार्थः- वस्तुतः इससे पूर्व सांख्य योग, बुद्धि-योग, इन्द्रिय-निग्रह, निष्काम-कर्मयोग इत्यादि मार्गों के सम्बन्ध में कृष्ण के मुख से उपदेश सुनकर अर्जुन किंकर्तव्यविमुढ हो चुका है। वह चाहता है कि कोई एक निश्चित मार्ग उसको बताया जाय जिसका वह अनुषरण कर सके।

हे अर्जुन! मैंने पहले भी दो मार्गों का उपदेश कहा।
चिन्तक को करने ज्ञान-मार्ग, कर्मी को करने कर्म कहा।। 3

अर्थः- हे अनघ अर्जुन! मैंने बहुत पूर्व में ही दो मार्गों के सम्बन्ध में उपदेश दिया था। चिन्तनशील प्राणियों के लिये ज्ञान-मार्ग तथा कर्मशील प्राणियों के लिये कर्ममार्ग का अनुशरण उपयुक्त बताया था।

अर्जुन उवाच
ज्यायसी चेत्कर्मणस्ते मता बुद्धिर्जनार्दन।
तत्किं कर्मणि घोरे मां नियोजयसि केशव।।1।।

व्यामिश्रेणेव वाक्येन बुद्धिं मोहयसीव मे।
तदेकं वद निश्चित्य येन श्रेयोऽहमाप्नुयाम्।।2।।

श्रीभवानुवाच
लाकेऽस्मिन्द्विविधा निष्ठा पुरा प्रोक्ता मयानघ।
ज्ञानयोगेन सांख्यानां कर्मयोगेन योगिनाम्।।3।।

कर्मों से विमुख रहो फिर भी कर्मो का त्याग न हो सकता।
सन्यासी बनने से न कभी वह सिद्धि-प्राप्त ही कर सकता।। 4

अर्थः- कर्म नहीं करने से कोई कर्म से मुक्ति नहीं पा सकता है। और न केवल सन्यास लेने से किसी को सिद्धि प्राप्त हो सकती है।

विशेषार्थः- निष्काम-कर्म करने से कर्म-फल के बन्धन में हम नहीं पड़ते हैं। प्रत्येक कर्म की स्वाभाविक प्रतिक्रिया होती है, यह प्रकृति का नियम है। कर्मफल से ही आत्मा बन्धन में पड़ जाती है। कर्मफल की आशा में नहीं रहने पर आत्मा बन्धन-मुक्त होकर परमात्मा से संयोग स्थापित कर लेती है। अतः सन्यासी बने या कर्मानुरागी बनें-दोनों स्थिति में निष्काम कर्म करना आवश्यक है।

हर व्यक्ति कर्म को किये बिना क्षणभर भी नहीं बिता सकता।
अर्जित प्रकृति-गुण के कारण वह विवश कर्म करता जाता ।। 5

अर्थः- प्रकृति से अर्जित गुणों के कारण प्रत्येक व्यक्ति को विवश होकर कर्म करना पड़ता है। वह क्षण भर के लिए भी कर्म किये बिना नहीं रह सकता है।

विशेषार्थः- आत्मा बिना कर्म किये नहीं रह सकती चाहे वह शरीर में रहे या परमात्मा में मिल जाय। किसी भी रूप में कहीं भी रहे वह कर्मशील है, क्षण भर भी कर्म किये बिना नहीं रह सकता। सदैव सक्रिय रहना आत्मा का स्वभाव है। इसी कारण से शास्त्र विहित कर्मों में उसको लगाये रखना अनिवार्य है, अन्यथा माया के वशीभूत कर्मों में संलग्न होने पर फिर उसको सद्गति प्राप्त होना असंभव हो जायेगा।

जो इन्द्रिय को वश में रखकर चिन्तन उसका करते रहता।
वह निश्चय ही खुद को ठगता और मिथ्याचारी कहलाता।। 6

अर्थः- जो कर्मेन्द्रिय को वश में कर लेता परन्तु इन्द्रिय विषयों को वश में नहीं रख पाता और उसी का चिन्तन करते रहता वह स्वयं को ठगता है। वह धोखेबाज और मिथ्याचारी कहलाता है।

न कर्मणामनारम्भान्नैष्कर्म्यं पुरुषोऽश्नुते।
न च संन्यसनादेव सिद्धिं समधिगच्छति।।4।।
न हि कश्चित्क्षणमपि जातु तिष्ठत्यकर्मकृत्।
कार्यते ह्यवशः कर्म सर्वः प्रकृतिजैर्गुणैः।।5।।
कर्मेन्द्रियाणि संयम्य य आस्ते मनसा स्मरन्।
इन्द्रियार्थान्विमूढात्मा मिथ्याचारः स उच्यते।।6।।

इन्द्रिय को वश में रखकर जो हरदम प्रयत्न करते रहता।
आसक्ति-रहित कर्मों के कारण सदा श्रेष्ठ वह बन जाता।। 7

अर्थः- जब व्यक्ति मन से इन्द्रियों को नियंत्रित रखता और अनासक्त होकर उसको सत्कर्म में लगाता है तो वह उत्कृष्ट कर्म कहलाता है।

तुम नियत कर्म कर लोगे तो होगा अकर्म से कर्म भला।
बिन कर्म किये जीवन जीना है कठिन और बिल्कुल अफला।। 8

अर्थः- किसी के लिए भी नियत कर्म को करते रहना अकर्मो से अच्छा होता है। क्योंकि शारीरिक जीवन बिना कर्म किये बना ही नहीं रह सकता है।

कर्मों को यज्ञ रूप मानो, बाँकी सब कुछ बन्धन बनता।
हे पार्थ! कर्म भी अनासक्त होने पर कर्म-यज्ञ बनता ।। 9

अर्थः- यज्ञ समझकर किये गये कर्मों के अतिरिक्त कोई भी अन्य कर्म बन्धन में डालने वाला होता है। अतः हे पार्थ! तुम विना किसी आसक्ति के नियत कर्म को यज्ञ समझकर करते चलो।

इन यज्ञ, सृष्टि और प्राणी सबको प्रजापति ने जन्म दिया।
इनसे ही सृष्टि बढ़ेगी सबको फलदायक भी बना दिया।। 10

अर्थः- सृष्टि के आरम्भ में प्रजापति (प्राणियों के स्वामी) ने यज्ञ के साथ प्राणियों को भी उत्पन्न किया और कहा कि इससे तुम आगे सन्तान उत्पन्न करो जो सभी अभिष्ट इच्छाओं को पूर्ण करने वाला होगा।

यस्त्विन्द्रियाणि मनसा नियम्यारभतेऽर्जुन।
कर्मेन्द्रियैः कर्मयोगमसक्तः स विशिष्यते।।7।।
नियतं कुरु कर्म त्वं कर्म ज्यायो ह्यकर्मणः।
शरीरयात्रापि च ते न प्रसिद्ध्येदकर्मणः।।8।।
यज्ञार्थात्कर्मणोऽन्यत्र लोकोऽयं कर्मबन्धन।
तदर्थं कर्म कौन्तेय मुक्तसंगः समाचर।।9।।
सहयज्ञाः प्रजाः सृष्ट्वा पुरोवाच प्रजापतिः।
अनेन प्रसविष्यध्वमेष वोऽस्त्विष्टकामधुक्।।10।।
देवान्भावयतानेन ते देवा भावयन्तु वः।
परस्परं भावयन्तः श्रेयः परमवाप्स्यथ।।11।।

यज्ञों से देव खुशी होंगे और तुम्हें सभी सुख दे देंगे।
देवों, जीवो के पोषण से कल्याण प्राप्त निष्चित होंगे।। 11

अर्थः- यज्ञ के माध्यम से देवताओं का पोषण होगा और देवता तुम जीवों का पोषण करेंगे। इस तरह दोनों के पारस्परिक पोषण से तुम सबों को परम कल्याण प्राप्त होगा।

यज्ञों से देव खुशी होकर सब सुख का भोग तुम्हें देंगे।
भोगों को अर्पित नहीं किया तो पाप तुम्हें वे दे देंगे।। 12

अर्थः- यज्ञ से प्रसन्न होकर देवता सब तरह का सुख प्रदान करेंगे। विना उनको अर्पण किये सुख का उपभोग करने पर चोर की संज्ञा मिलेगी।

जो सन्त व्यक्ति है यज्ञशेष खाकर ही पाप मुक्त होते।
पर दुष्ट पाक बनवा कर खाते वे पापों को ही खाते।। 13

अर्थः- जो सन्त व्यक्ति हैं वे यज्ञ में बचे-खुचे भोजन का उपभोग कर पापमुक्त हो जाते हैं। परन्तु दुष्ट व्यक्ति अपने लिए भोजन बनाकर खाते हैं तो समझो वे पाप को खाते हैं।

अन्नों से ही प्राणी होते वर्षा से अन्न उपजता है।
यज्ञों से वर्षा होती है और यज्ञ, कर्म से होता है।। 14

अर्थः- अन्न से प्राणी, वर्षा से अन्न, यज्ञ से वर्षा और कर्म से यज्ञ उत्पन्न होता है।

वेदों में नियमों का विधान सब, पर ब्रह्म से ही आता।
वह परब्रह्म वसता यज्ञों में वहीं प्रतिष्ठित भी रहता।। 15

अर्थः- नियमित कर्मों का विधान वेदों में अंकित है। ये वेद परब्रह्म से प्रकट हुए हैं और परब्रह्म यज्ञ कर्मों में सदा प्रतिष्ठित रहते हैं।

विशेषार्थः- परब्रह्म से वेदों की उत्पत्ति हुई है और वेदों में नियमित कर्म करने का सभी विधान अंकित है। ये सभी वेद कर्मादेशों की संहिताएँ हैं। चूकि सम्पूर्ण सृष्टि यज्ञस्वरूपा है और सर्वव्यापी ब्रह्म यज्ञकर्मों में स्थित हैं, अतः यज्ञ द्वारा नियमित कर्म करने से यज्ञपुरूष प्रसन्न होते हैं।

इष्टान्भोगान्हि वो देवा दास्यन्ते यज्ञभाविताः।
तैर्दत्तानप्रदायैभ्यो यो भुंक्ते स्तेन एव सः।।**12**।।
यज्ञशिष्टाशिनः सन्तो मुच्यन्ते सर्वकिल्बिषैः।
भुंजते ते त्वघं पापा ये पचन्त्यात्मकारणात्।।**13**।।
अन्नाद्भवन्ति भूतानि पर्जन्यादन्नसम्भवः।
यज्ञाद्भवति पर्जन्यो यज्ञः कर्मसमुद्भवः।।**14**।।
कर्म ब्रह्मोद्भवं विद्धि ब्रह्माक्षरसमुद्भवम्।
तस्मात्सर्वगतं ब्रह्म नित्यं यज्ञे प्रतिष्ठितम्।।**15**।।

हे पार्थ! सृजित यह यज्ञ-चक्र जो जीव नहीं पालन करता
वह पापी केवल इन्द्रिय के सुख हेतु वृथा जीवन जीता।। 16

अर्थः- हे पार्थ! वेदों द्वारा स्थापित यज्ञ-चक्र का पालन जो अपने जीवन में नहीं करता है वह पापी केवल इन्द्रिय-तुष्टि के लिए व्यर्थ जीवन जीता है।

विशेषार्थः- सम्पूर्ण सृष्टि यज्ञ स्वरूप है और यज्ञ के मुख्य देवता स्वयं नारायण हैं। यज्ञ की भावना से किये गये कर्म भगवान को प्रसन्न करते हैं। देवताओं के विभिन्न रूपों में भगवान की प्रसन्ता के लिये यज्ञ किया जाता है। सब आहूति या बलिदानों का उपभोग तो अन्ततः भगवान ही करते हैं। व्यष्टि और समष्टि की पारस्परिकता का उद्बोधन तो यज्ञ-रूप से किये गये कर्म से ही संभव है।

जो आत्म-तृप्त रहकर आत्मा के दर्शन में ही सुख पाता।
वैसे जीवों को अन्य कार्य करणीय न कुछ भी रह जाता।। 17

अर्थः-जो व्यक्ति आत्म-साक्षात्कार कर आत्म-तुष्टि का आनन्द लेते रहता है, उसके लिए कोई भी कार्य करणीय शेष नहीं रह जाता है।

जो आत्म-तृप्त है वह न कभी कर्मों को आवश्यक कहता।
वह अन्य जीव पर निर्भर रहने की न अपेक्षा ही करता।। 18

अर्थः- जो आत्मसाक्षात्कार में लीन हो उसके लिए कोई कर्म करना आवश्यक नहीं है और उसको अन्य जीवों पर निर्भर रहने की कोई आवश्यकता भी नहीं रहती है।

जो कर्म फलों से अनासक्त रहकर कर्तव्य सदा करता।
उसको इन अभ्यासों से हरदम परब्रह्म निश्चित मिलता।। 19

अर्थः- कर्मफल से अनासक्त रहकर कर्त्तव्य करते रहने पर परम्ब्रह्म की निश्चित प्राप्ति होती है।

एवं प्रवर्तितं चक्रं नानवर्तयतीह यः।
अघायुरिन्द्रियारामो मोघं पार्थ स जीवति।।16।।
यस्त्वात्मरतिरेव स्यादात्मतृप्तश्च मानवः।
आत्मन्येव च सन्तुष्टस्तस्य कार्यं न विद्यते।।17।।
नैव तस्य कृतेनार्थो नाकृतेनेह कश्चन।
न चास्य सर्वभूतेषु कश्चिदर्थव्यपाश्रयः।।18।।
तस्मादसक्तः सततं कार्यं कर्म समाचर।
असक्तो ह्याचरन्कर्म परमाप्नोति पूरुषः।।19।।

नृप जनक और मुनियों ने नियमित कर्मों से ईश्वर पाया।
ईश्वर को तुम भी पा सकते जब लोक-हितों में कर्म किया।। 20

अर्थः- जनक एवं अन्य मुनियों को नियत कर्म के द्वारा ही पूर्णता मिल चुकी है। अतः हे पार्थ! तुम भी लोक संग्रहार्थ कर्म करके पूर्ण हो सकते हो।

विशेषार्थः- लोक-संग्रह के निमित्त किये गये कर्म को महत्वपूर्ण माना गया है। यानि व्यक्तिगत कल्याण के बजाय जन-कल्याण की अधिक महिमा बतायी गयी है। परन्तु इससे दूर रहकर अर्जुन व्यक्तिगत लाभ की बात सोचता है और कृष्ण उसे युद्ध में भाग लेकर, लोक-हितार्थ असत्य, अनीति आदि का अन्त करने के लिये प्रोत्साहित कर रहे हैं।

जैसा ही श्रेष्ठ किया करते, सामान्य लोग वैसा करते
जैसा आदर्श उपस्थित है, अनुकरण सभी उसका करते।। 21

अर्थः- प्रतिष्ठित व्यक्ति जैसा करते हैं, सामान्य लोग वैसा ही अनुसरण करते हैं। अतः उनके द्वारा प्रस्तुत किया हुआ आदर्श जन सामान्य के लिए अनुकरणीय हो जाता है।

हे पार्थ! तीन लोकों में नियमित कर्म नहीं मेरा होता।
बिन कारण या आवश्यकता के कर्मों को करते रहता।। 22

अर्थः- हे पृथापुत्र! मेरे लिये तीनों लोकों में कोई कर्म नियत नहीं है। मुझे न किसी वस्तु का अभाव है और न आवश्यकता है। फिर भी मैं नियत कर्म करने के लिए तत्पर रहता हूँ।

हे पार्थ! नियत कर्मों को जब हम सही ढंग से कर लेंगे।
तब सम्भव है सब लोग अनुगमन उसी मार्ग का कर लेंगे।। 23

अर्थः- मैं नियत कर्मों को सतर्कतापूर्वक अगर नहीं करूँगा तो निश्चित ही सबलोग मेरे पथ का ही अनुगमन करेंगे।

कर्मणैव हि संसिद्धिमास्थिता जनकादयः।
लोकसंग्रहमेवापि सम्पश्यन्कर्तुमर्हसि।।**20**।।
यद्यदाचरति श्रेष्ठस्तत्तदेवेतरो जनः।
स यत्प्रमाणं कुरुते लोकस्तदनुवर्तते।।**21**।।
न मे पार्थास्ति कर्तव्यं त्रिषु लोकेषु किंचन।
नानवाप्तमवाप्तव्यं वर्त एव च कर्मणि।।**22**।।
यदि ह्यहं न वर्तेयं जातु कर्मण्यतन्द्रितः।
मम वर्त्मानुवर्तन्ते मनुष्याः पार्थ सर्वशः।।**23**।।

जब नियत कर्म मैं नहीं करूँ तो विश्व नष्ट हो जायेगा।
सब संकट एवं अव्यवस्था का कारण बन जायेगा।। **24**

अर्थः- मैं कर्म करना छोड़ दूँ तो संसार नष्ट हो जायेगा और अव्यवस्था एवं संकट का कारण लोग मुझे नहीं कहें इसके लिए मुझे कर्म करना ही पड़ेगा।

अर्जुन! अज्ञानी जन-कर्मों में ही आसक्ति सदा रखते।
ज्ञानी जन तो कल्याण हेतु ही अनाशक्त होकर करते।। **25**

अर्थः- हे भारत! अज्ञानी लोग आसक्त होकर कर्म करता है। परन्तु जो ज्ञानी है वह लोक-संग्रह के उदेश्य से अनासक्त कर्म का सम्पादन करता है।

ज्ञानी न कभी इन मूढों को आसक्त कर्म से भटकावे।
कर्मों को ही वे अनाशक्त करके प्रभाव में ले आवे। **26**

अर्थः- आसक्त कर्मो में लगे अज्ञानी के मन को विद्वान लोग विचलित नहीं करे। बल्कि अपने निस्काम कर्मों के प्रभाव में लाने का प्रयास करे।

विशेषार्थः- किसी भी मत से प्रभावित हुए लोगों को उनके सकाम कर्मो से विचलित करना उचित नहीं है। ज्ञानी लोग अपने निस्काम कर्मों के प्रभाव में लाकर उन्हें धीरे-धीरे उचित मार्ग पर लाने का प्रयत्न करें।

अहंकार में सभी जीव कर्मों का कर्ता खुद को कहता।
तीन गुणों से प्रकृति कार्य के ज्ञानों को वह नहीं जानता।। **27**

अर्थः- प्रकृति के तीन गुणों द्वारा ही सभी कार्य सम्पादित हो रहे हैं, परन्तु अहंकार से विमूढ प्राणी स्वयं को ही कत्र्ता मान लेता है।

उत्सीदेयुरिमे लोका न कुर्यां कर्म चेदहम्।
संकरस्य च कर्ता स्यामुपहन्यामिमाः प्रजाः।।**24**।।
सक्ताः कर्मण्यविद्वांसो यथा कुर्वन्ति भारत।
कुर्याद्विद्वांस्तथासक्तश्चिकीर्षुर्लोकसंग्रहम।।**25**।।
न बुद्धिभेदं जनयेदज्ञानां कर्मसंगिनाम्।
जोषयेत्सर्वकर्माणि विद्वान्युक्तः समाचरन्।।**26**।।
प्रकृतेः क्रियमाणानि गुणैः कर्माणि सर्वशः।
अहंकारविमूढात्मा कर्ताहमिति मन्यते।।**27**।।

जो सकाम, निष्काम कर्म का अन्तर-ज्ञान प्राप्त कर लेता।
वह इन्द्रिय की तृप्ति हेतु पीछे न कर्म के भागा करता।। 28

अर्थः- जो व्यक्ति निस्काम कर्म एवं सकाम कर्म के अन्तर को भलीभाँति समझकर परम सत्य को जान लेता है वह अपने को कभी भी इन्द्रिय तृप्ति के पीछे नहीं जाने देता है।

जब कोई मायावश कर्माशक्त कार्य करता रहता है।
ज्ञानी उनको सही मार्ग पर धीरे-धीरे ही लाता है।। 29

अर्थः- प्रकृति के गुणों से उत्पन्न कार्यों के प्रति अज्ञानी लोग आसक्त होकर कर्म करते रहते हैं। ज्ञानवान पुरूष का कर्तव्य है कि वे उनके मन को शनैः शनैः परिवर्तित करे।

हे अर्जुन! सब कर्मों को अर्पित कर ज्ञानी तुम बन जाओ।
बिना लाभ-दावा के आलस त्याग, युद्धरत तुम हो जाओ।। 30

अर्थः- हे अर्जुन! अपने सभी कार्यों को मुझमें समर्पित कर दो और ज्ञानवान होकर किसी लाभ या अधिकार की आकांक्षा किये बिना आलस्य त्यागते हुए युद्ध में संलग्न हो जाओ।

विशेषार्थः- अपने सभी कर्मों को परमेश्वर में समर्पित कर देना चाहिये। उनका आदेश मानकर उनकी खुशी के लिये किये गये कर्म की सारी जिम्मेदारी उन्हीं पर चली जाती है और मुक्ति का मार्ग भी प्रशस्त हो जाता है।

जो मेरे आदेशों को कर्त्तव्य जान कर पालन करता।
वह सकाम कर्मों के बन्धन से ही तुरत मुक्त हो जाता।। 31

अर्थः- जो ईर्ष्यारहित होकर श्रद्धापूर्वक मेरे इन उपदेशों या आदेशों का कर्त्तव्य समझ कर पालन करते हैं, वे सकाम कर्मों के बन्धन से मुक्त हो जाते हैं।

तत्त्ववित्तु महाबाहो गुणकर्मविभागयोः।
गुणा गुणेषु वर्तन्त इति मत्वा न सज्जते।।28।।
प्रकृतेर्गुणसम्मूढाः सज्जन्ते गुणकर्मसु।
तानकृत्स्नविदो मन्दान्कृत्स्नविन्न विचालयेत्।।29।।
मयि सर्वाणि कर्माणि संन्यस्याध्यात्मचेतसा।
निराशीर्निर्ममो भूत्वा युध्यस्व विगतज्वरः।।30।।
ये मे मतमिदं नित्यमनुतिष्ठन्ति मानवाः।
श्रद्धावन्तोऽनसूयन्तो मुच्यन्ते तेऽपि कर्मभिः।।31।।

जो ईर्ष्यावश उपदेशों का पालन कभी नहीं करता है।
वह भ्रम में निज सभी सिद्धियाँ नष्ट सदा करते रहता है।। 32

अर्थः- जो ईष्यावश मेरे उन उपदेशों का तिरस्कार करते हैं वे ज्ञान रहित और दिग्भ्रमित हैं और उनकी सभी सिद्धियाँ नष्ट हो जाती हैं।

ज्ञानी जन भी प्रकृति गुणों के ही अधीन जीवन जीता है।
इसका निग्रह बहुत कठिन है तदनुरूप जीना पड़ता है।। 33

अर्थः- प्रकृति के तीन गुणों के अधीन ही ज्ञानी जन को भी कर्म करना पड़ता है। क्योंकि इसका दमन करना असंभव है।

विशेषार्थः- किसी भी व्यक्ति का कर्म अनिवार्य रूप से प्रकृति की क्रियाओं से उत्पन्न होता है। आत्मा तो केवल तटस्थ और साक्षी है। भगवान के आदेश से ही अतीत के कर्म अपना स्वाभाविक परिणाम उत्पन्न करते रहते हैं।

इन्द्रिय के विषयों से ही सब राग-द्वेष नियमित होते हैं।
इस प्रभाव में कभी न आना, सबका ये दुश्मन होतें हैं।। 34

अर्थः- इन्द्रिय और उसके विषयों से सम्बन्धित राग-द्वेष नियत एवं व्यवस्थित हैं। मनुष्य को इनके वशीभूत में नहीं होना चाहिये क्योंकि ये उनके दुश्मन होते हैं।

विशेषार्थः- यदि हम मनोवेगों के शिकार वन जायेंगे तो हमारा जीवन भी पशुओं की तरह निरूद्येश्य बनकर रह जायेगा। इन्द्रिय के विषयों से सम्बन्धित राग-द्वेष पर नियंत्रण रखना पड़ेगा अन्यथा वे हमपर हावी हो जायेंगे। हमें हस्तक्षेप कर प्रकृति की क्रीड़ा के शिकार होने से बचना पड़ेगा।

निज धर्मों का किंचित पालन परधर्मों से अच्छा होता ।
अपने धर्मों का कुछ पालन करते मरना अच्छा होता।। 35

अर्थः- अपने धर्म-कर्म का कमोवेश पालन करना अन्य धर्मों की अपेक्षा अधिक अच्छा होता है। स्वधर्म के नियत कर्मों का न्यूनाधिक पालन करते मर जाना अधिक श्रेयस्कर है क्योंकि परधर्म का नकल करना भयावह होता है।

ये त्वेतदभ्यसूयन्तो नानुतिष्ठन्ति मे मतम्।
सर्वज्ञानविमूढांस्तान्विद्धि नष्टानचेतसः।।**32**।।
सदृशं चेष्टते स्वस्याः प्रकृतेर्ज्ञानवानपि।
प्रकृतिं यान्ति भूतानि निग्रहः किं करिष्यति।।**33**।।
इन्द्रियस्येन्द्रियस्यार्थे रागद्वेषौ व्यवस्थितौ।
तयोर्न वशमागच्छेत्तौ ह्यस्य परिपन्थिनौ।।**34**।।
श्रेयान्स्वधर्मो विगुणः परधर्मात्स्वनुष्ठितात्।
स्वधर्मे निधनं श्रेयः परधर्मो भयावहः।।**35**।।

हे भगवन्! बिन चाहे ही यह पाप कौन करवाता रहता?
क्यों बलात् सारे अधर्म करने हमको उकसाते रहता ? 36

अर्थः- अर्जुन ने कृष्ण से पूछा कि हे कृष्ण वह कौन सी चीज है जो बिना हमारी ईच्छा के भी हमसे पाप-कर्म करने के लिए प्रेरित करते रहता है। ऐसा लगता है कि बलपूर्वक वह हमसे अधर्म करवा रही हो।

भगवन् ने समझाया रजगुण से ही काम-क्रोध होता है।
यह दुष्मन जब नष्ट नहीं हो तो सबको ही खा जाता है।। 37

अर्थः- भगवान कृष्ण ने बताया कि रजोगुण से उत्पन्न काम और क्रोध है जो अत्यन्त पापी है। वह संसार का सबसे बड़ा शत्रु है और सब कुछ निगल जाने वाला है जब तक उसका प्रभाव बना रहता है।

धूल आइना, धूम्र आग को गर्भ भ्रूणों को ढक कर रखता।
वैसे ही रजगुण भी इन कामों-क्रोधों को ढँक कर रखता।। 38

अर्थः- जैसे धुँआ अग्नि को, धूलकण दर्पण को या गर्भ-भ्रूण को ढककर रखता है, उसी तरह रजोगुण भी काम, क्रोध को ढककर रखता है।

हे अर्जुन! अतृप्त ईच्छाएँ ज्ञानी का चिर दुश्मन होती।
दुश्मन तो होती ही है वह ज्ञानों को भी आवृत रखती।। 39

अर्थः- जो ईच्छाएँ अतृप्त रह जाती है, वही ज्ञानियों का चिरशत्रु है। लोगों के ज्ञान को वही आवृत किये रहती है।

मन, इन्द्रिय और बुद्धि सबों में इसका वास हुआ करता है।
ज्ञानों को आवृत्त रखकर जीवों को भ्रष्ट किया करता है।। 40

अर्थः-अतृप्त ईच्छाओं का स्थान इन्द्रियाँ, मन और बुद्धि है। उन्हीं के माध्यम से यह ज्ञान को आवृत रखता है और जीवों को पथभ्रान्त करते रहता है।

हे अर्जुन! तुम यथाशीघ्र इनको पहले कब्जा में ले लो।
ज्ञान विवेक विनाशक की हत्या करके व्यवधान मिटा लो।। 41

अर्थः- हे भरतश्रेष्ठ अर्जुन! प्रारम्भ में ही इसको (अतृप्त इच्छा) अपने नियंत्रण में कर लो। तुम ज्ञान विवेक विनाशक को हत्या करके विनष्ट कर दो ताकि सुपथ पर का सब व्यवधान मिट जाय।

मन इन्द्रिय से श्रेयस्कर है, मन से बुद्धि बड़ी होती है।
बुद्धि आदि से भी बढ़कर यह आत्मा ही मानी जाती है।। **42**

अर्थः- इन्द्रियों से बड़ा मन और मन से बड़ी बुद्धि होती है, परन्तु यह (आत्मा) बुद्धि से भी बड़ी कही जाती है।

विशेषार्थः- चेतना को सीढ़ी-दर-सीढ़ी ऊपर उठाते रहना चाहिये। ज्यों-ज्यों हम ऊपर उठते हैं त्यों-त्यों हम उत्तरोतर स्वतंत्र होते जाते हैं। इन्द्रियों के प्रभाव में कार्य करते रहने पर हम कम स्वतंत्र होते हैं। जब मन के आदेश पर कार्य करते हैं तो अधिक स्वतंत्र रहते हैं। परन्तु जब बुद्धि के साथ मन को संयुक्त कर कार्य करते हैं तब हम और भी अधिक स्वतंत्र होते हैं। लेकिन इन सबों के ऊपर जब आत्मा से कार्य करते हैं तब उच्चतम कोटि की स्वतंत्रता प्राप्त होती है।

हे अर्जुन! अपने को इन्द्रिय, मनस, बुद्धि से अलग हटा लो।
आत्मस्थित बन फलाशक्त कर्मों से निवृत निज को कर लो।। **43**

अर्थः- हे अर्जुन! आत्मस्थित होकर कर्मफल की आसक्ति को समाप्त कर लो क्योंकि यही सबसे बड़ा शत्रु है।

विशेषार्थः-प्रकृति के तीन गुण-सत्व, रज और तम के अन्तर्गत सभी कार्यों का सम्पादन होते रहता है। अपने आपको इन्द्रिय, मन और बुद्धि से ऊपर उठाकर कर्मफल की इच्छा के बिना लोक संग्रह के निमित्त कार्यों का सम्पादन करते रहो तो परमात्मा से आत्मा का साक्षात्कार सुनिश्चित हो जाता है और यही तो मानव जीवन का अन्तिम लक्ष्य भी है।

अर्जुन उवाच

अथ केन प्रयुक्तोऽयं पापं चरति पूरुषः।
अनिच्छन्नपि वार्ष्णेय बलादिव नियोजितः।।**36**।।
श्री भगवानुवाच
काम एष क्रोध एष रजोगुणसमुद्भवः
महाशनो महापाप्मा विद्ध्येनमिह वैरिणम्।।**37**।।
धूमेनाव्रियते वह्निर्यथादर्शो मलेन च।
यथोल्बेनावृतो गर्भस्तथा तेनेदमावृतम्।।**38**।।
आवृतं ज्ञानमेतेन ज्ञानिनो नित्यवैरिणा।
कामरूपेण कौन्तेय दुष्पूरेणानलेन च।।**39**।।
इन्द्रियाणि मनो बुद्धिरस्याधिष्ठानमुच्यते।
एतैर्विमोहयत्येष ज्ञानमावृत्य देहिनम्।।**40**।।

तस्मात्त्वमिन्द्रियाण्यादौ नियम्य भरतर्षभ।
पाप्मानं प्रजहि ह्येनं ज्ञानविज्ञाननाशनम्।।**41**।।

इन्द्रियाणि पराण्याहुरिन्द्रियेभ्यः परं मनः।
मनसस्तु परा बुद्धिर्यो बुद्धेः परतस्तु सः।।**42**।।

एवं बुद्धे परं बुद्ध्वा संस्तभ्यात्मानमात्मना।
जहि शत्रुं महाबाहो कामरूपं दुरासदम्।।**43**।।

इति तृतीयोध्यायः

चतुर्थ अध्याय
ज्ञान मार्ग

योगों से जो कर्म त्याग कर भ्रम विनष्ट ज्ञानों से करता।
आत्मा जो शासित कर रखता वह न कभी कर्मों से बँधता।।

भगवन् बोले, सब योग-ज्ञान दिनकर को मैंने प्रथम दिया
उसने मनु को, मनु ने आगे इक्ष्वाकु नृपों को बतलाया।। 1

अर्थ- भगवान कृष्ण ने बताया कि यह अपूर्व ज्ञान प्रथमतः सूर्यदेव को उपदेशित किया था। सूर्यदेव द्वारा मनु को और फिर मनु द्वारा राजा ईक्ष्वाकु को इसका ज्ञान मिला।

यह प्राप्त ज्ञान राजर्षि सबों ने परम्परागत ही पाया।
जो कालान्तर में क्षीण हुआ पर लुप्त नहीं वह हो पाया।। 2

अर्थ- इस तरह परम्परा से प्राप्त विशिष्ट ज्ञान को राजर्षियों ने आगे बढ़ाया जो कालान्तर में क्षीण तो हुआ, परन्तु लुप्त नहीं हो पाया।

वह श्रेष्ठ तथा प्राचीन योग मैं आज तुम्हें बतलाता हूँ।
तुम ही हो मेरा भक्त तथा प्रिय सखा तुम्ही को कहता हूँ।। 3

अर्थः- वही प्राचीन योग जो सर्वश्रेष्ठ रहस्य भी है तुमको बतला रहा हूँ क्योंकि तुम मेरा भक्त और सखा दोनों हो।

विशेषार्थ- जो महान उपदेशक होता है वह मौलिकता पर बिना दावा किये परम्परागत ज्ञान का उपदेश करते रहता है। जबतक मानव के हृदय में भक्ति और सखा भाव जीवित है, परमेश्वर अपना रहस्य उसको बताते रहेगें। भगवान कृष्ण ने अर्जुन की भक्ति और मित्रता पर प्रसन्न होकर इस प्राचीन विलुप्त ज्ञान को उसी रूप में पुनः समझाया है।

अर्जुन ने पूछा हे भगवन् दिनकर तुमसे पहले जन्मे।
तो कैसे जानूँ यह उपदेष प्रथमतः उनसे शुरू किये।। 4

अर्थ-अर्जुन ने भगवान से पूछा कि सूर्यदेव तो उनसे पहले जन्में हैं (बड़े हैं) तो कैसे यह ज्ञानोपदेश आपने उन्हीं से प्रारम्भ किया है?

श्रीभगवानुवाच
इमं विवस्वते योगं प्रोक्तवानहमव्ययम्।
विवस्वान्मनवे प्राह मनुरिक्ष्वाकवेऽब्रवीत्।।1।।
एवं परम्पराप्राप्तमिमं राजर्षयो विदुः।
स कालेनेह महता योगो नष्टः परंतप।।2।।
स एवायं मया तेऽद्य योगः प्रोक्तः पुरातनः।
भक्तोऽसि मे सखा चेति रहस्यं ह्येतदुत्तमम्।।3।।
अजुन उवाच
अपरं भवतो जन्म रं जन्म विवस्वतः।
कथमेतद्विजानीयां त्वमादौ प्रोक्तवानिति।।4।।

भगवन् बोले हे अर्जुन! हम सब कई बार हैं जनम लिए।
तुमको स्मरण नहीं हो पर हम सतत याद है किये हुए।। 5

अर्थ- भगवान ने अर्जुन को बताया कि उनका और अर्जुन का अनेको बार जन्म हो चुका है जिसका स्मरण उन्हें तो है, पर अर्जुन को स्मरण नहीं रह पाया है।

मैं अविनाशी हूँ और अजन्मा सभी जीव का स्वामी हूँ।
हर युग में मैं शाश्वत रहता और हरदम अन्तर्यामी हूँ।। 6

अर्थ- हे अर्जुन! मैं अविनाशी, अजन्मा और सब प्राणियों का स्वामी हूँ। अपने शाश्वत रूप में मैं प्रत्येक युग में अवतरित होता हूँ और मुझे स्मरण रहता है, मैं अन्तर्यामी हूँ।

हे भारत! धर्मो का यह ह्रास जहाँ मुझको दिख जाता है।
ऐसे अधर्म के नाश हेतु अवतार मेरा भी होता है।। 7

अर्थ- जब भी जहाँ धर्म का ह्रास होता है और अधर्म की प्रधानता होती है, मैं उस अधर्म को नष्ट करने के लिए अवतार ले लेता हूँ।

विशेषार्थ- मूल प्रकृति के साथ अनुकूल आचरण करने को धर्म कहते हैं और प्रतिकूल आचरण करना अधर्म होता है। अवतार का अर्थ है भगवान का पार्थिव स्तर तक उतर कर अपने उपदेश और उदाहरण द्वारा मानव को ऊपर उठाना तथा अधर्म को नष्ट कर धर्म को स्थापित करना।

सज्जन एवं धर्मों की रक्षा पाप-नाश कर हो सकता।
धर्मों को स्थापित करने मैं हर युग में आते रहता।। 8

अर्थ-साधु-सज्जनों की सुरक्षा तथा दुष्ट-पापी को विनष्ट कर धर्म की स्थापना के लिए मैं हर युग में अवतार लेता रहता हूँ।

श्रीभगवानुवाच
बहूनि मे व्यतीतानि जन्मानि तव चार्जुन।
तान्यहं वेद सर्वाणि न त्वं वेत्थ परन्तप।।5।।
अजोऽपि सन्नव्ययात्मा भूतानामीश्वरोऽपि सन्।
प्रकृतिं स्वामधिष्ठाय सम्भवाम्यात्ममायया।।6।।
यदा यदा हि धर्मस्य ग्लानिर्भवति भारत।
अभ्युत्थानमधर्मस्य तदात्मानं सृजाम्यहम्।।7।।
परित्राणाय साधूनां विनाशाय च दुष्कृताम्।
धर्मसंस्थापनार्थाय सम्भवामि युगे युगे।।8।।

अर्जुन! मेरे जन्मों का, कर्मो का जो अर्थ समझ लेता।
उसका फिर से न जन्म होता, सीधे गो-लोक पहुँच जाता।। 9

अर्थ- हे अर्जुन। जो मनुष्य मेरे जन्म एवं कर्म की सही प्रकृति जान लेता है, वह मरने के बाद पुनर्जन्म नहीं लेता है बल्कि मेरे सनातन धाम में पहुँच जाता है।

विशेषार्थ- किसी भी अवतार द्वारा आध्यात्मिक जीवन के प्रदर्शन से हमको सीख मिलती है। उनके बताये मार्ग पर चलकर मनुष्य पाशविक स्वरूप से उठकर आध्यात्मिक स्वरूप को प्राप्त कर सकता है। भगवान तो अजन्मा है, उनका अवतार या जन्म लेने का अर्थ है-हमारी आत्मा के अन्दर के रहस्यों का उद्घाटन। यदि संसार का शासन शैतान या शारीरिक वासनाओं द्वारा चलाया जा रहा हो तो हमारा कर्त्तव्य है कि हम अवतार द्वारा स्थापित मर्यादाओं का अनुशरण कर संसार का उद्धार करें।

जो राग, क्रोध भय मुक्त शरण में आकर ज्ञान ग्रहण करता।
मुझमें तल्लीन भक्त को मैं निज दिव्य प्रेम देता रहता।। 10

अर्थ- भय, राग, क्रोध से मुक्त होकर बहुत लोगों ने तल्लीनता से मेरे शरण आकर ज्ञान तथा मेरा दिव्य प्रेम प्राप्त किया है।

जिन भावों से मुझ तक आता वैसे मैं अपना लेता हूँ।
हे पार्थ! मेरे पथ का पालन करने पर मैं फल देता हूँ। 11

अर्थ-जो लोग, जिस विधि से मेरी शरण में आते हैं मैं उसी रूप से उन्हें फल देता हूँ। हे पार्थ! लोग कई विधि से मेरे मार्ग का अनुशरण करते हैं।

विशेषार्थ- भगवान अर्जुन को बता रहे हैं कि बहुत सारे मार्ग हैं और उनमें से जिस मार्ग का भी अनुगमन कर वे मुझतक पहुँचने का प्रयास करते हैं, मैं उनकी विधि के हिसाब से ही फल देता हूँ। महानैयायिक उदयनाचार्य ने लिखा है कि शैव के लिये शिव, वेदान्ती के लिये ब्रह्म, बौद्धों के लिये बुद्ध, जैनों के लिए अर्हत्, कर्मकान्डी के लिये कर्म आदि अनेक मार्ग हैं जिसका सहारा लेकर लोग श्री कृष्ण तक पहुँचने का प्रयास करते हैं। इस संबंध में गीता की उदारता कितना महान है कि उसके मत में तीनों लोकों के स्वामी सबको अपना दिव्य प्रेम देकर अपनी शरण में कर लेते हैं।

जन्म कर्म च मे दिव्यमेवं यो वेत्ति तत्त्वतः।
त्यक्त्वा देहं पुनर्जन्म नैति मामेति सोऽर्जुन।।9।।
वीतरागभयक्रोधा मन्मया मामुपाश्रिताः।
बहवो ज्ञानतपसा पूता मद्भावमागताः।।10।।
ये यथा मां प्रपद्यन्ते तांस्तथैव भजाम्यहम्।
मम वर्त्मानुवर्तन्ते मनुष्याः पार्थ सर्वशः।।11।।

जो कर्म सकामों के द्वारा फल पाने की चाहत रखते।
निश्चित सकाम कर्मो से वे फल भी वैसा पाते रहते।। 12

अर्थ-सकाम कर्मों के माध्यम से फल को प्राप्त करने के लिए जो देवताओं की पूजा करते हैं उनको निस्सन्देह कर्मफल की प्राप्ति शीघ्र हो जाती है।
विशेषार्थ- सभी देवता ईश्वर के अंश हैं और उनकी सकाम पूजा कर लोग फल को प्राप्त कर लेना चाहते हैं। निसन्देह उनको फल मिल भी जाता है। लेकिन गीता का उपदेश है कि वे फल अस्थायी हैं, भौतिक हैं। आध्यात्मिक सिद्धि तो निष्काम कर्म से ही संभव हो सकता है।

मैंने गुण-कर्मों पर इन सबको चतुर्भाग में बाँटा है।
इनका स्रष्टा होकर भी मैंने अव्यय रूप दिखाया है।। 13

अर्थ- गुण और कर्म के हिसाब से मैंने चार वर्गों में समाज की सृष्टि कर दी है। लेकिन मैं न कोई कर्म करता हूँ और न मुझमें कोई परिवर्तन होता है।
विशेषार्थ-यहाँ गुण और कर्म की चर्चा की गई है, जन्म जाति या लिंग की नहीं। सवर्णों और अवर्णों में भेदभाव बनावटी है। लोग सब प्रकार की स्त्रियों से सन्तान उत्पन्न करते हैं। अतः आचरण ही किसी की जाति का निर्धारण करने वाला तत्व है। इतिहास का स्वरूप् बदलता रहता है। कभी मानवीय विकास के लिए चतुर्वर्ण्य व्यवस्था बनायी गयी थी, परन्तु कृत्यों के आधार पर वर्गों का निर्धारण अधिक समीचीन है।

मुझ पर न कर्म का है प्रभाव फल की ईच्छा न कभी रहती।
इन सत्यों को जो जाने उनको फल-इच्छा न कभी होती।। 14

अर्थ-मैं कर्म से दूषित नहीं होता हूँ और न कर्मफल की कोई इच्छा ही करता हूँ। जो लोग मेरे इस सत्य को जानते हैं वे भी निष्काम कर्म करते हैं और फल की इच्छा कभी नहीं करते हैं।

काङ्क्षन्तः कर्मणां सिद्धिं यजन्त इह देवताः।
क्षिप्रं हि मानुषे लोके सिद्धिर्भवति कर्मजा।।**12**।।
चातुर्वर्ण्यं मया सृष्टं गुणकर्मविभागशः।
तस्य कर्तारमपि मां विद्ध्यकर्तारमव्ययम्।।**13**।।
न मां कर्माणि लिम्पन्ति न मे कर्मफले स्पृहा।
इति मां योऽभिजानाति कर्मभिर्न स बध्यते।।**14**।।

मोक्षों के इच्छुक लोग सदा मुझ जैसा कर्म किया करते।
तुम उनका नकल करो जीवन को जो निष्काम जिया करते।। 15

अर्थ- प्राचीन काल में बहुत मोक्षाभिलाषी लोगों ने मुझे देखकर ही कर्म किया है। तुमको भी उनलोगों का अनुशरण कर निष्काम कर्तव्य करना चाहिये।
विशेषार्थ-ईश्वर सृष्टि की रचना करते हैं और सृष्टि को सम्यक् रूप से चलाने के लिए अनवरत अपने कार्य में लीन रहते हैं। सूर्य, चन्द्रमा, प्रकृति आदि विना स्वार्थ के सृष्टि-संचालन में तत्पर हैं। बहुत सारे लोगों ने इसी का अनुषरण कर अपने कर्त्तव्यों का पालन करते हुए मोक्ष प्राप्त किया है। श्री कृष्ण स्वयं निष्काम भावना से कर्म करते रहते हैं। अतः अर्जुन को भी कर्मफल की बिना इच्छा किये श्रेष्ठजनों के पदचिह्नों का अनुशरण करने की सलाह दी गई है।

इन कर्म-अकर्मों की व्याख्या में ज्ञानी भी चकरा जाते।
मैं यह बतला देता हूँ जिससे सभी दोष हैं मिट जाते।। 16

अर्थ- कर्म और अकर्म किसको कहा जाय के चक्कर में ज्ञानी लोग भी चकरा जाते हैं। मैं तुमको यह बतला दूँगा जिससे तुम्हारे सभी दोष मिट जायेंगे।

इस कर्म, अकर्म, गलत कर्मों का ज्ञान सदा रखना होता।
इसका न ज्ञान रहने से गति का ज्ञान न कभी सुगम होता।। 17

अर्थ-मनुष्य को कर्म, अकर्म और गलत कर्म के बारे में स्पष्ट जान लेना अति आवश्यक है। कर्म की गति को समझना बहुत कठिन है।
विशेषार्थ-हमारे वर्तमान के कर्म सम्बन्धी विचार पूर्व की परम्पराएँ तथा अन्तरात्मा की आवाज तीनों मिलकर भ्रम उत्पन्न कर देता है और सही मार्ग को समझना कठिन हो जाता है। जो लोग ज्ञानी हैं वे अपनी अन्तर्दृष्टि से परम सत्य का मार्ग खोज निकालते हैं और उच्चतम स्वविवेक से कर्मों का सम्पादन करते हैं।

एवं ज्ञात्वा कृतं कर्म पूर्वैरपि मुमुक्षुभिः।
कुरु कर्मैव तस्मात्त्वं पूर्वैः पूर्वतरं कृतम्।।15।।
किं कर्म किमकर्मेति कवयोऽप्यत्र मोहिताः।
तत्ते कर्म प्रवक्ष्यामि यज्ज्ञात्वा मोक्ष्यसेऽशुभात्।।16।।
कर्मणो ह्यपि बोद्धव्यं बोद्धव्यं च विकर्मणः।
अकर्मणश्च बोद्धव्यं गहना कर्मणो गतिः।।17।।

जो कर्मों में अकर्म एवं इसमें कर्मों को ही देखे।
करणीय कार्य करते योगी सब उनसे वैसा ही सीखे।। 18

अर्थ-जो मनुष्य कर्म में अकर्म को देखता है अथवा अकर्म में कर्म को देखता है वह सही अर्थ में करणीय कर्म का सम्पादन करके ही ज्ञानी और योगी है।

विशेषार्थ-कर्म का सीधा अर्थ है भगवान के निमित्त कार्यों का सम्पादन करना और अकर्म का अर्थ है बिना फल की ईच्छा रखे कार्य संपादित करना। निर्विशेषवादी लोग इस भय से कर्म करना छोड़ देते हैं कि कर्मफल की इच्छा के उत्पन्न हो जाने से उसके कर्म आत्म साक्षात्कार के मार्ग में बाधक हो जायेंगे।

जब इच्छा-संकल्पों से बिल्कुल मुक्त कर्म होता रहता।
ज्ञानानल में सब को भस्मित करने पर पंडित बन जाता।। 19

अर्थ-जिसके कर्म इच्छा के संकल्पों से स्वतंत्र सम्पादित होते हैं, वे सारे कर्म ज्ञान की अग्नि में भस्मित हो जाते हैं। ज्ञानी लोग ऐसे व्यक्ति को पंडित कहकर पुकारते हैं।

जो कर्मफलों की आसक्तियाँ त्यागकर खूब खुशी रहता।
वह कर्म व्यस्त रहकर भी कभी न कर्मो का कर्ता बनता।। 20

अर्थ-कर्मफल से अनासक्त रहकर जो बिना किसी से सहारा लिए अपने कार्य से संतुष्ट है वह कर्म करते हुए भी कर्म नहीं करता है।

मन-बुद्धि नियंत्रित अर्थ-त्याग कर बिना चाह जो कर्म करे।
केवल शरीर निर्वहन हेतु कृत कर्म न उसको दुषित करे।। 21

अर्थ-सम्पत्ति त्यागकर बिना किसी ईच्छा के सिर्फ शरीर निर्वहन के उद्येश्य से किसी व्यक्ति द्वारा किया गया कर्म उसको दुषित नहीं करता है।

विशेषार्थ- वासना और ईच्छा से मुक्त हो जाने पर मनुष्य की आत्मा दैवीय शक्ति का माध्यम हो जाती है। और उस स्थिति में शरीर द्वारा सम्पादित बाह्य कार्य से वह दोषमुक्त रहता है। धर्म और अधर्म का सम्बन्ध शरीर के बाह्य कार्य से कभी नहीं होता है। राजा जनक को विदेह कहे जाने का यही कारण था।

कर्मण्यकर्म यः पश्येदकर्मणि च कर्म यः।
स बुद्धिमान्मनुष्येषु स युक्तः कृत्स्नकर्मकृत्।।**18**।।
यस्य सर्वे समारम्भाः कामसंकल्पवर्जिताः।
ज्ञानाग्निदग्धकर्माणं तमाहुः पण्डितं बुधाः।।**19**।।
त्यक्त्वा कर्मफलासंगं नित्यतृप्तो निराश्रयः।
कर्मण्यभिप्रवृत्तोऽपि नैव किंचितकरोति सः।।**20**।।
निराशीर्यतचितात्मा त्यक्तसर्वपरिग्रहः।
शारीरं केवलं कर्म कुर्वन्नाप्नोति किल्बिषम्।।**21**।।

जो प्राप्त लाभ से तुष्ट, सफलता-असफलता में सम रहता।
ईर्ष्या द्वन्द्वों से मुक्त कर्म से कभी नहीं वह बँध पाता।। 22

अर्थः- जो स्वतः प्राप्त लाभों में तुष्ट रहकर बिना ईर्ष्या किये सफलता-असफलता में स्थिर रहकर द्वन्द्वों से मुक्त कर्म करता है, वह कर्मों से कभी नहीं बँधता है।

विशेषार्थ-यह सम्पूर्ण ब्रह्माण्ड ईश्वर का ही प्रकट-रूप है। प्रकृति और पुरूष के द्वन्द्व में फँसकर अज्ञानी लोग सुख, सफलता इत्यादि लाभ के लिए एक दूसरे से ईष्र्या करने लगते हैं। सफलता, असफलता या सुख-दुख में स्थिर रहकर बिना ईर्ष्या किये अपना सभी कर्म अगर ईश्वर को समर्पित करता रहे तो वह कर्म-बंधन में कभी नहीं पड़ेगा।

आसक्ति-मुक्त, दृढ़ मन जब ज्ञानों में स्थिर हो जाता है।
तब यज्ञ रूप में किया कर्म कर्ता को बाँध न पाता है।। 23

अर्थ- सभी आसक्तियों से मुक्त और दृढ़ मन जब ज्ञान में स्थिर हो जाता है, तब यज्ञ रूप में किया गया कार्य कर्ता को बन्धन में नहीं डाल पाता है।

जो हवनों को ईश्वर, हवि को ईश्वर का रूप समझ लेता।
सब कर्मों में प्रभु के अनुभव से कर्ता को प्रभु मिल जाता।। 24

अर्थ- प्रत्येक कार्य में अर्पण करने का कार्य भी परमात्मा का कार्य समझा जाय और अर्पित की जाने वाली वस्तु को भी परमात्मा की वस्तु समझ ली जाय तब वह सभी कर्म परमात्मा रूपी अग्नि में अर्पित हो जाता है।

विशेषार्थ-यहाँ अर्जुन को गुरु कृष्ण समझा रहे हैं कि सम्पूर्ण ब्रह्माण्ड को यज्ञ-कुण्ड समझकर कर्म रूपी हवन और हवि दोनों को परमात्मा का स्वरूप अनुभूत कर लेने पर कर्ता दोषमुक्त हो जाता है। आध्यात्मिक चेतना की ऐसी स्थिति होने पर हवन, अग्नि, यज्ञकर्ता तथा कर्मफल सब ब्रह्म में एकाकार हो जाता है।

यदृच्छालाभसंतुष्टो द्वन्द्वातीतो विमत्सरः।
समः सिद्धावसिद्धौ च कृत्वापि न निबध्यते।।**22**।।
गतसंगस्य मुक्तस्य ज्ञानावस्थितचेतसः।
यज्ञायाचरतः कर्म समग्रं प्रविलीयते।।**23**।।
ब्रह्मार्पणं ब्रह्म हविब्रह्माग्नौ ब्रह्मणा हुतम्।
ब्रह्मैव तेन गन्तव्यं ब्रह्मकर्मसमाधिना।।**24**।।

कुछ योगी भिन्न यज्ञ करके देवों की पूजा ही करते।
और कुछ योगी ब्रह्मानल कुंडों में आहुति देते रहते।। 25

अर्थ- कुछ योगी देवताओं को प्रसन्न करने के लिये यज्ञ करते हैं, परन्तु कुछ योगी ब्रह्म की अग्नि में यज्ञ द्वारा स्वयं को यज्ञ में अर्पित कर देते हैं

विशेषार्थ-कुछ लोग ईश्वर के विभिन्न रूपों को पवित्र विधियों द्वारा प्रसन्न कर अनुकूल फल प्राप्त करना चाहते हैं जबकि कुछ लोग सभी कर्मों को ईश्वर में समर्पित कर देते हैं।

कुछ श्रवणेन्द्रिय को संयम के कुंडों में आहुति दे देता
कुछ इन्द्रिय विषयों को इन्द्रिय को अनलों में आहुति देता।। 26

अर्थ-कुछ ब्रह्मचारी श्रवणादि क्रियाओं तथा इन्द्रियों को मन की नियंत्रण रूपी अग्नि में स्वाहा कर देते हैं। तथा कुछ नियमित गृहस्थ इन्द्रिय विषयों को इन्द्रियाग्नि में ही स्वाहा कर देते हैं।

विशेषार्थः- मानसिक संयम रूपी यज्ञ के द्वारा हमारा प्रयास रहता है कि हमार पूरा अस्तित्व ज्ञान से ओतप्रोत हो जाय। इन्द्रिय के विषयों के उपभोग को एक यज्ञ मान लिया गया है। इन्द्रियाँ उस यज्ञ की अग्नि है और इन्द्रियों के विषय उसके हवि (आहुति देने वाली वस्तु) हैं। परमानन्द की प्राप्ति के लिये आत्मसंयम के द्वारा भौतिक आनन्द को त्याग देना ही यज्ञ है।

कुछ इन्द्रिय प्राणशक्ति के कर्मो का ही स्वाहा कर देता।
आत्मा रूपी संयम की आगों में आहूति देते रहता।। 27

अर्थ-कुछ लोग इन्द्रिय और प्राणशक्ति के सभी कर्मों को ज्ञानाग्नि यानी आत्म संयम रूपी अग्नि में समर्पित कर जला डालते हैं।

कुछ धन एवं तप योगों को आगों में ही स्वाहा करता।
कुछ मन को वश में करके, अपना ज्ञान सदा स्वाहा करता।। 28

अर्थ-कुछ लोग अपनी सम्पति, तपस्या या योगादि को समर्पित कर देते हैं तथा कुछ लोग मन को वश में करके, कठोर व्रत स्वाध्याय, ज्ञान आदि का समर्पण कर देते हैं।

दैवमेवापरे यज्ञं योगिनः पर्युपासते।
ब्रह्माग्नावपरे यज्ञं यज्ञेनैवोपजुह्वति।।25।।
श्रोत्रादीनीन्द्रियाण्यन्ये संयमाग्निषु जुह्वति।
शब्दादीन्विषयानन्य इन्द्रियाग्निषु जुह्वति।।26।।
सर्वाणीन्द्रियकर्माणि प्राणकर्माणि चापरे।
आत्मसंयमयोगाग्नौ जुह्वति ज्ञानदीपिते।।27।।
द्रव्ययज्ञास्तपोयज्ञा योगयज्ञास्तथापरे।
स्वाध्यायज्ञानयज्ञाश्च यतयः संशितव्रताः।।28।।

कुछ प्राणायामों से ही वश में प्राण-अपान किया करता।
प्राणों को वह अपान में प्राणों में अपान को कर लेता।। 29

अर्थ-कुछ लोग प्राणायाम में लगे रहकर अपान में (अन्दर आने वाला श्वास) प्राण को(बाहर जाने वाला श्वास) या प्राण में अपान की आहुति देते रहते हैं।

कुछ आहार-नियम के द्वारा प्राण-श्वास में आहुति देता।
पाप नष्ट यज्ञों से करता फल अमृत पी ऊपर जाता।। 30

अर्थ- बहुत लोग ऐसे भी हैं जो यज्ञ द्वारा पापों को नष्ट कर यज्ञ-फल का अमृत पान करते हुए परमधाम की ओर आगे बढ़ते जाते हैं।

विशेषार्थ-यज्ञ अनेक प्रकार के होते हैं-द्रव्य यज्ञ स्वाध्याय यज्ञ, योग-यज्ञ इत्यादि। संयमपूर्वक इन्द्रिय-निग्रह करके इन विधियों द्वारा परमधाम जाने का मार्ग सुगम किया जा सकता है।

यज्ञों का यह शेषांश बिना खाये न ब्रह्म हम पा सकते।
हे अर्जुन! बिन-यज्ञों के, ऊपर लोकों में न सुखी रहते।। 31

अर्थ- यज्ञों का शेषान्न खाकर कुछ लोग सनातन ब्रह्म प्राप्त करते हैं। इस संसार रूपी यज्ञ का सुख जिसने यहाँ नहीं प्राप्त किया तो अन्य लोकों में वह कैसे सुखी रहेगा।

कर्मों से वेदों के सम्मत सब यज्ञों का है जन्म हुआ।
ऐसा ही ज्ञान प्राप्त करके जीवन हरदम है मुक्त हुआ।। 32

अर्थ- विभिन्न कर्मों से विभिन्न यज्ञों की उत्पत्ति होती है जो वेदसम्मत है। इस रूप में इसको समझ लेने पर तुम्हारा भी जीवन मुक्त हो जायेगा।

विशेषार्थ-पूर्व में बताया जा चुका है कि वेद में कर्त्ताभेद से विभिन्न प्रकार के यज्ञों का उल्लेख है। उन यज्ञों को सम्पन्न करने के लिए मनुष्य के शरीर, मन या बुद्धि के अनुसार विधानों को उल्लिखित किया गया है। देह से मुक्त होने के लिए वेद सम्मत विधान के पालन करने की अनुशंसा की गयी है।

अपाने जुह्वति प्राणं प्राणेऽपानं तथापरे।
प्राणापानगती रुद्ध्वा प्राणायामपरायणाः।
अपरे नियताहाराः प्राणान्प्राणेषु जुह्वति।।29।।
सर्वेऽप्येते यज्ञविदो यज्ञक्षपितकल्मषाः।
यज्ञशिष्टामृतभुजो यान्ति ब्रह्म सनातनम्।।30।।
नायं लोकोऽस्त्ययज्ञस्य कुतोऽन्यः कुरुसत्तम।।31।।
एवं बहुविधा यज्ञा वितता ब्रह्मणो मुखे।
कर्मजान्विद्धि तान्सर्वानेवं ज्ञात्वा विमोक्ष्यसे।।32।।

हे अर्जुन! सभी द्रव्य यज्ञों से ज्ञानयज्ञ अच्छा होता।
इस द्रव्य-यज्ञ का अन्त हमेशा दिव्य ज्ञान में ही होता।। 33

अर्थ- द्रव्य-यज्ञ (भौतिक पदार्थों द्वारा किया गया यज्ञ) से ज्ञान-यज्ञ श्रेष्ठतर होता है, क्योंकि सभी कर्मयज्ञों का अन्तिम अवसान दिव्य-ज्ञान में ही होता है।

विशेषार्थ- समस्त यज्ञों का एकमात्र उदेश्य है दिव्य ज्ञान की प्राप्ति, जो मनुष्य को भौतिक कष्टों से मुक्त कर परमधाम तक पहुँचा देता है। बिना ज्ञान का किया हुआ यज्ञ भौतिक कर्म बना रह जाता है। अतः कर्म-यज्ञ वही श्रेयस्कर है जो दिव्य-ज्ञान में समाप्त होता हो।

सविनय, प्रश्नोत्तर के द्वारा ही गुरु से ज्ञान प्राप्त होता।
वे सब सत्यों के द्रष्टा हैं, ज्ञानो से मन को भर देता।। 34

अर्थ- तुम तत्वद्रष्टा के पास जाकर विनय और आदरपूर्वक सेवा एवं प्रश्नोत्तर द्वारा सत्य का ज्ञान प्राप्त कर लो क्योंकि वे सत्य के द्रष्टा हैं।

विशेषार्थ-केवल शास्त्रों या गुरुओं द्वारा बतायी बातों का अन्धानुकरण करने से काम नहीं चलेगा। अन्ततोगत्वा प्रणिपात श्रवण (जो कुछ शास्त्रों में प्रकट है) परिप्रश्न मनन (जो कुछ मन द्वारा विचारा गया है) तथा सेवा निदिध्यासन (जो कुछ ध्यान द्वारा आत्मा से अनुभव किया गया है) तीनों में तालमेल बैठ जाना चाहिये। अतीत के महान विचारकों के साथ सम्बन्ध जोड़कर तर्क-वितर्क और अन्तर्दृष्टि द्वारा स्थायी मूल्यवान वस्तु का हृदयंगम कर लेना अनिवार्य है।

जब सही ज्ञान मिल जाता है तो मोह ग्रसित न कभी करता ।
ईश्वर का अंश रूप बनकर अपनों सा सबकुछ बन जाता ।। 35

अर्थ- तत्व दर्शी से वास्तविक ज्ञान मिल जाने पर मोह समाप्त हो जाता है। सब जीव परमात्मा के अंश स्वरूप दिखने लगते हैं और सभी लोग अपने हो जाते हैं।

सभी पापियों से बढ़ चढ़कर कोई पाप भले कर लेता।
ज्ञानों की नैया उन सबको निश्चित पार लगा ही देता।। 36

अर्थ- बड़ा से बड़ा पापी भी ज्ञान रूपी नाव से पापों के पार पहुँच जायेगा।

श्रेयान्द्रव्यमयाद् यज्ञाज्ज्ञानयज्ञः परन्तप।
सर्वं कर्माखिलं पार्थ ज्ञाने परिसमाप्यते।।**33**।।
तद्विद्धि प्रणिपातेन परिप्रश्नेन सेवया।
उपदेक्ष्यन्ति ते ज्ञानं ज्ञानिनस्तत्त्वदर्शिनः।।**34**।।
यज्ज्ञात्वा न पुनर्मोहमेवं यास्यसि पाण्डव।
येन भूतान्यशेषेण द्रक्ष्यस्यात्मन्यथो मयि।।**35**।।
अपि चेदसि पापेभ्यः सर्वेभ्यः पापकृत्तमः।
सर्वं ज्ञानप्लवेनैव वृजिनं सन्तरिष्यसि।।**36**।।

हे अर्जुन! जलती आगें ईंधन को जैसे भस्मित करती।
वैसे ही ज्ञानों की आगें पापों को भस्मित कर देती।। 37

अर्थ- जब आग जल उठती है तो सभी ईंधन को राख बना देती है। ठीक उसी तरह ज्ञान की अग्नि भी सभी पापों को भस्म कर देती है।

पृथ्वी पर ज्ञानों के जैसा कोई तत्व नहीं होता है।
योगी हरदम, यथा-समय अन्तर का ज्ञान प्राप्त करता है।। 38

अर्थ-इस संसार में ज्ञान के समान पवित्र वस्तु और कोई नहीं है। यथा समय योगी लोग अपने अन्दर ही इस ज्ञान को प्राप्त कर लेते हैं।

श्रद्धा, तत्परता इन्द्रिय निग्रह से दिव्यज्ञान होता है।
वैसे ज्ञानी को सर्वोच्च शान्ति भी निश्चित मिल जाता है।। 39

अर्थ- जो व्यक्ति श्रद्धा और तत्परता से अपनी इन्द्रियों को वश में करके ज्ञान प्राप्त करता है वैसा ज्ञानी ही सर्वोच्च आध्यात्मिक शान्ति प्राप्त कर लेता है।

अज्ञानी, श्रद्धा विहीन, संशयी बिनष्ट सदा होता है।
यहाँ तथा अन्यान्य लोक में कभी नहीं वह सुख पाता है।। 40

अर्थ- जो ज्ञान, श्रद्धा विहीन और शंकालू स्वभाव का है वह निश्चित विनष्ट हो जाता है। उसको इस लोक या अन्य लोक में कभी सुख प्राप्त नहीं हो सकता है।

विशेषार्थ- जो ज्ञानहीन है और जिसको शास्त्र या ऋषियों के उपदेशों में अचल श्रद्धा भी नहीं है वह सकारात्मक आधार के अभाव के कारण जीवन की कसौटी पर कभी खड़ा नहीं उतर सकता है।

यथैधांसि समिद्धोऽग्निर्भस्मसात्कुरुतेऽर्जुन।
ज्ञानाग्निः सर्वकर्माणि भस्मसात्कुरुते तथा।।**37**।।
न हि ज्ञानेन सदृशं पवित्रमिह विद्यते।
तत्स्वयं योगसंसिद्धः कालेनात्मनि विन्दति।।**38**।।
श्रद्धावाँल्लभते ज्ञानं तत्परः संयतेन्द्रियः।
ज्ञानं लब्ध्वा परां शान्तिमचिरेणाधिगच्छति।।**39**।।
अज्ञश्चाश्रद्दधानश्च संशयात्मा विनश्यति।
नायं लोकोऽस्ति न परो न सुखं संशयात्मनः।।**40**।।

योगों से जो कर्म त्याग कर भ्रम विनष्ट ज्ञानों से करता।
आत्मा जो शासित कर रखता वह न कभी कर्मों से बँधता।। 41

अर्थ- हे अर्जुन! योग द्वारा जिसने सब कर्मों को त्याग दिया हो, और ज्ञान द्वारा सभी भ्रमों को नष्ट कर दिया हो, तथा उसने अपनी आत्मा पर भी अधिकार प्राप्त कर लिया हो, वैसे लोगों को हम कर्म बन्धन में नहीं डालते हैं।

विशेषार्थः- इस श्लोक में भगवान कृष्ण ने उचित कर्म, ज्ञान तथा आत्मानुशान के आपसी तालमेल का रहस्योद्घाटन किया है। यानि सभी कर्मों को परमात्मा के प्रति समर्पित एवं आत्मानुशासन में रहने का ज्ञान विकसित कर अनासक्त हो जाने पर लोग कर्म-बन्धन से मुक्त हो जाते हैं।

तुम भी ज्ञानरूप शस्त्रों से मन का संशय पहले मारो।
हे भारत! तुम योग समन्वित होकर उठो अधर्मी मारो।। 42

अर्थ- हे भारत! अपने हृदय में अज्ञानजनित संशय को ज्ञान रूपी शस्त्र से काट डालो और योग समन्वित होकर युद्ध आरम्भ कर दो।

विशेषार्थ-ज्ञान और एकाग्रता की सहायता लेकर अज्ञानरूपी संशय को नष्ट किया जा सकता है। यह सनातन योग की पद्धति है। ईश्वर को पहचान लेने की क्रिया सच्चा यज्ञ है। और यहाँ ईश्वर स्वयं उपदेश दे रहे हैं कि युद्ध करना कितना आवश्यक और लोक संग्रह के लिए सार्थक है। अभी तक अर्जुन गुरु कृष्ण के असली स्वरूप को नहीं पहचान पाया है। उनका ज्ञानयुक्त उपदेश अर्जुन के अज्ञानजनित संशय को नष्ट करने के लिए ललकार रहा है।

योगसंन्यस्तकर्माणं ज्ञानसञ्छिन्नसंशयम्।
आत्मवन्तं न कर्माणि निबध्नन्ति धनंजय।।**41**।।
तस्मादज्ञानसम्भूतं हृत्स्थं ज्ञानासिनात्मनः।
छित्त्वैनं संशयं योगमातिष्ठोत्तिष्ठ भारत।।**42**।।

<u>इति चतुर्थोध्यायः</u>

पंचम अध्याय

कर्म-सन्यास-योग

जो पाप मुक्त हो, द्वैत दूर कर मन को अनुशासित रखता।
सब को सुख देकर खुष होता और वही ब्रह्म को पा लेता।।

तुम कर्मत्याग निःस्वार्थ कर्म दोनों को ही अच्छा कहते।
हे कृष्ण मुझे बतला दो दोनों में श्रेयस्कर क्या होते? 1

अर्थ- अर्जुन अपने गुरु कृष्ण से पूछ रहे हैं कि वे कभी कर्म को त्यागने की प्रशंसा करते हैं और कभी निःस्वार्थ कर्म की प्रशंसा करते हैं। दोनों कर्मों में कौन सा कर्म करना अधिक अच्छा है यह सुनिश्चित कर उसको बताने का आग्रह करते हैं।

विशेषार्थ-ज्ञानी और अज्ञानी के लिए सन्यास तथा कर्म की व्याख्या में कुछ अन्तर है। जिसको आत्मज्ञान नहीं मिला है उसी की ओर अर्जुन का प्रश्न प्रतीत होता है। कृष्ण का उपदेश तो अभी तक स्वार्थपूर्ण कर्म को त्यागने का है। अर्जुन भ्रम में है कि वह किस कोटि में आता है और क्या करना श्रेयस्कर है।

मोक्षार्थ कर्म का त्याग तथा निस्वार्थ-कर्म दोनों अच्छा।
पर कर्म त्यागने से हरदम निस्वार्थ-कर्म होता अच्छा।। 2

अर्थ- भगवान ने बताया कि मुक्ति प्राप्त करने के लिए कर्म से सन्यास ले लेना तथा बिना स्वार्थ के कर्मों का सम्पादन करना दोनों रास्ता उत्तम है लेकिन निस्वार्थ कर्म करना कर्म-सन्यास की अपेक्षा अधिक उत्तम है।

विशेषार्थ-सांख्य मार्ग में कर्मों को त्याग कर देने का उपदेश दिया गया है। लेकिन कर्ममार्ग में निष्काम कर्म करने के लिये मुख्यतः उपदेशित किया गया है। वास्तविकता यह है कि मार्ग कैसा भी हो या परिस्थिति जो भी हो बिना कर्म किये एक क्षण भी बिताना असंभव है। संसार की सभी वस्तुएँ भगवान की है, अतः उन वस्तुओं का उपयोग भी उन्हीं के लिए किया जाना चाहिये। सन्यास मार्ग में हम विजातीय तत्वों को विचार द्वारा हटाकर आत्म ज्ञान प्राप्त करते हैं और कर्म-मार्ग में हम संकल्प द्वारा विजातीय तत्वों को दूर हटाकर निःस्वार्थ कर्म करते हैं। मूल में पहुँचने पर दोनों मार्ग एक हैं, परन्तु कर्म सन्यास से कर्म मार्ग अधिक स्वाभाविक और श्रेयस्कर है।

सन्यासी घृणा नहीं करता ईच्छा भी कभी नहीं रखता।
द्वन्द्वों से मुक्त सदा रहता तो कर्म नहीं बन्धन बनता।। 3

अर्थ- हे महावाहो। जो व्यक्ति किसी चीज से घृणा नहीं करता और न उस चीज की ईच्छा ही करता है, वह संन्यास की भावना से भरा हुआ होता है। सब द्वन्द्वों से मुक्त हो जाने के कारण वह कर्म-बंधन से छूट जाता है।

सन्यास मार्ग और कर्ममार्ग को ज्ञानी नहीं भिन्न कहता।
दोनों का फल समान होता, ज्ञानी भी ऐसा ही कहता।। 4

अर्थ- अज्ञानी लोग कर्म और सांख्यमार्ग को अलग-अलग बतलाते हैं, परन्तु ज्ञानी लोग दोनों को अभिन्न मानते हैं और बताते हैं कि दोनों में से कोई भी मार्ग पकड़ने पर समान फल की प्राप्ति होती है।

सन्यास मार्ग और कर्म-मार्ग दोनों का लक्ष्य एक होता।
दोनों विधि को जो सम देखे सचमुच में सही देख लेता।। 5

अर्थ-कर्मों का त्याग करने वाले संन्यासी और कर्ममार्गी दोनों समान लक्ष्य तक पहुँचते हैं। जो व्यक्ति इन दोनों ही मार्ग को समान देखता है वही सही देखता है।

अर्जुन! बिन कर्म किये कोई अबतक न ब्रह्म को पाया है।
निष्ठा से कर्मयोग करके ही ब्रह्म लोक जा पाया है।। 6

अर्थ- हे अर्जुन! केवल कर्मों का परित्याग करने से ब्रह्म का मिलना कठिन है। बहुत मुनियों ने निष्ठापूर्वक कर्म का सम्पादन करके शीघ्र ही ब्रह्म को प्राप्त कर लिया है।

मन-इन्द्रिय को वश में कर के जो आत्म-भक्ति से कर्म करे।
लोकों के कल्याणार्थ कर्म से बन्धन में वह नहीं पड़े।। 7

अर्थ- जो व्यक्ति शुद्धात्मा से मन और इन्द्रियों को जीतकर सबका प्रिय बनने के कार्यों को सम्पादन करता है, वह कर्म करते हुए भी कर्म के बन्धन में नहीं फँसता है।

विशेषार्थ- लोक कल्याणार्थ, शुद्ध आत्मा से किये गये कर्म से कोई भी कर्म-बंधन में नहीं पड़ता है।

जो दिव्य-ज्ञान में ब्रह्मलीन हो चले, सुने, देखे, सोचे।
छूए सूँघे, चख ले, साँसों को लेकर समझे कुछ न किये।। 8

अर्थ-जो दिव्य ज्ञान में ब्रह्मलीन होकर देखता सुनता स्पर्श करता, सूँघता, खाता, चलता, सोता और साँस लेते हुए भी समझता कि ये सभी कर्म इन्द्रियों के हैं, उसने कुछ भी नहीं किया है, वह सही समझता है।

संन्यासं कर्मणां कृष्ण पुनर्योगं च शंससि।
यच्छ्रेय एतयोरेकं तन्मे ब्रूहि सुनिश्चितम्।।1।।
श्रीभगवानुवाच
संन्यासः कर्मयोगश्च निः श्रेयसकरावुभौ।
तयोस्तु कर्मसंन्यासात्कर्मयोगो विशिष्यते।।2।।

ज्ञेयः स नित्संन्यासी यो न द्वेष्टि न काङ्क्षति।
निद्र्वन्द्वो हि महाबाहो सुखं बन्धात्प्रमुच्यते।।3।।
सांख्ययोगौ पृथग्बालाः प्रवदन्ति न पण्डिताः।
एकमप्यास्थितः सम्यगुभयोर्विन्दते फलम्।।4।।
यत्सांख्यैः प्राप्यते स्थानं तद्योगैरपि गम्यते।
एकं सांख्यं च योगं च यः पश्यति स पश्यति।।5।।
संन्यासस्तु महाबाहो दुःखमासुमयोगतः।
योगयुक्तो मुनिब्र्रह्म न चिरेणाधिगच्छति।।6।।

योगयुक्तो विशुद्धात्मा विजितात्मा जितेन्द्रियः।
सर्वभूतात्मभूतात्मा कुर्वन्नपि न लिप्यते।।7।।

नैव किंचित्करोमीति युक्तो मन्येत तत्त्ववित्।
पश्यंशृण्वन्स्पृशंजिघ्रन्नश्नन्गच्छन्स्वपन्श्वसन्।।8।।

बोले, त्यागे और ग्रहण करे, आँखे खोले फिर बन्द करे।
फिर भी माने इन्द्रियाँ स्वयं के कार्यों में आनन्द करे।। 9

अर्थ- बोलते, त्यागते, ग्रहण करते और आँखें खोलते-बन्द करते हुए भी वह समझता है कि इन्द्रियों का अपने अपने विषयों के लिए कार्य हो रहा है, वह इन कर्मों से पृथक है।

जो अनासक्त होकर कर्मों को ईश्वर पर अर्पित करता।
पापों से वह अछूत है जैसे कमल पत्र जल में रहता।। 10

अर्थ- जो सभी आसक्तियाँ त्यागकर अपना कर्म और कर्मफल ईश्वर को समर्पित कर देता है, उसको कोई भी पाप स्पर्श नहीं करता जैसे कमल-पत्र जल में रहते हुए भी जल से अस्पृश्य है।

विशेषार्थ- श्लोक संख्या 8, 9 एवं 10 में भगवान के उपदेशों का अर्थ है कि मनुष्य के लिए यह ज्ञान आवश्यक है कि उसकी इन्द्रियाँ अपने-अपने विषयों की तुष्टि के लिए कार्य कर रही हैं। उसकी आत्मा (जो परम तत्व परमात्मा का अंश है) को इन्द्रियों के कार्यों से निस्पृह रहना चाहिये। जल में कमल के समान भौतिक शरीर को अछूत रखकर वह पापमुक्त बना रह सकता है। इन्द्रिय के विषयों से सम्बन्धित सभी कर्मों तथा कर्मफल की आसक्तियों को त्यागकर सबकुछ परमात्मा पर छोड़ देने से ही आत्मा को मोक्ष मिल सकता है।

केवल शरीर, मन, बुद्धि, इन्द्रियों से ही कार्य हुआ करता।
कर्मों में रहकर अनासक्त हो आत्मशुद्धि करते रहता।। 11

अर्थ- योगी यानि कर्मयोगी शरीर, मन, बुद्धि और इन्द्रिय के विषयों से अनासक्त रहकर कर्मों का सम्पादन केवल आत्मा की शुद्धि के लिए करता रहता है।

कर्मों के फल से अनासक्त योगी ही शान्ति प्राप्त करता।
फल की इच्छा रखने वाले कर्मों के बन्धन में पड़ता।। 12

अर्थ- कर्मफल से अनाशक्त रहकर ही योगी लोग दृढ़ शान्ति को प्राप्त करते हैं। जो विषयों से प्रेरित होकर कर्मफल के प्रति आसक्त रहते हैं वे कर्मों के बन्धन में फँस जाते हैं।

प्रलपन्विसृजन्गृह्णन्नुन्मिषन्निमिषन्नपि।
इन्द्रियाणीन्द्रियार्थेषु वर्तन्त इति धारयन्।।9।।
ब्रह्मण्याधाय कर्माणि संगं त्यक्त्वा करोति यः।
लिप्यते न स पापेन पद्मपत्रमिवाम्भसा।।10।।
कायेन मनसा बुद्ध्या केवलैरिन्द्रियैरपि।
योगिनः कर्म कुर्वन्ति संगं त्यक्त्वात्मशुद्धये।।11।।
युक्तः कर्मफलं त्यक्त्वा शान्तिमाप्नोति नैष्ठिकीम्।
अयुक्तः कामकारेण फले सक्तो निबध्यते।।12।।

देही-आत्मा मन से कर्मों को त्याग प्रकृति को वश करता।
वह कर्म नहीं करता-करवाता अन्दर में ही खुश रहता।। 13

अर्थ-शरीरधारी आत्मा आन्तरिक रूप से कर्मों को त्यागकर अपनी प्रकृति को वश में रखता है। न तो वह कार्य करता है और न कार्य करवाता है। वह तो नव-द्वारों के शरीर रूपी नगर में सुख से निवास करते रहता है।

विशेषार्थः- भौतिक शरीर में नौ द्वार (दो आँख, दो नथुने, दो कान, एक मुँह, गुदा तथा उपस्थ) होते हैं। इन्हीं नवद्वार वाले नगर में आत्मा वास करती है। परिस्थितियों के अनुसार शरीर का सभी कार्य स्वतः ही होता रहता है और जीव समझता है कि ये सभी कार्य उन्हीं के द्वारा सम्पन्न हो रहा है। लेकिन इन परिस्थितियों से परे होकर वह अपनी परा प्रकृति को याद कर सकता है ताकि वह अपने को शरीर नहीं मान बैठे। अपनी पहचान अन्तरात्मा से कर ले पर शरीर में रहते हुए भी वह बाह्य और आन्तरिक दोनों कर्मों से अप्रभावित रहा करे।

आत्मा न कर्म का सृजनहार या कर्मो का प्रेरक होता।
फल की रचना न कभी करता सब कर्म प्रकृतिगुण से होता।। 14

अर्थ- देहधारी जीवात्मा कर्मों का सृजन नहीं करता है। वह किसी को कर्म करने के लिए प्रेरित भी नहीं करता है। वह कर्म-फलों की रचना भी नहीं करता है। शरीर द्वारा किये गये सारे कर्म प्रकृति-गुणों के अनुसार ही स्वतः होते रहते हैं।

प्राणी का पाप-पुण्य कुछ हो आत्मा को ग्रहण नहीं होता।
वह मोह ग्रस्त और किंकर्तव्य विमूढ बना जीया करता।। 15

अर्थ- शरीर में निवास करने वाली आत्मा किसी प्राणी के पाप-पुण्य को कभी भी ग्रहण नहीं करती है। मनुष्य का ज्ञान मोहों से ढँका रहने के कारण वह अज्ञानी की तरह किंकर्त्तव्यविमूढ वन कर जीवन जीता रहता है।

जब प्राणी में अज्ञान नष्ट हो ज्ञान प्रकट हो जाता है।
तब सूर्य रश्मि जैसे आत्मा में वह प्रकाश कर देता है।। 16

अर्थ- जब प्राणी का सब अज्ञान ज्ञान द्वारा नष्ट हो जाता है, तब सूर्य की तरह वह परम आत्मा को प्रकाशित कर देता है।

विशेषार्थ- सूर्य के उदय होने पर सारी वस्तुएँ स्पष्ट दीखने लगती है, परन्तु रात के अन्धकार में वे वस्तुएँ वास्तविक रूप में नहीं दिखती हैं। आत्मा तो परमेश्वर की इकाई है, व्यष्टि अंश है, और अज्ञान से आच्छादित आत्मा का पूर्ण परिचय ज्ञान प्राप्त होकर ही संभव हो पाता है।

सर्वकर्माणि मनसा संन्यस्यास्ते सुखं वशी।
नवद्वारे पुरे देही नैव कुर्वन्न कारयन्।।13।।

श्रद्धा, मन, बुद्धि प्राणियों में जब भगवद्शरण पहुँच जाता।
कल्मष धुल जाता ज्ञानों से और मोक्ष-मार्ग पर बढ़ जाता।। 17

अर्थ- जब किसी मनुष्य की बुद्धि, श्रद्धा और मन भगवान की शरण में जाकर स्थिर हो जाता है तब उसका सभी कल्मष सच्चा ज्ञान से धुल जाता है और वह मोक्ष पथ पर आगे बढ़ जाता है।

जो पंडित हैं वे शिक्षित, ब्राह्मण, गौ को एक बताते हैं।
हाथी, कुत्ते, चाण्डालों में वे फर्क न करते दिखते हैं।। 18

अर्थ- जो पंडित हैं उनकी दृष्टि में शिक्षित, ब्राह्मण, हाथी, गौ, कुत्ते या चाण्डाल तक समान प्राणी हैं।

विशेषार्थ-परमात्मा रूप में भगवान चाण्डाल तथा ब्राह्मण दोनों में उपस्थित रहते हैं। प्राणी का शरीर तो प्राकृतिक गुणों द्वारा उत्पन्न होता है, परन्तु शरीर के अन्दर निवास करने वाली आत्मा तथा परमात्मा समान आध्यात्मिक गुण वाले होते हैं। यहाँ यह ज्ञातव्य है कि व्यष्टि आत्मा किसी विशेष शरीर में है और परमात्मा प्रत्येक जीव के शरीर में रहता है। आत्मा और परमात्मा के लक्षण सदा समान होते हैं। दोनों चेतन, शाश्वत और आनन्दमय हैं। फर्क सिर्फ इतना है कि आत्मा शरीर की सीमा के अन्दर सचेतन रहता है और परमात्मा सभी शरीर में सचेतन और बिना भेदभाव का विद्यमान रहता है। इन्हीं कारणों से ज्ञानी लोग सब प्राणियों में एक परमात्मा का दर्शन करते हैं।

जो मन से साम्यावस्था में स्थित होकर जीवन जीता।
वह बन्धन मुक्त यहीं होकर ब्रह्म-स्थित भी निश्चित होता।। 19

अर्थ- जिसका मन एकत्व तथा समता में स्थित हो गया है वह यहीं संसार में सब बन्धनों से मुक्त होकर ब्रह्म में स्थित हो जाता है।

विशेषार्थ- मुक्ति की दशा को हम पृथ्वी पर जीते जी प्राप्त कर सकते हैं। मानसिक समता वाले प्राणी को आत्म साक्षात्कार करने की अवस्था मिलने लगती है और संसार में जीते जी ही वह कर्म-बन्धनों से मुक्त होकर ब्रह्म में लीन होने की अवस्था प्राप्त कर लेता है।

जो प्रिय अप्रिय चीजें पाकर भी कभी नहीं विचलित होता।
वैसा स्थिर और मोहमुक्त प्राणी ही परब्रह्म पाता।। 20

अर्थ- जो प्रिय या अप्रिय वस्तु को पाकर कभी विचलित नहीं होता है, वह स्थिर बुद्धि वाला प्राणी ही मोह मुक्त होकर ब्रह्म को जान पाता है।

विशेषार्थ- स्वरूप सिद्ध व्यक्ति का यह लक्षण है कि वह अपने को शरीर नहीं मानता है। वह तो ब्रह्म का एक अंशमात्र है। इसलिये प्रिय या अप्रिय वस्तु पाकर वह विचलित नहीं होता है। ऐसा ही व्यक्ति ब्रह्म को जान पाता है और ब्रह्म में लीन हो सकता है।

जो विषयों से है अनासक्त आनन्द परम उसको मिलता।
वह ब्रह्म लीन रहकर अक्षय सुख को भी निश्चित पा लेता।। 21

अर्थ- बाह्य स्पर्श यानि विषयों या वस्तुओं से अनासक्त होकर ही आत्मा को आनन्द मिल सकता है। वह अपने आपको ब्रह्म में लीन करके ही अक्षय-सुख को पाता है।

भौतिक संस्पर्शों से जन्में सुख केवल दुःख ही दुःख देता।
अर्जुन! उसका है आदि-अन्त ज्ञानी इससे न सुखी होता।। 22

अर्थ- भौतिक पदार्थों के संसर्ग से उत्पन्न सुख या दुख का आदि और अन्त है। हे अर्जुन! ज्ञानी लोग उसमें कभी आनन्द नहीं लेते हैं।

विशेषार्थ- इन्द्रियों के संसर्ग से ही भौतिक सुख या दुख उत्पन्न लेता है। चूँकि शरीर ही नाशवान है इसलिये ऐसा सुख या दुख भी क्षणिक है। ज्ञानी लोग यह रहस्य समझते हैं, अतः वे इससे प्रभावित नहीं होते हैं।

इन्द्रिय का वेग नियंत्रित कर इच्छा और क्रोध नहीं रखता।
ऐसा योगी जीते जी ही सच्चा आनन्द प्राप्त करता।। 23

अर्थ- मरने के पूर्व ही जो इन्द्रियों के वेग को नियंत्रित कर इच्छा और क्रोध के वेग को रोक लेता है, वही योगी जीवन रहते ही सच्चा आनन्द प्राप्त कर लेता है।

अन्तः-करणों में सुख के अनुभव में जो सदारमण करता।
वह योगी ब्रह्म लीन होकर सच्चा आनन्द प्राप्त करता।। 24

अर्थ- जो अन्तःकरण में सुख का अनुभव पाकर उसी में रमण करता रहता है, वह सचमुच पूर्ण योगी है और अन्ततोगत्वा वही ब्रह्मलीन हो जाता है।

जो पाप मुक्त हो, द्वैत दूर कर मन को अनुशासित रखता।
सब को सुख देकर खुश होता और वही ब्रह्म को पा लेता।। 25

अर्थ- जिनके पाप नष्ट हो गए हैं और द्वैत का संशय भी खतम हो चुका है, वे योगी लोक-कल्याण करते ब्रह्म को प्राप्त कर लेते है।

विशेषार्थ- जिसकी करूणामयी आत्मा संसार की सब चीजों के अस्तित्व को ब्रह्ममय देखता है, पतितों और अपराधियों में भी ब्रह्म को देखता है वह ज्ञानी ब्रह्म को प्राप्त कर लेता है।

जो इच्छा, क्रोध तथा मन को वश में कर आत्मलीन रहता।
उस आत्म निरीक्षण में प्रयासरत-भक्त मोक्ष को पा लेता।। 26

अर्थ- जो क्रोध, भौतिक इच्छा आदि पर अंकुश लगाकर मन को वश में करके आत्म निरीक्षण करते रहता है, उसके इस निरन्तर प्रयास से मुक्ति निकट भविष्य में प्राप्त हो जाती है।

न कर्तृत्वं न कर्माणि लोकस्य सृजति प्रभुः।
न कर्मफलसंयोगं स्वभावस्तु प्रवर्तते।।**14**।।
नादत्ते कस्यचित्पापं न चैव सुकृतं विभुः।
अज्ञानेनावृतं ज्ञानं तेन मुह्यन्ति जन्तवः।।**15**।।
ज्ञानेन तु तदज्ञानं येषां नाशितमात्मनः।
तेषामादित्यवज्ज्ञानं प्रकाशयति तत्परम्।।**16**।।
तद्बुद्धयस्तदात्मानस्तन्निष्ठास्तत्परायणाः।
गच्छन्त्यपुनरावृत्तिं ज्ञाननिर्धूतकल्मषाः।।**17**।।
विद्याविनयसम्पन्ने ब्राह्मणे गवि हस्तिनि।
शुनि चैव श्वपाके च पण्डिताः समदर्शिनः।।**18**।।
इहैव तैर्जितः सर्गो येषां साम्ये स्थितं मनः।
निर्दोषं हि समं ब्रह्म तस्माद् ब्रह्मणि ते स्थिताः।।**19**।।
न प्रहृष्येत्प्रियं प्राप्य नोद्विजेत्प्राप्य चाप्रियम्।
स्थिरबुद्धिरसम्मूढो ब्रह्मविद् ब्रह्मणि स्थितः।।**20**।।
बाह्यस्पर्शेष्वसक्तात्मा विन्दत्यात्मनि यत्सुखम्।
स ब्रह्मयोगयुक्तात्मा सुखमक्षयमश्नुते।।**21**।।
ये हि संस्पर्शजा भोगा दुःखयोनय एव ते।
आद्यन्तवन्तः कौन्तेय न तेषु रमते बुधः।।**22**।।
शक्नोतीहैव यः सोढुं प्राक्शरीरविमोक्षणात्।
कामक्रोधोद्भवं वेगं स युक्तः स सुखी नरः।।**23**।।
योऽन्तः सुखोऽन्तरारामस्तथान्तर्ज्योतिरेव यः।
स योगी ब्रह्मनिर्वाणं ब्रह्मभूतोऽधिगच्छति।।**24**।।
लभन्ते ब्रह्मनिर्वाणमृषयः क्षीणकल्मषा।
छिन्नद्वैधा यतात्मानः सर्वभूतहिते रताः।।**25**।।
कामक्रोधविमुक्तानां यतीनां यतचेतसाम्।
अभितो ब्रह्मनिर्वाणं वर्तते विदितात्मनाम्।।**26**।।

इन्द्रिय विषयों को बाहर कर जो निज भ्रूमध्य नजर रखता।
सब प्राण-अपान वायु एवं इन्द्रियाँ नियंत्रित भी रखता।। **27**
इन्द्रियाँ बुद्धि मन को वश में करके ही मोक्ष मुखी रहता।
वह इच्छा, भय, क्रोधों को शासित करके मोक्ष सदा पाता।। **28**

अर्थ- सभी विषयों को बाहर रखकर दृष्टि को दोनों भौहों के मध्य करके अपान या प्राण वायु को अन्दर ही रोकते हुए जो मन, इन्द्रिय तथा बुद्धि को मोक्ष के तरफ लक्ष्य करने का सतत अभ्यास करता है, वह योगी इच्छा, भय और क्रोध से मुक्त होकर निश्चित रूप से मुक्ति को प्राप्त कर लेता है।

विशेषार्थ- भगवान अर्जुन को अष्टांग योग की शिक्षा प्रदान कर रहे हैं जो आठ विधियों में विभाजित हैः- यम, नियम, आसन, प्राणायाम, प्रत्याहार, धारणा, ध्यान तथा समाधि। इस योग विधि के अनुपालन से व्यक्ति सभी प्रकार के भय तथा क्रोध से रहित होकर परमात्मा की उपस्थिति का अनुभव करने लगता है।

यज्ञों, एवं तप का भोक्ता सब लोकों का ईश्वर होता।
मुझको स्वामी, प्रेमी समझे उसको सुख-शान्ति मिला करता।। **29**

अर्थ- वह अनादि ईश्वर ही सभी यज्ञ, तप का उपभोक्ता है। सभी लोक एवं देवों का स्वामी तथा हितैषी है। जो व्यक्ति अनासक्त रहकर उनको ऐसा जान लेता है वही शान्ति सुख प्राप्त कर सकता है।

स्पर्शान्कृत्वा बहिर्बाह्यांश्चक्षुश्चैवान्तरे भ्रुवोः।
प्राणापानौ समो कृत्वा नासभ्यन्तरचारिणौ।।**27**।।

यतेन्द्रियमनोबुद्धिर्मुनिर्मोक्षपरायणः।
विगतेच्छाभयक्रोधो यः सदा मुक्त एव सः।।**28**।।

भोक्तारं यज्ञतपसां सर्वलोकमहेश्वरम्।
सुहृदं सर्वभूतानां ज्ञात्वा मां शान्तिमृच्छति।।**29**।।

<u>इति पंचमोध्यायः</u>

षष्टम अध्याय

जो सभी जगह मुझको देखे, सबको मुझमें देखा करता।
मैं कभी अदृश्य नहीं होता और वह न अदृष्य कभी रहता।।

जो अनासक्त कर्तव्य कर्म करता वह सच्चा योगी है।
यज्ञों की अग्नि बुझा कर कर्मों को न करे वह ढोंगी है।। 1

अर्थ- अपने कर्मफल के प्रति अनासक्त रहकर कर्त्तव्य कर्मों को करने वाला सच्चा सन्यासी और योगी है। वह तो ढोंगी है जो यज्ञ-अग्नि को बुझाकर कर्त्तव्य-कर्म करना भी बन्द कर देता है।

विशेषार्थ- गुरु कृष्ण अर्जुन को समझा रहे हैं कि बिना फल की इच्छा रखे जो अपने कर्त्तव्यों को सम्पादित करते रहता है वही असली योगी या सन्यासी है। योग का सन्यास आन्तरिक वृत्ति है। केवल यज्ञ-अग्नि को जलाना बन्द कर दैनिक विधानों एवं कर्त्तव्य कर्मों का सम्पादन भी बन्द कर दे तो वह सच्चा योगी नहीं हो सकता।

हे अर्जुन! अनुशासित कर्मों को करने वाला योगी है।
फल की इच्छा बिन त्यागे, कुछ करने से कभी न योगी है।। 2

अर्थ- हे पाण्डुपुत्र! जिसे संन्यास समझते हो उसको अनासक्त होकर परब्रह्म से संयोग करने को कहते हैं। इन्द्रियों की तृप्ति की इच्छा को बिना त्यागे कोई योगी नहीं बन सकता है।

मुनियों को योग प्राप्त करने में कर्म प्रमुख साधन बनता।
जब योग प्राप्त हो जाता है शम ही उनका साधन होता।। 3

अर्थ- जब मुनि लोग योग तक पहुँचना चाहते हैं तब कर्म उनका प्रमुख साधन रहता है, और ज्योंहि उन्हें योग की अवस्था प्राप्त हो जाती है तो शम अथवा शान्ति उनका प्रमुख साधन बन जाता है।

विशेषार्थ- कर्म द्वारा हम आत्म नियंत्रण प्राप्त करने के लिये संघर्ष करते रहते हैं। लेकिन जब आत्म नियंत्रण प्राप्त हो जाता है तब हम शान्ति की अवस्था में चले जाते हैं, यानि इसका यह अभिप्राय नहीं है कि हम कर्म करना छोड़ देते हैं। सिद्धि प्राप्त योगी कर्म के फलों का त्याग करते हुए पूर्ण प्रशान्तता को प्राप्त कर लेता है। वह स्वतः स्फूर्त प्राण शक्ति से उदारता पूर्वक कर्म करते रहता है।

श्रीभगवानुवाच
अनाश्रितः कर्मफलं कार्यं कर्म करोति यः।
स संन्यासी च योगी च न निरग्निर्न चाक्रियः।।1।।
यं संन्यासमिति प्राहुर्योगं तं विद्धि पाण्डव।
न ह्यसंन्यस्तसंकल्पो योगी भवति कश्चन।।2।।
आरुरुक्षोर्मुनेर्योगं कर्म कारणमुच्यते।
योगारूढस्य तस्यैव शमः कारणमुच्यते।।3।।
यदा हि नेन्द्रियार्थेषु न कर्मस्वनुषज्जते।
सर्वसंकल्पसंन्यासी योगारूढस्तदोच्यते।।4।।

इन्द्रिय के विषयों या कर्मों से अनासक्त जो हो पाता।

उनके विचार का परित्याग कर ही वह योगी हो जाता।। 4

अर्थ- जब हम इन्द्रिय के विषयों या कर्मों में अनासक्त होकर उनका विचार या संकल्प करना छोड़ देते हैं तब हम योगारूढ़ हो जाते हैं।

विशेषार्थ- सभी इच्छाओं का जन्म विचार से उत्पन्न होता है। इन्द्रियों के विषयों से सम्बन्धित क्षणिक आनन्द के बारे में सोंचते रहने से इच्छाओं का जन्म होता है। अतः अगर उनके सम्बन्ध में सोचना विचारना छोड़ देंगे तो उसका अस्तित्व समाप्त हो जाता है।

आत्मा के बल पर मोक्ष हेतु कर्मों से ऊपर जा सकता।

वह ही होता है परम मित्र और दुश्मन भी वह बन सकता।।5

अर्थ- आत्मबल से मनुष्य नीचे के बजाय ऊपर जा सकता है। यह आत्मा मित्र भी है और दुश्मन भी है।

विशेषार्थ - हमारा भविष्य अपने हाथों में है। व्यक्तिक आत्मा की सहायता से हम सार्वभौम आत्मा तक ऊपर जा सकते हैं। यदि हम स्वार्थपूर्ण संकल्पों (विचारों) के पीछे न भागें, और अपने मनो्वेग को वश में कर लें तो वह सार्वभौम आत्मा हमारे अन्दर के व्यक्तिक आत्मा को ऊपर उठा लेती है।

आत्मा ही मित्र सबों की है ऊँची आत्मा से मिलवाती।

दोनों का मिलन नहीं होने पर वही शत्रु भी बन जाती।। 6

अर्थ- वह अपने मन या आत्मा को उच्चस्थ सार्वभौम आत्मा से मिलवाने में मित्र बनी रहती है और दोनों के मिलन नहीं होने से वह शत्रु भी बन जाती है।

मन को वश में कर लेने पर परमात्म-सुख मिलते रहता।

अपमान-मान, सुख-दुख, गर्मी-जाड़ा योगी को सम लगता।। 7

अर्थ- जो मन को वश में कर लेता है उसको शान्ति एवं परमानन्द मिलते रहता है। ऐसा व्यक्ति मान-अपमान, सुख-दुख, सर्दी-गर्मी सभी अवस्थाओं में सम रहा करता है।

विशेषार्थ- प्रत्येक जीव के हृदय में परमात्मा का वास है। बहिरंगा माया के प्रभाव में वह कुपथ पकड़ लेता है और भौतिक कार्य-कलापों में उलझ जाता है। अब ज्योंहि मन पर अंकुश लगता है परमात्मा का साक्षात्कार होने लगता है। वह शान्त चित्त होकर उन्हीं के दर्शन-लाभ से किसी भी अनुकूल या प्रतिकूल परिस्थिति में सम रहने लगता है।

उद्धरेदात्मनात्मानं नात्मानमवसादयेत्।
आत्मैव ह्यात्मनो बन्धुरात्मैव रिपुरात्मनः।।5।।
बन्धुरात्मात्मनस्तस्य येनात्मैवात्मना जितः।
अनात्मनस्तु शत्रुत्वे वर्तेतात्मैव शत्रुवत्।।6।।
जितात्मनः प्रशान्तस्य परमात्मा समाहितः।
शीतोष्णसुखदुःखेषु तथा मानापमानयोः।।7।।

जिसका विज्ञान-ज्ञान आत्म में तुष्ट और कूटस्थ रहे।
इन्द्रियाँ जीत कर वह ढेला, पत्थर, स्वर्णों में एक रहे।। 8

अर्थ- जिसकी आत्मा ज्ञान और विज्ञान से संतुष्ट होकर कूटस्थ (अपरिवर्तनशील) रहती है और जो इन्द्रियों को जीत लेता है, वह ढेला, पत्थर या स्वर्णखण्डों में सम रहा करता है।

जो मित्र-शत्रु, निष्पक्ष और द्वेषी में हरदम सम रहता।
सन्तों और पापी को समान समझे तब उत्तम कहलाता।। 9

अर्थ- जो व्यक्ति मित्र-शत्रु, तटस्थ, मध्यस्त, पुण्यात्मा-पापी सबमें समान भाव रखता है वही उत्तम और उन्नत माना जाता है।

योगी शरीर मन, आत्मा से ईश्वर में लीन रहा करता।
मन को वश में करके, संग्रह, ईच्छा से मुक्त रहा करता।। 10

अर्थ- योगी हमेशा एकान्त में बैठकर मन को नियंत्रित करते हुए संग्रह एवं इच्छाओं से अपने को मुक्त रखता है तथा मन को परमात्मा में एकाग्र करते रहता है।

विशेषार्थ- मन बहिर्मुखी होता है। वह जीवन के विभिन्न कार्यों में संलग्न रहता है। ऐन्द्रिय ईच्छाओं एवं भौतिक उलझनों से मुक्त रहने के लिए मन को अन्तर्मुखी करना पड़ेगा। अष्टांग योग या अन्य उपायों से मन को वश में करना होगा। किसी एकान्त जगह पर बैठकर मन को ईश्वर में एकाग्र करना होगा। भगवान कृष्ण अपने परम प्रिय अर्जुन को बार-बार एकाग्रचित्त होकर निरन्तर योगाभ्यास करके परमात्मा में लीन हो जाने का आग्रह करते हैं।

एकान्त जगह में बहुत ऊँच या नीच नहीं स्थान रहे।
कुश आसन पर मृगछाला भी कोमल कपड़ा से ढका रहे।। 11

योगी दृढ़ता से बैठ कर्म, मन, इन्द्रिय को वश में कर ले।
मन को एकाग्र बिन्दु पर करने का हरदम प्रयास कर ले।। 12

अर्थ- किसी निर्जन स्थान में जो बहुत ऊँचा या नीचा नहीं हो वैसी जगह में कुषासन पर मृगछाला बिछा दे और सबसे ऊपर मुलायम वस्त्र से उसको ढक दे। अब योगाभ्यास करने के लिए योगी उस पर दृढ़तापूर्वक बैठकर मन, इन्द्रिय एवं कर्मों को वश में करते हुए अपने मन को किसी निश्चित एक बिन्दु पर एकाग्र करने का अभ्यास शुरू कर दे।

ज्ञानविज्ञानतृप्तात्मा कूटस्थो विजितेन्द्रियः।
युक्त इत्युच्यते योगी समलोष्ट्राश्मकांचनः।।8।।
सुहृन्मित्रार्युदासीनमध्यस्थद्वेष्यबन्धुषु।
साधुष्वपि च पापेषु समबुद्धिर्विशिष्यते।।9।।

अपना शरीर, सिर, गर्दन सीधा रख नजरें नासाग्र करे।
आँखों को विन भटकाये अभ्यासों में ही एकाग्र करे।। 13

व्रत-ब्रह्मचर्य का पालन कर मन को निर्भय और शान्त करे।
संयत होकर बैठे और मन को स्थिर मुझमें किया करे। 14

मन को वश में करने योगी हरदम इसका अभ्यास करे।
मेरे अन्दर की शान्ति और निर्वाण प्राप्ति वह सदा करे।। 15

अर्थ- अपने शरीर, गर्दन और सिर को सीधा तथा स्थिर रखकर नासाग्र पर दृष्टि को (बिना किसी अन्य दिशाओं में आँखों को मटकाये) सुदृढ़ करने का अभ्यास करना चाहिये।

ब्रह्मचर्य का पालन करते हुए शान्त और निर्भीक मन से योगी को केवल मुझमें ध्यान लगाकर संयत बैठने का अभ्यास करना चाहिये।

इस प्रकार जब योगी मन को वश में रखते हुए सतत योग का अभ्यास करेगा तो उसको मेरे अन्दर की परमशान्ति और निर्वाण की प्राप्ति निश्चित होगी।

विशेषार्थ- श्लोक 13 से 15 तक भगवान कृष्ण ने अर्जुन को योग करने की विधि करने का उपाय बताया है। महर्षि पतंजलि ने आसन की शुद्धता और मन को एकाग्र करने पर बहुत जोर दिया है। आसन शुद्ध और सुखद रहने पर परमेश्वर की सजीव प्रतिमा को पवित्र शरीर में प्रतिष्ठित किया जा सकता है। मन को वश में करना, ब्रह्मचर्य-व्रत का पालन करना और एकाग्र होकर ईश्वर में ध्यान लगाने से ब्रह्म की प्राप्ति हो सकती है।

ब्रह्मचर्य का मतलब है मन, वाणी और कर्म से हर दशा में, सब जगहों और कालों में मैथुनों का परित्याग करना।

और सबसे सकारात्मक उपाय एकाग्रता को बताया गया है जिसको किसी धर्म का सिद्धान्त या किसी कर्मकान्ड में बिना भाग लिये किया जा सकता है। एकाग्रता का अभ्यास करते रहने पर सृजनात्मक दृष्टि प्राप्त हो जाती है जिसका सीधा अर्थ है अनासक्त होकर कर्म करना।

अति भोजन या व्रत करने पर भी ध्यान न संभव हो पाता।
हे पार्थ! बहुत सोने-जगने पर योग असंभव हो जाता।। 16

अर्थ- अधिक खाने वाले या एकदम नहीं खाने वालों के लिये योग नहीं है। हे पार्थ! अधिक सोने वाले या एकदम नहीं सोने वालों के लिए भी योग नहीं है।

योगी युंजीत सततमात्मानं रहसि स्थितः।
एकाकी यतचित्तात्मा निराशीरपरिग्रहः।।**10**।।

शुचै देशे प्रतिष्ठाप्य स्थिरमासनमात्मनः।
नात्युच्छ्रितं नातिनीचं चैलाजिनकुशोत्तरम्।।**11**।।
तत्रैकाग्रं मनः कृत्वा यतचित्तेन्द्रियक्रियः।
उपविश्यासने युंज्याद्योगमात्मविशुद्धये।।**12**।।
समं कायशिरोग्रीवं धारयन्नचलं स्थिरः।
सम्प्रेक्ष्य नासिकागं्र स्वं दिशश्चानवलोकयन्।।**13**।।

प्रशान्तात्मा विगतभीर्ब्रह्मचारिव्रते स्थितः।
मनः संयम्य मच्चित्तो युक्त आसीत मत्परः।।**14**।।

युंजन्नेवं सदात्मानं योगी नियतमानसः।
शान्तिं निर्वाण परमां मत्संस्थामधिगच्छति।।**15**।।

नात्यश्नतस्तु योगोऽस्ति न चैकान्तमनश्नतः।
न चातिस्वप्नशीलस्य जाग्रतो नैव चार्जुन।।**16**।।

जो परिमित में रहकर आहार-विहार नियम पालन करता ।
सोने-जगने को वश में कर दुःखों को नष्ट किया करता।। 17

अर्थ- जो व्यक्ति आहार-विहार, निद्रा-जागरण आदि परिमित और अनुशासित रखता है, वह सब दुःखों को नष्ट कर लेता है।

विशेषार्थ- गुरु कृष्ण ने अर्जुन को सभी कर्म संयमित रूप से करने की सलाह दी है। कर्मों से निवृत होने की बात नहीं कही गयी है।

कामना रहित शासित मन जब आत्मा में स्थित हो जाता।
तब समस्वरता को पाकर योगी योग-लीन भी हो पाता।। 18

अर्थ- सभी लालसाओं एवं भौतिक इच्छाओं से मुक्त होकर जब चित्त अनुशासित होकर आत्मा में स्थित हो जाता है तब वह समस्वरता प्राप्त कर योग में लीन हो जाता है।

विशेषार्थ- गुरु ने ऐसी प्रक्रिया बताकर साधक को मूलभूत आत्मा का अनुभव प्राप्त करने की शिक्षा दी है। यह नकारात्मक प्रक्रिया विशुद्ध आत्मा का ज्ञान प्राप्त करने के लिए है।

जैसे दीपक वायु से शून्य जगह में नहीं हिला करता।
योगी भी मन को वश में कर आत्मा में ध्यान लगा रखता।। 19

अर्थ- जिस तरह वायुहीन स्थान में दीपक हिलता-डुलता नहीं है उसी तरह योगी भी चित्त को वश में करके सदा आत्मा के ध्यान में लगा रहता है।

युक्ताहारविहारस्य युक्तचेष्टस्य कर्मसु।
युक्तस्वप्नावबोधस्य योगो भवति दुःखहा।।**17**।।

यदा विनियतं चित्तमात्मन्येवावतिष्ठते।
निस्पृहः सर्वकामेभ्यो युक्त इत्युच्यते तदा।।**18**।।

यथा दीपो निवातस्थो नेंगते सोपमा स्मृता।
योगिनो यतचित्तस्य युंजतो योगमात्मनः।।**19**।।

एकाग्र प्राप्त मन को वश में कर सदा शान्ति मिलते रहता।
आत्मा को आत्मा ही देखे तब वह आनन्दित हो जाता।। 20
ग्रहणीय परम आनन्द, सदा बुद्धि से प्राप्त किया जाता।
उसमें स्थित होकर कभी न वह तत्वों से विचलित होता।। 21
यह स्थिति पाकर इसमें उसको सबसे बड़ा लाभ दिखता।
तब बड़े-बड़े दुखों में भी वह कभी नहीं विचलित होता।। 22

अर्थ- ऐसी स्थिति में आकर वह समझने लगता कि सबसे बड़ा लाभ उसको प्राप्त हो गया है और बड़े-बड़े दुखों में भी वह कभी विचलित नहीं होता है।

दुःखों के संयोगों से बिल्कुल अलग योग हो जाता है।
दृढ़ संकल्पों, अनुद्विग्न चित्त से योग सदा लग जाता है।। 23

अर्थ- योग करने से दुःखों के साथ संयोग हट जाता है तथा दृढ़ संकल्प एवं अनुद्विग्न चित्त से योगाभ्यास होने लगता है।

विशेषार्थ- गीता के श्लोक 10 से श्लोक 22 तक में मोक्ष प्राप्ति के उपायों के बारे में भगवान कृष्ण अर्जुन को उपदेश दे रहे हैं। सांख्य में पुरूष को कैवल्य आत्मा में आत्मा को आनन्द प्राप्त करना है जो गीता में उसको परमात्मा के साथ एकरूप हो जाना कहा गया है।

जब स्वार्थपूर्ण संकल्प जनित ईच्छा का त्याग किया जाता।
इन्द्रिय को वशीभूत करने, मन को प्रयत्न करना होता।। 24

अर्थ- स्वार्थ पूर्ण संकल्पों से जिन इच्छाओं का जन्म होता है उसको त्यागना होता है और सभी इन्द्रियों को वश में करने के लिए मन को प्रयत्न करना पड़ता है।

यत्रोपरमते चित्तं निरूद्धं योगसेवया।
यत्र चैवात्मनात्मानं पश्यन्नात्मनि तुष्यति।।**20**।।
सुखमात्यन्तिकं यत्तद्बुद्धिग्राह्यमतीन्द्रियम्।
वेत्ति यत्र न चैवायं स्थितश्चलति तत्त्वतः।।**21**।।
यं लब्ध्वा चापरं लाभं मन्यते नाधिकं ततः।
यस्मिन्स्थितो न दुःखेन गुरुणापि विचाल्यते।।**22**।।
तं विद्याद्दुःखसंयोगवियोगं योगसंज्ञितम।
स निश्चयेन योक्तव्यो योगोऽनिर्विण्णचेतसा।।**23**।।
संकल्पप्रभवान्कामांस्त्यक्त्वा सर्वानशेषतः।
मनसैवेन्द्रियग्रामं विनियम्य समन्ततः।।**24**।।

धीरे-धीरे ही बुद्धि तथा मन आत्मा में स्थिर होता।
बेकार विचार नियंत्रित करने से ही शान्ति प्राप्त होता।। 25

अर्थ- नियन्त्रित बुद्धि से मन को आत्मा में स्थिर कर शान्ति प्राप्त होने लगती है, परन्तु अन्य वस्तुओं पर सभी विचार को नियंत्रित करना पड़ता है।

मन चंचल और अस्थिर है जो इधर-उधर विचरण करता।
वरबश उन सबसे खीच-खीचकर निज वश में करना पड़ता।।26

अर्थ- अपनी चंचलता और अस्थिरता के कारण मन जहाँ-तहाँ विचरण करते रहता है। हमें चाहिए कि उसको वहाँ से खींचकर अपने वश में कर लें।

योगी उत्तम सुख पा लेता जब मन, आवेश शान्त रहता।
वह पापरहित होकर परमात्मा में ही एकीकृत होता।। 27

अर्थ- सर्वोत्तम सुख उसको प्राप्त होता है जिसका मन शान्त तथा आवेश भी शान्त होकर निष्पाप होते हुए परमात्मा के साथ एक हो जाता है।

भौतिक कल्मष को आत्म संयमी अभ्यासों से हर लेता।
ईश्वर की भक्ति उसे मिलती और परमानन्द प्राप्त होता।। 28

अर्थ- आत्मसंयमी योगी के निरन्तर अभ्यास करने पर सभी भौतिक कल्मष नष्ट हो जाते हैं और योगी भगवान की प्रेम-भक्ति में परमसुख प्राप्त करता है।

सच्चा योगी जीवों में मुझको, मुझमें सब देखा करता।
वह रूप सिद्ध योगी मुझमें सर्वत्र सभी देखा करता।। 29

अर्थ- जो वास्तविक योगी है वह सभी जीवों में मुझको और मुझमें सब जीवों को देखता है। इस तरह बिना सन्देह के वह स्वरूपसिद्ध होकर मुझको सर्वत्र देखता है।

शनैः शनैरुपरमेद्बुद्ध्या धृतिगृहीतया।
आत्मसंस्थं मनः कृत्वा न किंचिदपि चिन्तयेत्।।25।।
यतो यतो निश्चलति मनश्चंचलमस्थिरम्।
ततस्ततो नियम्यैतदात्मन्येव वशं नयेत्।।26।।
प्रशान्तमनसं ह्येनं योगिनं सुखमुत्तमम्।
उपैति शान्तरजसं ब्रह्मभूतमकल्मषम्।।27।।
युंजन्नेवं सदात्मानं योगी विगतकल्मषः।
सुखेन ब्रह्मसंस्पर्शमत्यन्तं सुखमश्नुते।।28।।
सर्वभूतस्थमात्मानं सर्वभूतानि चात्मनि।
ईक्षते योगयुक्तात्मा सर्वत्र समदर्शनः।।29।।

जो सभी जगह मुझको देखे, सबको मुझमें देखा करता।
मैं कभी अदृश्य नहीं होता और वह न अदृष्य कभी रहता।। 30

अर्थ- जो मुझको सर्वत्र देखा करता है और सबको मुझमें ही देखता है, उसके लिए मैं भी अदृश्य नहीं हूँ और न वह ही मेरे लिए अदृश्य है।

विशेषार्थ- जब कोई व्यक्ति अपने अन्दर विद्यमान ब्रह्म या परमात्मा के साथ एक हो जाता है तब वह जीवन की सभी धाराओं के साथ एक होकर समाधिष्ठ स्वरूप हो जाता है। यह आध्यातिक लय है, भक्त का ब्रह्म में लीन हो जाने की स्थिति है।

जो सब जीवों में मेरी पूजा एकल ही करता रहता।
वह क्रियाशील रहते भी मुझमें हरदम ही निवास करता ।। 31

अर्थ- कोई भी प्राणी सांसारिकता में कितना भी क्रियाशील रहे, लेकिन एकल में स्थित होकर तथा सब प्राणियों में मुझको स्थित देखकर उपासना करता रहता है तो वह मुझमें निवास करता है।

विशेषार्थ-हमारा आन्तरिक जीवन ही सच्चा जीवन है। बाह्य जीवन कैसा भी हो, आन्तरिक जीवन ब्रह्मलीन रहे तो वही सच्ची उपासना है।

हे अर्जुन! सब चीजों को समभावों से जो देखा करता।
सुख दुःख में भी समरूप रहे तो वह असली योगी होता।। 32

अर्थ- हे अर्जुन! जो समस्त प्राणियों में तथा उनके सुख-दुख में वास्तविक समानता से देखता है, वही पूर्णयोगी है।

हे कृष्ण! योग पद्धति का वर्णन असहनीय मुझको दीखता।
मन चंचल और अस्थिर है यह अव्यवहारिक भी लगता।। 33

अर्थ- अर्जुन ने गुरु कृष्ण से कहा कि उनकी बतायी योग पद्धति उसके लिए अव्यावहारिक एवं असहनीय है क्योंकि उसका मन चंचल तथा अस्थिर रहता है।

यो मां पश्यति सर्वत्र सर्वं च मयि पश्यति।
तस्याहं न प्रणश्यामि स च मे न प्रणश्यति।।**30**।।
सर्वभूतस्थितं यो मां भजत्येकत्वमास्थितः।
सर्वथा वर्तमानोऽपि स योगी मयि वर्तते।।**31**।।
आत्मौपम्येन सर्वत्र समं पश्यति योऽर्जुन।
सुखं वा यदि वा दुःखं स योगी परमो मतः।।**32**।।
अर्जुन उवाच,
योऽयं योगस्त्वया प्रोक्तः साम्येन मधुसूदन।
एतस्याहं न पश्यामि चंचलत्वात्स्थितिं स्थिराम्।।**33**।।

हे कृष्ण! मेरा मन चंचल, उच्छृंखल, अति बलशाली भी है।
वश में उसको करना वायु को वश करने सा मुश्किल है।। **34**

अर्थ- हे कृष्ण! मन चंचल, उच्छृंखल, हठी एवं अत्यन्त बलशाली है। उसको वश में करना हवा को वश में करने जैसा कठिन है।

हे अर्जुन! चंचल मन को वश में करना बहुत कठिन लगता।
फिर भी वैराग्य निरन्तर अभ्यासों से कठिन नहीं होता।। **35**

अर्थ- श्री कृष्ण बतलाते हैं कि हे कौन्तेय! निस्सन्देह चंचल मन को वश में करना बहुत कठिन है लेकिन वैराग्य और निरन्तर अभ्यास करते रहने से इसको वश में करना कठिन नहीं है।

उच्छृंखल मन से आत्म-मेल होना तो बहुत कठिन होता।
समुचित उपाय से संयत मन के लिए न कभी कठिन होता।। **36**

अर्थ- यह सत्य है कि उच्छृंखल मन से आत्म-साक्षात्कार होना बहुत कठिन है, परन्तु समुचित उपायों द्वारा मन को संयत कर लेने पर यह कठिन भी नहीं है।

विशेषार्थ- भगवान भी यह स्वीकार करते हैं कि सच में मन की चंचलता पर काबू करना बहुत कठिन है। परन्तु तीर्थवास, परमात्मा का ध्यान, मन तथा इन्द्रियों का निग्रह, ब्रह्मचर्य-पालन, एकान्त वास आदि कठोर विधि-विधानों द्वारा अथवा नवधा, भक्ति का पालन करने पर मन को वश में किया जा सकता है। वैराग्य का सीधा अर्थ है भौतिक चीजों से विरक्ति और आत्मा में प्रवृत हो जाने का निरन्तर अभ्यास।

अर्जुन ने पूछा हे भगवन्! उस योगी का फिर क्या होता।
भौतिक कारण से विचलित होकर सिद्ध नहीं जब वह होता।। **37**

अर्थ- अर्जुन ने कृष्ण से पूछा कि वैसे योगी की क्या दशा होती है जो विधिपूर्वक योग प्रारम्भ कर वाद में भौतिक कारणों से विचलित होकर सिद्धि प्राप्त करने में असफल हो जाता है।

चंचलं हि मनः कृष्ण प्रमाथि बलवद्दृढम्।
तस्याहं निग्रहं मन्ये वायोरिव सुदुष्करम्।।**34**।।
श्री भगवानुवाच,
असंशयं महाबाहो मनो दुर्निग्रहं चलम्।
अभ्यासेन तु कौन्तेय वैराग्येण च गृह्यते।।**35**।।
असंयतात्मना योगो दुष्प्राप इति मे मतिः।
वश्यात्मना तु यतता शक्योऽवाप्तुमुपायतः।।**36**।।
अर्जुन उवाच,
अयतिः श्रद्धयोपेतो योगाच्चलितमानसः।
अप्राप्य योगसंसिद्धिं कां गतिं कृष्ण गच्छति।।**37**।।

दोनों पथ से विचलित योगी जब ब्रह्म मार्ग से च्युत होता।
कर्तव्य-विमूढ बना वह क्या मेघों जैसा फटकर गिरता।। 38

अर्थ- हे कृष्ण! दोनों तरफ से स्थान-भ्रष्ट होकर योगी ब्रह्म-पथ की ओर जाने वाले मार्ग से किंकर्त्तव्यविमूढ की दशा में फटे बादलों की तरह गिरकर विनष्ट तो नहीं हो जाता?

अर्जुन ने पूछा क्या उपाय है संशय जिससे मिटे मेरे।
तेरे सिवाय और कोई नहीं, जो संषय मिटा सके मेरे।। 39

अर्थ- हे कृष्ण! मेरे इस संशय को तुम पूर्णतः मिटा दे, क्योंकि तेरे सिवाय और कोई नहीं है जो मेरा संशय दूर कर सके।

हे पार्थ! उसे इस जीवन में या परलोकों में दुख होता।
जो भला काम करता रहता दुर्दशा नहीं उसको होता ।। 40

अर्थ- श्री कृष्ण ने अर्जुन को बताया कि अच्छा काम करने वाले को इस जीवन में या परलोक में दुर्दशा नहीं होती है।

असफल योगी पुण्यात्मा के लोकों में रह कर सुख पाता।
फिर आचारी या धनवानों के कुल में पुनर्जन्म लेता।। 41

अर्थ- योग में निरंतर अभ्यास करने के बाद भी असफल होने पर मृत्यु के उपरान्त वह पुण्यात्माओं के लोक में जाकर सुख भोगता है और फिर बाद में उसका सदाचारी या धनवानों के कुल में पुनर्जन्म होता है।

अथवा ऐसा योगी विद्वानों के घर पुनर्जन्म लेता।
निश्चय ही ऐसा जन्म जगत में कभी-कभी ही हो पाता।। 42

अर्थ- निरन्तर योग करने के बाद भी असफल रहे योगी का पुनर्जन्म अति बुद्धिमान या विद्वान के कुल में होता है जो इस संसार में दुर्लभ कहा जाता है।

कच्चिन्नोभयविभ्रष्टश्छिन्नाभ्रमिव नश्यति।
अप्रतिष्ठो महाबाहो विमूढो ब्रह्मणः पथि।।38।।
एतन्मे संशयं कृष्ण छेत्तुमर्हस्यशेषतः।
त्वदन्यः संशयस्यास्य छेत्ता न ह्युपपद्यते।।39।।
श्री भगवानुवाच,
पार्थ नैवेह नामुत्र विनाशस्तस्य विद्यते।
न हि कल्याणकृत्कश्चिद् दुर्गतिं तात गच्छति।।40।।
प्राप्य पुण्यकृतां लोकानुषित्वा शाश्वतीः समाः।
शुचीनां श्रीमतां गेहे योगभ्रष्टोऽभिजायते।।41।।
अथवा योगिनामेव कुले भवति धीमताम्।
एतद्धि दुर्लभतरं लोके जन्म यदीदृशम्।।42।।

हे कुरूनन्दन! वह पूर्व जन्म का संस्कार लेकर आता।
पहले से विकसित संस्कार को सहज शुलभ विकसित करता।। **43**

अर्थ- पूर्व जन्म में ब्रह्म के साथ संयोग करने के प्रयत्न से प्राप्त मानसिक संस्कार को साथ लेकर ही प्रयत्नशील व्यक्ति या योगी का पुनर्जन्म होता है। अतः वह पुनर्जन्म लेकर उस विकसित संस्कार को बड़ी शुलभता और सहजता से पूर्णता की ओर आगे बढ़ाता है।

विशेषार्थ- वस्तुतः सिद्धि के मार्ग में प्रयत्नशील व्यक्ति या योगी को धीमी गति से प्रगति के पथ पर अग्रसर होना होता है। कभी-कभी तो पूर्णता प्राप्त करने में कई जन्म लग जाते हैं। हमको हमेशा प्रयत्न करते रहना चाहिए, चूँकि जितना प्रयत्न कर चुके रहते हैं वह मृत्यु के समय नष्ट नहीं होता है। अगले जन्म में थाती के रूप में हमको प्राप्त होता है और अब उसके आगे प्रयत्न करने की आवश्यकता होती है।

गत जन्मों की इस चेतनता से योगी नियमों में बँधता।
ऐसा जिज्ञासू योगी वैदिक नियमों से ऊपर उठता।। **44**

अर्थ- पूर्व जन्म की प्राप्त चेतना के कारण वह स्वतः योग के नियमों की ओर आकर्षित होता है और शास्त्रों के अनुष्ठानों या वैदिक नियमों के परे स्थित हो जाता है।

पहले जन्मों के पापों का प्रक्षालन वह करता रहता ।
अभ्यासों से ही सिद्धि-लाभ कर परम लक्ष्य को पा लेता।। **45**

अर्थ- इस तरह योगी कई जन्मों तक पापों को धोने का प्रयास करते रहता है और अनवरत अभ्यास के कारण सिद्धि का लाभ प्राप्त कर अन्ततः परम लक्ष्य को प्राप्त कर लेता है।

विशेषार्थ-संभव है कि दुर्बलताओं के कारण वर्तमान जीवन में कोई लक्ष्य तक नहीं पहुँच पाया हो, लेकिन उसका प्रयास मृत्यु के बाद भी उसके साथ रहकर अगले जन्म में सहायता करते रहता है। जन्म-जन्मान्तर तक निरन्तर प्रयास होते रहने के कारण वह परम लक्ष्य को प्राप्त कर लेता है। परमात्मा का उदेश्य भी यही है कि अपने ही रूप में सृजित प्रत्येक आत्मा को पुनः स्वयं में समाहित कर लेना है।

तत्र तं बुद्धिसंयोगं लभते पौर्वदेहिकम्।
यतते च ततो भूयः संसिद्धौ कुरुनन्दन।।**43**।।
पूर्वाभ्यासेन तेनैव ह्रियते ह्यवशोऽपि सः।
जिज्ञासुरपि योगस्य शब्दब्रह्मातिवर्तते।।**44**।।
प्रयत्नाद्यतमानस्तु योगी संशुद्धकिल्बिषः।
अनेकजन्मसंसिद्धस्ततो याति परां गतिम्।।**45**।।

सब कर्मकान्डियों, तपी, ज्ञानियों से योगी अच्छा होता।
हे अर्जुन! तूँ योगी बन जा, यह योग कर्म अच्छा होता।। **46**

अर्थ- श्री कृष्ण अर्जुन को योगी बन जाने की सलाह दे रहे हैं क्योंकि योगी पुरूष, तपस्वी, ज्ञानी और कर्मकान्डियों से बड़ा होता है।

विशेषार्थ- जिस योग को कृष्ण सर्वश्रेष्ठ बता रहे हैं उसमें तप, ज्ञान, कर्मकान्ड एवं भक्ति के सर्वोच्च अंश का समावेश रहता है। इस तरह का योगी सबके हृदय में विराजमान भगवान की उत्तम उपासना में अपने को समर्पित कर देता है।

योगी से बढ़कर वह होता जो प्रेम भक्ति मेरी करता।
श्रद्धा से निज आत्मा को शरणागत कर ही पूजा करता।। **47**

अर्थ-सब योगियों में भी वह योगी श्रेष्ठ है जो प्रेम-भक्ति से शरणागत होकर मेरी उपासना में लीन रहता है।

विशेषार्थ- योगों से सम्बन्धित विस्तृत विवरण को बताते हुए कृष्ण अपना अन्तिम निष्कर्ष बताते हैं कि महान योगी वही होता है जो महान भक्ति के मार्ग में तहे दिल से मुझ पर समर्पित है।

तपस्विभ्योऽधिको योगी ज्ञानिभ्योऽपि मतोऽधिकः।
कर्मिभ्यश्चाधिको योगी तस्माद्योगी भवार्जुन।।**46**।।

योगिनामपि सर्वेषां मद्न्गतेनान्तरात्मना।
श्रद्धावान्भजते यो मां स मे युक्ततमो मतः।।**47**।।

<u>इति षष्ठोध्यायः</u>

सप्तम अध्याय

जरा, मृत्यु से मुक्ति हेतु मेरी शरणागत जो हो जाता।
दिव्य-कर्म का ज्ञान प्राप्त कर ब्रह्मरूप ही वह बन जाता।।

हे पार्थ! सुनो मन को मुझमें अर्पित करके तुम योग करो।
मेरा आश्रय पाकर मुझको विन संशय के ही प्राप्त करो।। 1

अर्थ- श्री कृष्ण ने अर्जुन को बताया कि तुम पूर्णतः मन को मुझमें अर्पित कर योग का अभ्यास करो और मेरा आश्रय पाकर निसन्देह तुम मुझको जान लोगे।

सब ज्ञान तथा विज्ञान सभी कुछ मैं तुमको बतला दूँगा।
सम्पूर्ण ज्ञान तुमको दूँगा, कुछ शेष नहीं रहने दूँगा।। 2
योगी हजार में कोई-कोई यह प्रयत्न करते दिखता
सिद्धियाँ प्राप्त करने पर भी, शायद कोई दर्शन पाता।। 3

अर्थ- हजारों योगियों में से कोई-कोई योगी ही इस तरह सिद्धि प्राप्त करने का प्रयत्न करता है। और सिद्धि पा लेने के बाद भी किसी-किसी को ही मेरे सच्चे स्वरूप का दर्शन हो पाता है।

भू, जल, वायु और ब्योम, अग्नि, मन, बुद्धि, अहं हैं प्रकृति रूप।
ये सब प्रकृति है मेरी जिसमें बँट जाता मेरा स्वरूप।। 4

अर्थ- पृथ्वी, जल, वायु, आकाश, अग्नि, मन, बुद्धि और अहंकार मेरी प्रकृति हैं जो अव्यक्त से व्यक्त होने के समय इन आठों रूप में बँट जाती है।

विशेषार्थ- प्रकृति एक शक्ति या माया है। यही जगत का आधार है। अव्यक्त प्रकृति व्यक्त होते समय आठ रूपों को धारण कर लेती है। यह प्रकृति का प्राचीन वर्गीकरण है और यही वाद में चैबीस तत्वों के रूप में विस्तृत कर दिया गया है। मन, बुद्धि और इन्द्रियों का सम्पर्क जागतिक वस्तुओं के साथ बना रहता है, परन्तु चेतना के उत्पन्न होने पर आत्मा प्रबुद्ध हो जाती है और फलतः सभी वस्तुएँ ज्ञान का विषय बन जाती है। अहंकार एक ऐसा तत्व है जिसके द्वारा जीव सभी वस्तुओं से सम्बन्ध बनाकर शरीर के सारे कार्यो को अपने ऊपर आरोपित कर लेता है। "मैं" और "मेरा" की भावना के उत्पन्न होने का यही मूल कारण है।

श्रीभगवानुवाच
मय्यासक्तमनाः पार्थ योगं युंजन्मदाश्रयः।
असंशयं समग्रं मां यथा ज्ञास्यसि तच्छृणु।।1।।
ज्ञानं तेऽहं सविज्ञानमिदं वक्ष्याम्यशेषतः।
यज्ज्ञात्वा नेह भूयोऽन्यज्ज्ञातव्यमवशिष्यते।।2।।
मनुष्याणां सहस्रेषु कश्चिद्यतति सिद्धये।
यततामपि सिद्धानां कश्चिन्मां वेत्ति तत्वतः।।3।।
भूमिरापोऽनलो वायुः खं मनो बुद्धिरेव च।
अहंकार इतीयं मे भिन्ना प्रकृतिरष्टधा।।4।।

इस लघु प्रकृति से ऊँची विस्तृत निज प्रकृति मेरी होती।
यह जीव रूप में विश्व रूप को धारण करती ही रहती।। 5

अर्थ- हे पार्थ। यह तो निम्नतर प्रकृति है, इससे भी मेरी उच्चतर प्रकृति होती है जो जीव रूप में संसार धारण करती है।

विशेषार्थ- यहाँ भगवान कृष्ण ने साफ-साफ बता दिया है कि जीव उसकी परा शक्ति है। अपरा शक्ति तो पृथ्वी, जल, अग्नि, वायु, आकाश, मन, बुद्धि और अहंकार जैसे विभिन्न तत्व होते हैं। सारा संसार इन्हीं अपरा शक्तियों के कारण क्रियाशील रहता है। कार्य करने की शक्ति को प्रदान करने और गतिशील बनाने की क्रिया जीव द्वारा होती है जो परा शक्ति है और जिसका नियंत्रण भगवान के अधीन रहता है। जीवों का अपना कोई स्वतंत्र अस्तित्व नहीं होता है।

सब प्राणी भी उत्पन्न, जगत में, इसी शक्ति से लेता है।
भौतिक, आध्यात्मिक सबका उदय-प्रलय भी मुझमें होता है।। 6

अर्थ- इन्हीं दो शक्तियों में संसार के सभी प्राणियों का उद्गम होता है, तथा जो कुछ भी भौतिक अथवा आध्यात्मिक है उन सबों का उदय-प्रलय मुझमें ही होता है।

हे अर्जुन! जग की सब चीजों से सदा श्रेष्ठ मैं ही रहता।
मुझमें ये सब हैं गुँथी हुई धागा में मणि जैसे गुँथता।। 7

अर्थ- हे धनंजय! संसार की सब चीजों से मैं श्रेष्ठ और उच्चतर हूँ। जगत की सभी वस्तुएँ मुझमें माला की तरह गुँथी रहती हैं जैसे किसी धागे में मणियाँ पिरोई रहती है।

हे अर्जुन! मैं हूँ स्वाद जलों का, प्रभा चन्द्र-सूरज की हूँ।
वेदों में हूँ मैं ऊँ, पुरूष का पौरूष, शब्द, व्योम में हूँ।। 8

अर्थ- हे कुन्ती-पुत्र अर्जुन! मैं ही जल का स्वाद, चन्द्र-सूर्य का प्रकाश, वैदिक मंत्रों का ऊँकार, आकाश में शब्द तथा मनुष्यों का पौरूष हूँ।

अपरेयमितस्त्वन्यां प्रकृतिं विद्धि मे पराम्।
जीवभूतां महाबाहो ययेदं धार्यते जगत्।।5।।
एतद्योनीनि भूतानि सर्वाणीत्युपधारय।
अहं कृत्स्नस्य जगतः प्रभवः प्रलयस्तथा।।6।।
मत्तः परतरं नान्यत्किंचिदस्ति धनंजय।
मयि सर्वमिदं प्रोतं सूत्रे मणिगणा इव।।7।।
रसोऽहमप्सु कौन्तेय प्रभास्मि शशिसूर्ययोः।
प्रणवः सर्ववेदेषु शब्दः खे पौरुषं नृषु।।8।।

मैं पृथ्वी का हूँ शुद्ध गंध और आगों की उष्मा भी हूँ।
जग की चीजों में जीवन हूँ और तपी सबों का तप भी हूँ।। 9

अर्थ- पृथ्वी का विशुद्ध सुगन्ध, अग्नि में चमक, सभी जीवों का जीवन तथा तपस्वियों का तप भी मैं ही हूँ।

हे पृथापुत्र! सब चीजों का सम्पूर्ण वीज मुझको जानो।
सब बुद्धिमान की बुद्धि, तेज तेजस्वी का मुझको मानो।। 10

अर्थ- हे पार्थ! संसार की सभी चीजों का आदि बीज मैं ही हूँ। बुद्धिमानों की बुद्धि तथा तेजस्वियों का तेज भी मैं ही हूँ।

कामों, रागों से रहित, वली का बल हूँ, मुझको पहचानो।
धर्मानुकूल जीवों की सब इच्छाएँ मुझको ही मानो।। 11

अर्थ-हे अर्जुन! काम और राग से रहित बलवानों का बल भी मैं ही हूँ। सभी प्राणियों में धर्म के अनुकूल रहने वाली लालसा भी मुझे ही जानो।

सत, रजगुण, तम के भावें सबकुछ मुझसे प्रकट हुआ करते
मैं हूँ स्वतंत्र, मेरे अधीन गुण-प्रकृति सभी बसते रहते।। 12

अर्थ- सतोगुण, रजोगुण और तमोगुण के सभी भाव मुझसे ही प्रकट होते रहते हैं। मैं पूर्णतः स्वतंत्र हूँ लेकिन प्रकृति के सभी गुण मेरे अधीन रहते हैं।

सत, रज, तम के गुण से ही यह संसार मोह में फँस जाता
मुझ अविनाशी और गुणातीत को प्राणी नहीं समझ पाता।। 13

अर्थ- यह संसार सत, रज, तम के गुणों से मोहग्रस्त होकर मुझ अविनाशी और गुणातीत को नहीं जान पाता है।

पूण्यो गन्धः पृथिव्यां च तेजश्चास्मि विभावसौ।
जीवनं सर्वभूतेषु तपश्चास्मि तपस्विषु।।9।।
बीजं मां सर्वभूतानां विद्धि पार्थ सनातनम्।
बुद्धिर्बुद्धिमतामस्मि तेजस्तेजस्विनामहम्।।10।।
बलं बलवतां चाहं कामरागविवर्जितम्।
धर्माविरुद्धो भूतेषु कामोऽस्मि भरतर्षभ।।11।।
ये चैव सात्विका भावा राजसास्तामसाश्च ये।
मत्त एवेति तान्विद्धि न त्वहं तेषु ते मयि।।12।।
त्रिभिर्गुणमयैर्भावैरेभिः सर्वमिदं जगत्।
मोहितं नाभिजानाति मामेभ्यः परमव्ययम्।।13।।

ऐसी दैवी माया पर विजय कठिनता से ही मिल पाती।
मेरी शरणागत होने पर यह आसानी से मिल जाती।। 14

अर्थ- मेरी गुणमयी दैवी माया पर विजय प्राप्त करना कठिन होता है। परन्तु जो मेरी शरण में आकर प्रयास करता है उसके लिए पार कर जाना कठिन नहीं होता है।

अज्ञानी, पापी लोग कुकर्मों के कारण भ्रम में रहते।
आसुरी कार्य में लीन मूर्ख शरणागत कभी नहीं होते।। 15

अर्थ- मूर्ख मनुष्यों में नीच कर्म करने वालों की बुद्धि भ्रष्ट हो जाती है और भ्रम में पड़ जाने के कारण वे बहक जाते हैं। आसुरी स्वभाव वाले लोग मेरी शरण में नहीं आते हैं।

विशेषार्थ- बुरे कर्म करने वाले लोगों का मन रजोगुण और तमोगुण के शिकार हो जाते हैं। वे अपने मनोवेग को वश में करने की चेष्टा नहीं करते है। भौतिक सुख को येनकेन प्रकारेण प्राप्त कर लेना ही उनका उद्देश्य बन जाता है। अगर वे अपने अन्दर विद्यमान सत्वगुण को सुव्यवस्थित सुदृढ़ और प्रबुद्ध बनाकर वासना तथा अज्ञानता पर नियंत्रण करना सीख लें तो नैतिकता एवं आध्यात्मिकता का स्तर ऊँचा होकर अन्दर की आत्मा में एक विलक्षण प्रकाश को जगमगा देगा। और तब ऐसी स्थिति में उनका कार्य ब्रह्म के उपकरण के रूप में होने लगेगा।

कुल चार तरह के उद्येष्यों से लोग मेरी पूजा करते।
ज्ञानी और आर्त तथा जिज्ञासु, अर्थार्थी सब वे होते।। 16

अर्थ- हे भरतश्रेष्ठ अर्जुन! चार प्रकार के धर्मात्मा लोग मेरी पूजा करते हैं। प्रथम जो आर्त है, (विपत्ति में फँसे हैं) द्वितीय जिज्ञासू, तृतीय (धन प्राप्त करने को इच्छुक) तथा चतुर्थ ज्ञानी लोग मेरी पूजा करते हैं।

विशेषार्थ- महाभारत में चार प्रकार के भक्तों का वर्णन किया गया है। प्रथम वैसे धर्मात्मा लोग हैं जो पूर्व जन्म के धर्माचरण के कारण इस जन्म में उत्तरोत्तर धर्मोन्मुख होने के रूझान से भगवान की पूजा करते हैं। वे आर्त हैं और अपने नुकसान की भरपाई के लिए पूजा करते हैं। दूसरे ऐसे लोग हैं जो धन प्राप्त करने की इच्छा से मेरी पूजा करते हैं ताकि उनकी भौतिक स्थिति में सुधार हो जाय। तीसरे प्रकार के वे लोग हैं जो सचमुच सत्य को जानना चाहते हैं और इसी कारण से मेरी पूजा में लीन रहते हैं। चौथी श्रेणी में वैसे भक्त हैं जो ज्ञानी है।

अपने आप को निष्काम भाव से ब्रह्म में समर्पित हो जाने वाला भक्त सर्वश्रेष्ठ होता है। उसे जो कुछ भी मिल जाय उसी में संतुष्ट रहकर परमात्मा की निरपेक्ष पूजा करता रहता है।

दैवी ह्येषा गुणमयी मम माया दुरत्यया।
मामेव ये प्रपद्यन्ते मायामेतां तरन्ति ते।।14।।
न मां दुष्कृतिनो मूढाः प्रपद्यन्ते नराधमाः।
माययापहृतज्ञाना आसुरं भावमाश्रिताः।।15।।
चतुर्विधा भजन्ते मां जनाः सुकृतिनोऽर्जुन।
आर्तो जिज्ञासुरर्थार्थी ज्ञानी च भरतर्षभ।।16।।

इन सबमें भी वही श्रेष्ठ है शुद्ध भक्ति जो करता रहता।
वही मेरा अतिप्रिय होता है मैं भी उसका प्रेमी रहता।। 17

अर्थ- इन सबों में परमज्ञानी ही श्रेष्ठ है जो शुद्ध भक्ति में लीन रहता है। वह मेरा अतिप्रिय होता है और मैं उसके लिए अत्यंत प्रिय रहता हूँ।

यों तो सब मेरे प्रिय होते, पर शरणागत बढ़कर होता।
वह मुझमें स्थित होकर सर्वोच्च लक्ष्य को पाते रहता।। 18

अर्थ- वैसे तो सभी भक्त मेरे प्रिय होते हैं परन्तु मुझमें पूर्णतः स्थित होकर सर्वोच्च लक्ष्य को प्राप्त करने में जो लगा रहता है। वह मेरा अधिक प्रिय होता है।

कई जन्म के बाद भक्त मुझको सच्चा ईश्वर कह पाता।
ऐसा ज्ञानी दुर्लभ है जो ज्ञान प्राप्त कर मुझको पाता।। 19

अर्थ- कई जन्मों के बाद ज्ञानी मुझको पहचान पाता है कि मैं ही ईश्वर हूँ और मेरी शरण में वह आ पाता है। ऐसा ज्ञानी संसार में दुर्लभ मिलता है।

विशेषार्थ- अनेक जन्मों तक भक्ति या अनुष्ठान करते रहने पर किसी-किसी को आत्म साक्षात्कार हो पाता है। उसे ज्ञान प्राप्त हो जाता है कि सभी कारणों का कारण भगवान वासुदेव है। वह अपने को पूर्णतः मेरी शरण में कर देता है और मैं भी उसको अपनी शरण में रख लेता हूँ। प्रत्येक जन्म में अनवरत प्रयास से आगे बढ़ते हुए किसी को यह स्थिति प्राप्त हो पाती है।

भौतिक इच्छाओं से जो अन्यान्य देव की शरण पकड़ते।
वे स्वभाववश भिन्न तरीके से ही पूजा करते रहते।। 20

अर्थ- जिनकी बुद्धि भौतिक इच्छाओं के प्रभाव में बहक कर अन्य देवताओं की शरण में जाती है, वे अपने अपने स्वभाव के अनुसार पूजा करने की भी विशेष विधियों का पालन करने लगते हैं।

तेषां ज्ञानी नित्ययुक्त एकभक्तिर्विशिष्यते।
प्रियो हि ज्ञानिनोऽत्यर्थमहं स च मम प्रियः।।17।।
उदाराः सर्व एवैते ज्ञानी त्वात्मैव मे मतम्।
आस्थितः स हि युक्तात्मा मामेवानुत्तमां गतिम्।।18।।
बहूनां जन्मनामन्ते ज्ञानवान्मां प्रपद्यते।
वासुदेवः सर्वमिति स महात्मा सुदुर्लभः।।19।।
कामैस्तैस्तैर्हृतज्ञानाः प्रपद्यन्तेऽन्यदेवताः।
तं तं नियममास्थाय प्रकृत्या नियताः स्वया।।20।।

श्रद्धा से जब कोई विधिवत खास देव की पूजा करता।

मैं तब उसको उसी रूप में उसकी श्रद्धा अचल बनाता।। 21

अर्थ- जो कोई श्रद्धापूर्वक किसी देवता को पूजने लगता है तो उस रूप में मैं उसकी श्रद्धा को अचल बना देता हूँ।

विशेषार्थ- भौतिक लाभ प्राप्त करने के लिए अलग अलग देवों को पूजने का विधान वेद में भी उल्लिखित है। जैसे स्वस्थ रहने के लिए सूर्यदेव की पूजा, विद्या प्राप्त करने के लिए सरस्वती की पूजा इत्यादि ऐसी भौतिक इच्छाएँ हैं जिसको पाने के लिए भक्तगण श्रद्धापूर्वक खास-खास देवताओं की पूजा करते हैं। चूँकि मैं प्रत्येक जीव और प्रत्येक देवता में परमात्मास्वरूप स्थित हूँ, अतः ऐसे सभी भक्तों को भौतिक कामनाएँ प्राप्त करने में सहायता करता हूँ ताकि उनकी भक्ति ऊपर उठकर विकसित होती रहे।

श्रद्धापूर्वक पूजन कर वह वांछित फल को पा लेता है।

पर वह वांछित फल भी सचमुच मुझसे ही पाते रहता है।। 22

अर्थ- जिस किसी देवता की पूजा करे उसको वांक्षित फल की प्राप्ति अगर होती है तो वह वस्तुतः मैं ही दिया करता हूँ।

विशेषार्थ- भगवान सब रूपों में विद्यमान हैं। किसी भी रूप की पूजा उनकी ही पूजा है, अतः सभी तरह के फल की प्राप्ति उनके ही द्वारा होती है।

फिर भी ऐसे अल्प बुद्धि वाले को वह फल क्षणिक मिलेंगे।

देव पूजकर देव मिलेंगे मेरा भक्त मुझे पा लेंगे।। 23

अर्थ- अल्पबुद्धि वाले भक्तों को अस्थायी फल की प्राप्ति होती है और मेरी पूजा करने वाले सभी भक्त मेरे पास पहुँचते हैं।

विशेषार्थ- ब्रह्म को प्राप्त करना आसान नहीं है। भौतिक इच्छाओं की प्राप्ति के लिए लोग भिन्न-भिन्न देवों को पूजकर मनोनुकूल फल तो प्राप्त कर लेते हैं, परन्तु वह क्षणिक होता है। क्योंकि ब्रह्म के अतिरिक्त ब्रह्माण्ड की सभी वस्तुएँ क्षणिक हैं, नाशवान हैं। मेरी भक्ति करने से लोगों को स्थायी फल मिलता है और मेरे पास पहुँचता है। फिर भी अल्पज्ञानी लोग विभिन्न देवताओं की पूजा करके धीरे-धीरे ऊपर की ओर उठने लगता है और अन्ततः वह मेरे पास पहुँच पाता है। यह भक्त के क्रमिक विकास का मार्ग है। किसी भी प्रकार की भक्ति व्यर्थ नहीं होती है।

यो यो यां यां तनुं भक्तः श्रद्धयार्चितुमिच्छति।
तस्य तस्याचलांश्रद्धां तामेव विदधाम्यहम्।।**21**।।
स तया श्रद्धया युक्तस्तस्याराधनमीहते।
लभते च ततः कामान्मयैव विहितान्हि तान्।।**22**।।
अन्तवत्तु फलं तेषां तद्भवत्यल्पमेधसाम्।
देवान्देवयजो यान्ति मद्भक्ता यान्ति मामपि।।**23**।।

अविनाशी अव्यक्त रूप में अज्ञानी मुझको न जानते।
वे सर्वोच्च शक्ति में हरपल मूर्त रूप ही मुझको कहते।। 24

अर्थ- मेरे अविनाशी और सर्वोच्च प्रकृति को अज्ञानी लोग नहीं जान पाये हैं और मुझे अव्यक्त से व्यक्त रूप में मान लिया है।

सृजनशील माया से आवृत रहने से मैं प्रकट न होता।
मुझ अविनाशी और अजन्मा का न ज्ञान मूढ़ों को होता।। 25

अर्थ- मैं सृजनशील शक्ति (योगमाया) से आवृत रहता हूँ, इसीलिए सबके सम्मुख प्रकट नहीं होता हूँ। यह मूढ संसार मुझ अजन्मा और अविनाशी को नहीं जान पाता है।

विशेषार्थ- भगवान अजन्मा और अविनाशी है जो योगमाया से आवृत रहने के कारण सबके सम्मुख प्रकट नहीं होते हैं। जैसे भगवान राम को भगवान के रूप में सबलोग नहीं पहचान पाये। उसी तरह भगवान कृष्ण को बहुत थोड़े लोग ही भगवान समझ पाये। उनके मनुष्य रूप में रहने के कारण अल्पज्ञानी लोग मनुष्य समझने लगते हैं। परन्तु सच्चे भक्तों को वे प्रकट होकर दर्शन देते रहते हैं।

पार्थ! सबों का भूत भविष्य, तथा सम्प्रति मैं देखा करता।
सब प्राणी को मैं जानू पर मुझको कोई जान न पाता।। 26

अर्थ- हे पार्थ! मैं सभी प्राणियों का भूत, भविष्य और वर्तमान तो जानता ही हूँ पर मुझको कोई नहीं जान पाता है।

सभी जीव जन्मों से इच्छा-द्वेष जनित द्वन्द्वों में जीता।
मोहग्रस्त होकर द्वन्द्वों के सदा मोह में जीते रहता।। 27

अर्थ- हे भारतवंशी अर्जुन! सभी जीव जन्म से ही इच्छा और द्वेष से जन्मे द्वन्द्व में मोहग्रस्त होकर अन्ततः उसी में जीते रहता है।

अव्यक्तं व्यक्तिमापन्नं मन्यन्ते मामबुद्धयः।
परं भावमजानन्तो ममाव्ययमनुत्तमम्।।**24**।।
नाहं प्रकाशः सर्वस्य योगमायासमावृतः।
मूढोऽयं नाभिजानाति लोको मामजमव्ययम्।।**25**।।
वेदाहं समतीतानि वर्तमानानि चार्जुन।
भविष्याणि च भूतानि मां तु वेद न कश्चन।।**26**।।
इच्छाद्वेषसमुत्थेन द्वन्द्वमोहेन भारत।
सर्वभूतानि सम्मोहं सर्गे यान्ति परन्तप।।**27**।।

पाप नष्ट होते ही सबका द्वन्द्व-मोह भी मर जाता है।
संकल्पित होकर प्राणी मेरी पूजा करने लगता है।। **28**

अर्थ- जिनका पाप नष्ट हो जाता है उनका द्वैत मोह भी समाप्त हो जाता है और वे संकलित होकर पुनः मेरी भक्ति में लग जाते हैं।

जरा, मृत्यु से मुक्ति हेतु मेरी शरणागत जो हो जाता।
दिव्य-कर्म का ज्ञान प्राप्त कर ब्रह्मरूप ही वह बन जाता।। **29**

अर्थ- जरा और मृत्यु से मुक्त होने के लिए जो मेरी शरण में आ जाता है वैसा ही धर्मी दिव्य कर्मों का ज्ञानी होकर ब्रह्मस्वरूप बन जाता है।

जो मुझको भौतिक, दैविक, यज्ञों का शासक ही कहता है।
मृत्यु समय में ब्रह्म-ज्ञान को निश्चय ही वह पा लेता है।। **30**

अर्थ- जो भक्त मुझको ही एक तथा भौतिक दैविक और सभी यज्ञों के शासक के रूप में जान लेता है वही इस लोक से प्रयाण करते समय मेरा ज्ञान प्राप्त कर लेता है।

विशेषार्थ- इस अध्याय में गुरु कृष्ण ने अपने प्रिय शिष्य अर्जुन को हर तरह से परम ब्रह्म रूप कृष्ण का ज्ञान प्राप्त कराने का प्रयास किया है। उनके समझाने का एकमात्र उद्देश्य है अर्जुन को धर्मानुकूल मार्ग पर लाकर युद्धभूमि में सर्वथा उचित कर्तव्य करने का निर्णय लेना। वह किंकर्त्तव्य विमूढ है; उचित-अनुचित के ज्ञानाभाव में वह युद्धभूमि से भागना चाहता है। अर्जुन की तरह संसार के अधिकांश प्राणी ज्ञान के अभाव में ऐसे ही भटक कर धर्म-कर्म से विमुख हो जाते हैं और परिणामतः अधर्म पराकाष्ठा पर पहुँचकर सृष्टि को विनष्ट करने लगता है। इन्हीं कारणों से भगवान अवतरित होकर धर्म की रक्षा करते रहते हैं।

येषां त्वन्तगतं पापं जनानां पुण्यकर्मणाम्।
ते द्वन्द्वमोहनिर्मुक्ता भजन्ते मां दृढव्रताः।।**28**।।

जरामरणमोक्षाय मामाश्रित्य यतन्ति ये।
ते ब्रह्म तद्विदुः कृत्स्नमध्यात्मं कर्म चाखिलम्।।**29**।।

साधिभूताधिदैवं मां साधियज्ञं च ये विदुः।
प्रयाणकालेऽपि च मां ते विदुर्युक्तचेतसः।।**30**।।

इति ज्ञान-विज्ञान योगो सप्तमोध्यायः।

अष्टम अध्यायः (क्रमिक विकास एवं भगवत्प्राप्ति)

भगवान बताते जीव ब्रह्म है, प्रकृति धर्म आत्मा होती।
भौतिक देहों की गतिविधियाँ ही, कर्म सकाम बना करती ।।

हे कृष्ण! ब्रह्म आत्मा एवं यह कर्म-धर्म कैसा होता?
तत्वों का क्षेत्र किसे कहते और देव-क्षेत्र कैसा होता? 1

अर्थ- अर्जुन ने प्रश्न पूछा है कि ब्रह्म, आत्मा तथा कर्म किसको कहते हैं? भूतों या तत्वों का क्षेत्र किसको कहा जाता है तथा देवताओं के क्षेत्र का क्या अर्थ है?

विशेषार्थ- अर्जुन अपने मित्र श्री कृष्ण को परमगुरु स्वरूप समझता है। अन्य श्रोतों के ज्ञान से वह अबतक भ्रमित है; अब कृष्ण ही उसको प्रमाणिक जानकारी दे सकेंगे। अतः उसके इन प्रश्नों के उत्तर में परम सत्य ही भगवान की विविध अभिव्यक्तियाँ हैं। सब यज्ञों, देवताओं, कर्मों एवं सृजित वस्तुओं में वही विद्यमान है।

हे कृष्ण! कौन है यज्ञ पुरूष देहो में कैसे रहता है?
मरने के समय भक्त को ज्ञानोदय कैसे मिल जाता है? 2

अर्थ- हे मधुसूदन! यज्ञ का स्वामी कौन है और वह इस शरीर में कैसे निवास करता है? मरने के समय किसी भक्त को आपका ज्ञान कैसे प्राप्त होता है?

विशेषार्थ- वस्तुतः विष्णु सभी देवताओं में श्रेष्ठ माने गए हैं और इन्द्र को देवताओं का प्रधान शासक माना गया है। किसी भी यज्ञ में विष्णु और इन्द्र दोनों की पूजा होती है। अब अर्जुन को सन्देह है कि यज्ञों का असली स्वामी कौन है और जीवों के शरीर में वह किस तरह निवास करता है? मरने के समय शरीर की स्थिति बिगड़ जाने पर कोई भक्त ईश्वर को कैसे स्मरण कर पाता है? इन आसुरी शंकाओं का निवारण असुर विनाशक कृष्ण ही अर्जुन को प्रामाणिकता के साथ समझा सकते हैं।

भगवान बताते जीव ब्रह्म है, प्रकृति धर्म आत्मा होती।
भौतिक देहों की गतिविधियाँ ही, कर्म सकाम बना करती ।। 3

अर्थ- भगवान ने बताया कि दिव्य और अविनाशी जीव ही ब्रह्म कहलाता है। उस दिव्य जीव के नित्य स्वभाव को हम आत्मा कहते हैं। जीव जिस भौतिक शरीर में वास करता है उसकी गतिविधियों को कर्म या सकाम कर्म से जाना जाता है।

विशेषार्थ-जीव को ही ब्रह्म कहा गया है। परब्रह्म भगवान को कहते हैं। भौतिक चेतना में आने पर जीव को विभिन्न शरीर धारण करना पड़ता है। चैरासी लाख योनियों में से वह कोई भी शरीर, कर्म के अनुसार धारण करते रहता है। इसी प्रक्रिया को कर्म या सकाम कर्म कहा जाता है।

अर्जुन उवाच
किं तद्ब्रह्म किमध्यात्मं किं कर्म पुरुषोत्तम।
अधिभूतं च किं प्रोक्तमधिदैवं किमुच्यते।।1।।
अधियज्ञः कथं कोऽत्र देहेऽस्मिन्मधुसूदन।
प्रयाणकाले च कथं ज्ञेयोऽसि नियतात्मभिः।।2।।

अभिव्यक्ति, प्रकृति की अधिभूतें, ईश्वर अधिदैव बना रहते।
देहों में स्थित आत्मरूप हम यज्ञों का स्वामी होते।। 4

अर्थ- हे नरश्रेष्ठ! प्रकृति की भौतिक अभिव्यक्ति को अधिभूत कहा जाता है। भगवान अधिदैव कहलाते हैं और प्रत्येक शरीर में आत्मरूप से यज्ञों का स्वामी बनकर अधियज्ञ कहलाते हैं।

विशेषार्थ- यह भौतिक प्रकृति निरन्तर परिवर्तनशील है और अधिभूत के रूप में जानी जाती है। परमेश्वर को अधिदैव कहते हैं जो सभी लोकों में व्याप्त है। और मैं परमेश्वर का अंश हूँ जो प्रत्येक जीव में आत्मस्वरूप से यज्ञों का स्वामी बनकर अधियज्ञ कहलाता हूँ।

अन्तिम क्षण में स्मरण मेरा करके शरीर जो त्याग करे।
वह निस्सन्देह मेरे स्वभाव को तत्क्षण में ही प्राप्त करे।। 5

अर्थ- शरीर छोड़ने के अन्तिम समय में जो मेरा स्मरण करता है वह निस्सन्देह मेरे स्वभाव को तुरंत प्राप्त कर लेता है।

विशेषार्थ- मृत्यु के समय मन की दशा के सम्बन्ध में जोर दिया गया है कि भगवान को तभी कोई याद कर पायेगा जो पूर्व से ही उनका स्मरण कर रहा हो। भगवान की सर्वदा भक्ति करने वाले को मरन काल में भी वह स्मरण होते रहता है।

कौन्तेय! मृत्यु के समय, ध्यान में जो-विचार आते रहते।
उन भावों को निश्चित ही नर भी उसी दशा में पा लेते।। 6

अर्थ-हे कुन्तीपुत्र! मृत्युकाल में मनुष्य के ध्यान में जितने भाव उत्पन्न होते हैं, उसी दशा में उसको वह प्राप्त करता है।

विशेषार्थ- मनुष्य के जीवन भर के विचार, संचित होकर मृत्युकाल के विचारों को प्रभावित करता है। धर्मात्मा भरत को मृत्यु के समय हिरण की याद आ गयी थी तो अगले जन्म में हिरण होकर उन्होंने जन्म ले लिया। जीवन में जिन भावों के बारे में चिन्तन करने का अभ्यास किया जायेगा, उन्हीं भावों को मृत्यु-काल में स्मरण होने की सम्भावना रहेगी।

श्रीभगवानुवाच
अक्षरं ब्रह्म परं स्वभावोऽध्यात्ममुच्यते।
भूतभावोद्भवकरो विसर्गः कर्मसंज्ञितः।।3।।
अधिभूतं क्षरो भावः पुरुषश्चाधिदैवतम्।
अधियज्ञोऽहमेवात्र देहे देहभृतां वर।।4।।
अन्तकाले च मामेव स्मरन्मुक्त्वा कलेवरम्।
यः प्रयाति स मद्भावं याति नास्त्यत्र संशयः।।5।।
यं यं वापि स्मरन्भावं त्यजत्यन्ते कलेवरम्।
तं तमेवैति कौन्तेय सदा तद्भावभावितः।।6।।

तुम मुझे यादकर युद्ध करो, मन बुद्धि मुझे अर्पित कर दो।
मुझमें ही तुम एकाग्र रहो निश्चित ही मुझे प्राप्त कर लो।। 7

अर्थ- तुम हमेशा मुझे स्मरण कर युद्ध करो। अपने मन और बुद्धि को मुझमें एकाग्र करने पर मैं निश्चित ही प्राप्त हो जाऊँगा।

विशेषार्थः- आध्यात्मिक स्तर पर युद्ध करने की ओर अर्जुन को संकेत दिया जा रहा है। ईश्वर को स्मरण रखते हुए सांसारिक कार्यों का सम्पादन होते रहना आवश्यक है। जैसे कोई नर्तकी सर पर रखे घड़ा पर ध्यान को केन्द्रित रखते हुए विभिन्न ताल में नर्तन करती रहती है, ठीक वैसे ही ईश्वर पर ध्यान को केन्द्रित रखकर सांसारिक कार्यों का सम्पादन होना चाहिये।

हे पार्थ! निरन्तर अभ्यासों से ब्रह्म ध्यान में आ जाता ।
मन का भटकाव रोककर योगी परम पुरूष को पा लेता।। 8

अर्थ- हे पार्थ! निरन्तर अभ्यास करने पर योगी के ध्यान में परमपुरूष आ जाता है। अविचल होकर मन को एकाग्र रखते हुए ध्यान करते रहने पर मैं निश्चित रूप से उसको प्राप्त हो जाता हूँ।

विशेषार्थ-मृत्यु-शय्या पर पश्चाताप करने से कोई लाभ नहीं है। भगवान के प्रति अविचल समर्पण करने से उद्धार हो सकता है।

वह ब्रह्म पुरातन लघु से लघुतर, पालक, ज्ञाता, शासक है।
उस दिव्य, अरूप, सूर्यसम तेजों की पूजा आवश्यक है।। 9

अर्थ- वैसे ईश्वर का ध्यान करना चाहिये जो सर्वज्ञ, पुरातन, नियन्ता, लघु से लघुतर, पालनकर्त्ता, अचिन्त्य, सूर्य के समान तेजवान और प्रकृति से परे दिव्य पुरूष है।

विशेषार्थ- यह उस ईश्वर का वर्णन है जो व्यक्तिक परमात्मा है। अपरिवर्तनशील परमब्रह्म का वर्णन नहीं है। व्यक्तिक परमात्मा ही द्रष्टा, स्रष्टा विश्व का शासक और अंधकार के विरूद्ध प्रकाश-पुंज है। बुद्धिमान मनुष्य व्यर्थ के तर्कों तथा चिन्तन से दूर रहकर शास्त्रों (भगवद्गीता, भागवत आदि) में बताये गये नियमों का पालन करे। यही ज्ञान प्राप्त करने का साधन है।

तस्मात्सर्वेषु कालेषु मामनुस्मर युध्य च।
मय्यर्पितमनोबुद्धिर्मामेवैष्यस्यसंशयः।।7।।
अभ्यासयोगयुक्तेन चेतसा नान्यगामिना।
परमं पुरुषं दिव्यं याति पार्थानुचिन्तयन्।।8।।
कविं पुराणमनुशासितारमणोरणीयांसमनुस्मरेद्यः।
सर्वस्य धातारमचिन्त्यरूपमादित्यवर्णं तमसः परस्तात्।।9।।

जो मृत्यु समय, मन-प्राणशक्ति, भ्रू-मध्यों में स्थिर करता।
वह भक्ति योग से निश्चित ही इस परमेश्वर को पा लेता।। 10

अर्थ- जो व्यक्ति मृत्यु के समय मन को भक्ति और योगबल से स्थिर करके प्राणशक्ति को भौंहों के मध्य में स्थापित कर लेता है, उसको दिव्य-पुरूष की निश्चित प्राप्ति होती है।

विशेषार्थ- मृत्यु के क्षण में ऐसा करना, सर्वसाधारण के लिये संभव नहीं है। इसके लिए प्रारम्भ से ही निरन्तर योगाभ्यास करने की जरूरत है। भौंहों के मध्य, प्राण शक्ति को स्थापित करने वाला योगी ही मरण-काल में ऐसा कर सकता है।

वेदी, सन्यासी, ब्रह्मचर्य व्रत से मोक्षार्थ ओम् जपता।
अब मैं जो तुमको कहता हूँ वह मोक्ष मार्ग पकड़ा देता।। 11

अर्थ- वेदज्ञानी, सन्यासी ओंकार का उच्चारण करते हैं और ब्रह्मचर्य-व्रत का पालन करते हुए ब्रह्म में प्रवेश करने की चेष्टा करते रहते हैं। परन्तु मैं तुम्हें मोक्ष प्राप्त करने की उन सभी विधियों को अब बतला दूँगा जिसे अपनाकर निश्चित रूप से मुक्ति-लाभ प्राप्त किया जा सकता है।

इन्द्रिय को संयम में रख कर योगी मन को दिल में रखता।
वह प्राणषक्ति को मूर्धा में स्थिर कर संयम में रहता।। 12

अर्थ-योगी अपने शरीर के सभी दरबाजों को बन्द कर संयम में इन्द्रियों को रखते हुए मन को हृदय में स्थिर करता है और प्राणशक्ति को सिर में स्थित कर एकाग्रता प्राप्त करता है।

विशेषार्थ- यह परमात्मा के साथ एकाकार होने की योगशास्त्रीय प्रक्रिया है। जब आत्मा हृदय से सुषम्ना नाड़ी होते हुए ब्रह्मरन्ध्र तक पहुँच कर निकलती है तब वह परमात्मा के साथ एकाकार हो जाती है।

जो योगस्थिति में ओम् जाप करते प्रभु का चिन्तन करता।
वह देह त्याग करके निश्चित आध्यात्म-लोक पहुँचा करता।। 13

अर्थ- योग में स्थित होकर ओंकार का उच्चारण करते हुए जो भगवद् चिन्तन करता है, वह शरीर त्यागने के बाद निश्चित रूप से अध्यात्म लोक को प्राप्त करता है।

प्रयाणकाले मनसाचलेन भक्त्या युक्तो योगबलेन चैव।
भ्रुवोर्मध्ये प्राणमावेश्य सम्यक् स तं परं पुरुषमुपैति दिव्यम्।।**10**।।
यदक्षरं वेदविदो वदन्ति विशन्ति यद्यतयो वीतरागाः।
यदिच्छन्तो ब्रह्मचर्यं चरन्ति तत्ते पदं संग्रहेण प्रवक्ष्ये।।**11**।।
सर्वद्वाराणि संयम्य मनो हृदि निरुध्य च।
मूर्ध्न्याधायात्मनः प्राणमास्थितो योगधारणाम्।।**12**।।
ओमित्येकाक्षरं ब्रह्म व्याहरन्मामनुस्मरन्।
यः प्रयाति त्यजन्देहं स याति परमां गतिम्।।**13**।।

हे पार्थ! अविचलित मन से मेरा नियमित चिन्तन जो करता।
वह भक्त सुलभता से अपने इच्छित ईश्वर को पा लेता।। 14

अर्थ- हे पार्थ। अनन्य भाव से जो निरन्तर मेरा चिन्तन करते रहता है, वह सुलभता से मुझे प्राप्त कर लेता है।

मुझतक आ जाने पर आत्माएँ परमसिद्धि को पा लेती।
दुखपूर्ण अनित्य जगत में वह फिर से न कभी जन्मा करती।। 15

अर्थ- मुझतक पहुँच जाने पर आत्माओं को परमसिद्धि प्राप्त हो जाती है और इस दुःखपूर्ण अनित्य जगत में उनका पुनर्जन्म नहीं होता है।

उस ब्रह्मलोक से निम्न लोक तक पुनर्जन्म होता रहता।
अर्जुन! जो मेरे धाम पहुँचता फिर से जन्म नहीं लेता।। 16

अर्थ- ब्रह्मलोक से लेकर निम्न सभी लोकों में पुनर्जन्म की प्रक्रिया चलती रहती है। परन्तु जो आत्मा मेरे धाम में पहुँच जाती है उसका पुनर्जन्म नहीं होता है।

विशेषार्थ- यहाँ गुरु कृष्ण ने शिष्य अर्जुन को अपना विशिष्ट परिचय समझाने का प्रयास किया है। अभी तक अर्जुन परमेश्वर के कृष्ण रूप को नहीं पहचान सका है। ब्रह्मलोक, चन्द्रलोक, इन्द्रलोक आदि अनेक लोकों में पहुँच जाने के बाद भी आत्माओं को फिर से जन्म लेना पड़ता है। परन्तु श्री कृष्ण के धाम तक पहुँच जाने पर भक्त को कभी भी दुबारा जन्म नहीं लेना पड़ता है।

मानव, ब्रह्मा के एक दिवस को, युग-सहस्र है बतलाता।
इतनी संख्या में ब्रह्मा की रातों की गणना भी करता।। 17

अर्थ- मानव की गणना के अनुसार ब्रह्मा का एक दिन एक हजार युग के बराबर होता है और यही गणना रात की भी की गयी है।

अनन्यचेताः सततं यो मां स्मरति नित्यशः।
तस्याहं सुलभः पार्थ नित्ययुक्तस्य योगिनः।।**14**।।
मामुपेत्य पुनर्जन्म दुःखालयमशाश्वतम्।
नाप्नुवन्ति महात्मानः संसिद्धिं परमां गताः।।**15**।।
आब्रह्मभुवनाल्लोकाः पुनरावर्तिनोऽर्जुन।
मामुपेत्य तु कौन्तेय पुनर्जन्म न विद्यते।।**16**।।
सहस्रयुगपर्यन्तमहर्यद् ब्रह्मणो विदुः।
रात्रिं युगसहस्रान्तां तेऽहोरात्रविदो जनाः।।**17**।।

ब्रह्मा के दिन जब शुरू हुए अव्यक्त वस्तुएँ प्रकट हुई।
और रात शुरू होते ही चीजें अप्रकट होती चली गई।। 18

अर्थ-ब्रह्मा का दिन शुरू होने पर सृष्टि की सारी वस्तुएँ अव्यक्त से प्रकट हो जाती हैं और रातों के शुरू होते ही फिर से वे अव्यक्त में चली जाती है।

हे पार्थ! वस्तुओं का समूह रातों में पूर्ण विवश रहता।
ब्रह्मा की रात चले जाने पर फिर से वह क्रम दुहराता।। 19

अर्थ-हे पार्थ! अव्यक्त से व्यक्त में प्रकटित सभी चीजें विवश होकर ब्रह्मा की रात्रि के आने पर पुनः अव्यक्त हो जाती हैं।

विशेषार्थ- चार युगों का एक महायुग होता है-सतयुग, त्रेता, द्वापर और कलियुग। कलियुग 4,32,000 वर्ष का, द्वापर 8,64,000 वर्ष का त्रेता 12,96,000 वर्ष का तथा सतयुग 17,28,000 वर्ष का होता है। इन चारों का योग 43,20,000 होता है। इस संख्या को एक हजार से गुणा करने पर 43,20,000,000 वर्ष (चार अरब 32 करोड़) होता है और यह ब्रह्मा का एक दिन होता है। इस तरह से ब्रह्मा के जीवन को एक सौ वर्ष का माना गया है जो पृथ्वी के 31,10,40,00,00,00,000 (एकतीस महापद्म) वर्षों के तुल्य होता है। इस गणना से ब्रह्मा की आयु काफी लम्बी और कभी समाप्त नहीं होने वाली प्रतीत होती है।

इन अव्यक्तों से परे एक शाश्वत अस्तित्व अलग होता।
जग का सबकुछ लय होने पर भी उसका नाश नहीं होता।। 20

अर्थः- इन अव्यक्तों से परे एक और अव्यक्त सनातन अस्तित्व है जो सभी अस्तित्व मान् वस्तुओं के नष्ट हो जाने पर भी, नष्ट नहीं होता है।

विशेषार्थ- व्यक्त और अव्यक्त हो जाने की क्रिया तो ब्रह्मलोक या नीचे के लोकों में होती है, परन्तु एक लोकोत्तर, अव्यक्त लोक है जहाँ इसका कोई प्रभाव नहीं पड़ता है। अर्थात् एक अलग ऊध्र्व-लौकिक अस्तित्व है जो सनातन और नित्य होता है। ब्रह्मा के दिन आने पर व्यक्त और रात्रि आने पर अव्यक्त होने वाली भौतिक प्रकृति के परिवर्तनों से बिल्कुल अलग भगवान का दिव्य और शाश्वत लोक है, जहाँ पहुँच जाने पर फिर कभी कष्ट नहीं उठाना पड़ता है। जिनका उद्धार नहीं होता है वही ब्रह्मा के दिन-रात के चक्कर में फँसे रहते हैं, परन्तु जिनका उद्धार हो जाता है वे भगवान के शुद्ध और शाश्वत लोक में पहुँच कर, जन्म-मरण के चक्कर से मुक्त हो जाते हैं।

अव्यक्ताद् व्यक्तयः सर्वाः प्रभन्त्यहरागमे।
रात्र्यागमे प्रलीयन्ते तत्रैवाव्यक्तसंज्ञके।।**18**।।
भूतग्रामः स एवायं भूत्वा भूत्वा प्रलीयते।
रात्र्यागमेऽवशः पार्थ प्रभवत्यहरागमे।।**19**।।
परस्तस्मात्तु भावोऽन्योऽव्यक्तोऽव्यक्तात्सनातनः।
यः स सर्वेषु भूतेषु नश्यत्सु न विनश्यति।।**20**।।

अव्यक्त अनस्वर भगवन का सबसे ऊँचा निवास होता।
इस परमधाम में जो जाता उसका फिर जन्म नहीं होता।। **21**

अर्थः- अव्यक्त-अनस्वर भगवान का सर्वोच्च निवास परम धाम में होता है जहाँ भक्त के पहुँच जाने पर पुनर्जन्म नहीं होता है।

हे पार्थ! पुरूष हैं सर्वव्याप्त सब कुछ उनमें ही बसता है।
हर व्यक्ति अनन्य भक्ति के द्वारा परमधाम पा सकता है।। **22**

अर्थः- हे पार्थ! उस परम पुरूष में सबभूतों का निवास है और उन्हीं से सम्पूर्ण जगत व्याप्त है। कोई भी व्यक्ति अनन्य भक्ति के द्वारा उनको प्राप्त कर सकता है।

विशेषार्थ- गोपाल-तापनी उपनिषद् में भी यह वर्णन किया गया है कि उस परमधाम में सिर्फ एक भगवान का वास है- एको बशी सर्वगः कृष्णः

वे अपनी परा एवं अपरा शक्तियों द्वारा "यसयान्तः स्थानि" सर्वत्र-भौतिक तथा आध्यात्मिक ब्रह्माण्डों में उपस्थित रहते हैं।

अर्जुन! उन कालों को समझो जो भिन्न-भिन्न किस्मों के हैं।
संसार छोड़ने पर योगी आते या कभी न आते हैं।। **23**

अर्थः-हे अर्जुन! उन सभी भिन्न-भिन्न कालों को जान लो, जिनमें संसार छोड़ने पर योगी पुनः वापस हो पाते हैं या कभी नहीं वापस होते हैं।

जब अग्नि, सुदिन और शुक्लपक्ष में सूर्य उत्तरायण रहता।
इन षण्मासों में जो मरता, वह परमधाम निश्चित जाता।। **24**

अर्थः- अग्नि के प्रभाव में, प्रकाश में, शुभ-दिन में, शुक्ल-पक्ष में और सूर्यदेव के उत्तरायण रहने पर (छः मासों में) जो भक्त प्राण-त्याग करता है, वह निश्चित रूपेण परमधाम को प्राप्त करता है।

अव्यक्तोऽक्षर इत्युक्तस्तमाहुः परमां गतिम्।
यं प्राप्य न निवर्तन्ते तद्धाम परमं मम।।**21**।।
पुरुषः स परः पार्थ भक्त्या लभ्यस्त्वनन्यया।
यस्यान्तः स्थानि भूतानि येन सर्वमिदं ततम्।।**22**।।
यत्र काले त्वनावृत्तिमावृत्तिं चैव योगिनः।
प्रयाता यान्ति तं कालंवक्ष्यामि भरतर्षभ।।**23**।।
अग्निर्ज्योतिरहः शुक्लः षण्मासा उत्तरायणम्।
तत्र प्रयाता गच्छन्ति ब्रह्म ब्रह्मविदो जनाः।।**24**।।

धूम्रादि, रात्रि सह कृष्णपक्ष में दिनकर दक्षिण जब रहता।
षण्मासों में मरने पर प्राणी चन्द्र-लोक होकर आता।। 25

अर्थः- जब सूर्य दक्षिणायन में रहे और कृष्ण पक्ष, धूँआ और रात्रि का समय रहे तो इन छः मासों में जिसकी मृत्यु होती है, वह चन्द्रलोक का सुख भोग कर पुनः पृथ्वी पर लौट आता है।

विशेषार्थः- चन्द्रलोक में पितरों का वास है। वे सुख का भोग प्राप्त कर पुनर्जन्म लेते रहते हैं। कपिल मुनि द्वारा भागवत-पुराण में बताया गया है कि प्रथमतः ऐसे मृतक चन्द्रलोक में पहुँचकर दस हजार देव वर्ष तक वहाँ का आनन्द लेते हैं तथा समय आने पर पुनर्जन्म लेते हैं।

वैदिक मत में मरणोपरान्त पथ, कृष्ण-शुक्ल दो ही होता।
पथ कृष्ण पक्ष का लौटाता और मोक्ष शुक्ल ही दे देता।। 26

अर्थः- वैदिक मत के अनुसार मरने के बाद प्रयाण करने का दो ही रास्ता बताया गया है। प्रकाश के मार्ग से प्रयाण करने पर जीव को मोक्ष की प्राप्ति होती है और अन्धकार के पथ से प्रयाण करने पर जीव चन्द्रलोक का सुख-आनन्द भोग कर यथा समय पृथ्वी लोक में वापस आ जाता है।

विशेषार्थः- प्रकाशमार्ग और अन्धकार मार्ग से प्रयाण करने के अलग-अलग दार्शनिक सिद्धान्त हैं। प्रकाशमार्ग ज्ञान का मार्ग है जिससे मोक्ष की प्राप्ति होती है। मोक्ष में जीव का सम्पूर्ण अस्तित्व परमब्रह्म में आत्मसात हो जाता है। परन्तु अन्धकार के मार्ग से प्रयाण करने पर जीव सीधे चन्द्रलोक पहुँचता है जो पितृलोक से जाना जाता है। वहाँ का सुख-आनन्द भोगकर जीव यथा समय पुनर्जन्म लेते रहता है। इसका भी अपना अलग जीवन-दर्शन है।

हे पार्थ! पथों का ज्ञान प्राप्त कर भ्रम में भक्त नहीं रहता।
योगी सा बन जाने पर वह तब सुपथ लक्ष्य को पा लेता।। 27

अर्थः- योगी और ज्ञानी इन पथों को जान लेने पर भ्रम में नहीं पड़ते हैं। अतः हे अर्जुन! तुम भी सच्चा योगी बनकर परम लक्ष्य को प्राप्त कर लो।

धूमो रात्रिस्तथा कृष्णः षण्मासा दक्षिणायनम्।
तत्र चान्द्रमसं ज्योतिर्योगी प्राप्य निवर्तते।।25।।
शुक्लकृष्णे गती ह्येते जगतः शाश्वते मते।
एकया यात्यनावृत्तिमन्ययावर्तते पुनः।।26।।
नैते सृती पार्थ जानन्योगी मुह्यति कश्चन।
तस्मात्सर्वेषु कालेषु योगयुक्तो भवार्जुन।।27।।

तप, यज्ञ, दान, वेदों के फल से अनाशक्त योगी रहता ।
ज्ञानी सब पुण्य फलों से निस्पृह रहकर मुझको पा लेता।। 28

अर्थः- सब कुछ जान लेने के बाद, योगी तप, यज्ञ, दान वेदाध्ययन आदि के फल से अनाशक्त रहता है और इनके फल से परे पहुँच कर वह परमधाम को प्राप्त कर लेता है।

विशेषार्थ- वेदाध्ययन, तप, दान, यज्ञ इत्यादि कर्मों के फलस्वरूप प्राप्त स्थिति बहुत ऊँची नहीं होती है। अतः यह सब जानकार योगी इनके परे रहता है और फलतः वह उनसे ऊपर उठकर परमधाम को प्राप्त कर लेता है।

वेदेषु यज्ञेषु तपःसु चैव दानेषु यत्पुण्यफलं प्रदिष्टम्।
अत्येति तत्सर्वमिदं विदित्वा योगी परं स्थानमुपैति चाद्यम्।।28।।

<u>इति अष्टमोध्यायः</u>

नवम् अध्याय

मैं मित्र, धाम, स्वामी, पालक और साक्षी, लक्ष्य, शरणदाता।
मैं सृष्टि, नाश, स्थिति, अविनाशी, वीज तथा आश्रय दाता।।

अर्जुन! तुम ईर्ष्या रहित भक्त हो अतः रहस्य बताता हूँ।
सांसारिक कष्ट मिटाने ही यह गुह्य ज्ञान समझाता हूँ।। 1

अर्थ- भगवान कृष्ण ने कहा कि हे अर्जुन! तुम ईर्ष्या नहीं रखते हो इसलिए परम गुह्य और अनुभूत ज्ञान बता रहा हूँ जिससे तुम्हारे सभी सांसारिक कष्ट मिट जायेंगे।

यह गुह्य-ज्ञान है परम शुद्ध, आत्मा प्रत्यक्ष करा देता।
धर्मानुकूल, अनुभूत, अनश्वर, ज्ञान सहजता से देता।। 2

अर्थः- यह सबसे बड़ा ज्ञान परम शुद्ध है जो आत्म साक्षात्कार करवा देता है। यह प्रत्यक्ष अनुभूत है, अनश्वर है और धर्म के अनुकूल है। इसका अभ्यास करना सरल है और बहुत सहजता से ज्ञानवान बना देता है।

विशेषार्थ- वेदज्ञान एवं विभिन्न दर्शनों का सार है कि पवित्र अन्तर्ज्ञान द्वारा सरलता से आत्म साक्षात्कार करने के लिए यह ज्ञान अनुभूत किया हुआ है।

हे परन्तपः! श्रद्धाविहीन भक्तों से मैं न कभी मिलता।
वह जन्म-मृत्यु का मार्ग पकड़ कर इस जग में आता जाता।। 3

अर्थः- हे परन्तपः अर्जुन! जिन लोगों को भक्ति में श्रद्धा नहीं है उनको मैं प्राप्त नहीं होता हूँ। वे जन्म-मृत्यु के मार्ग से भौतिक जगत में आते जाते रहते हैं।

विशेषार्थः- ब्रह्म का सीधा ज्ञान प्राप्त होना बहुत कठिन है। ब्रह्म-ज्ञान प्राप्त करने की पहली सीढ़ी है। कृष्णावतार के प्रति श्रद्धा रखना थोड़ा अधिक सरल है वह भी अर्जुन जैसे सदाचारी श्रद्धावान पुरूष के लिये तो बहुत ही सरल है। इसलिये भगवान कृष्ण ने उस पर पूर्ण विश्वास और श्रद्धा रखने की सलाह दी है।

अव्यक्त रूप द्वारा मैं ही सारा संसार व्यक्त करता।
सब प्राणी मुझमें बसते हैं पर मैं उनमें न बसा करता।। 4

अर्थः- मैं अव्यक्त रूप द्वारा सम्पूर्ण जगत को व्याप्त किए रहता हूँ। सभी जीव मुझमें निवास करते हैं परन्तु मैं उनमें निवास नहीं करता हूँ।

विशेषार्थः- लोकातीत परमेश्वर के कारण ही सम्पूर्ण जगत का अस्तित्व है। परमेश्वर की शक्तियों के विस्तार से ही सृष्टि की उत्पत्ति होती है। वे सर्वत्र विद्यमान हैं, उनकी परम वास्तविकता देश-काल के अधीन वस्तुओं की प्रतीति से बहुत ऊपर है।

श्रीभगवानुवाच
इदं तु ते गुह्यतमं प्रवक्ष्याम्यनसूयवे।
ज्ञानं विज्ञानसहितं यज्ज्ञात्वा मोख्यसेऽशुभात्।।1।।
राजविद्या राजगुह्यं पवित्रमिदमुत्तमम्।
प्रत्यक्षावगमं धर्म्यं सुसुखं कर्तुमव्ययम्।।2।।
अश्रद्दधानाः पुरुषा धर्मस्यास्य परन्तप।
अप्राप्य मां निवर्तन्ते मृत्युसंसारवर्त्मनि।।3।।

यह दिव्य रहस्य मेरा जानों सब भूत नहीं मुझमें बसते।
मेरी आत्मा से वे पलते पर वह न कभी उनमें बसते।। 5

अर्थः-मेरा दिव्य रहस्य यह है कि सभी अस्तित्वमान वस्तुएँ मुझमें वास नहीं करती हैं। सब भूतों का मूल जो मेरी आत्मा है वह भूतों को तो सम्हाले हुए हैं किन्तु वह आत्मा परमात्मा में निवास नहीं करती हैं।

विशेषार्थः-भगवान सब तत्वों का मूल हैं, परन्तु वह उनसे अस्पृश्य है। उसकी उच्चतर प्रकृति आत्मा, प्रकृति के कार्य से असम्बंधित है। इसलिये सब भूत या वस्तुएँ भगवान में निवास नहीं करती हैं और न वह उनमें निवास करता है। शरीरी आत्मा शरीर को जरूर सम्हालती है परन्तु अहंकार या आत्मबुद्धि द्वारा उससे चिपटी रहती है। ठीक विपरीत भगवान की परम् आत्मा अहंकार या आत्मबुद्धि से मुक्त रहती है।

जैसे प्रचंड गतिमान हवा आकाशस्थित ही रहती है।
आकाश सदृष मैं स्थिर हूँ, सब चीजें मुझमें बसती हैं।। 6

अर्थः- जैसे महाकाश (जो कि स्थिर है) में प्रचंड गतिमान हवा रहती है, वैसे ही सभी भूत मुझमें बसती दिखती हैं।

विशेषार्थः- आकाश का उदाहरण प्रस्तुत कर भगवान अर्जुन को समझा रहे है। कि प्रचंड गतिमान हवा जिस तरह आकाश में रहती हैं परन्तु आकाश से असम्बंधित रहती हैं। ठीक उसी तरह स्थिर और अपरिवर्तनशील महान सत्ता के अन्दर में वे विद्यमान हैं।

हे अर्जुन! कल्प-अन्त में सबको निज प्रकृति में रख लेता।
जब कल्प शुरूः होता तो उनको फिर से बाहर कर देता।। 7

अर्थः- हे अर्जुन! कल्प की समाप्ति पर सब भूतों को मैं अपनी निजी प्रकृति में समा लेता हूँ और अगले कल्प के आरम्भ होने के समय उन सभी अस्तित्वमान् वस्तुओं को बाहर प्रकट कर देता हूँ।

मया ततमिदं सर्वं जगदव्यक्तमूर्तिना।
मत्स्थानि सर्वभूतानि न चाहं तेष्ववस्थितः।।4।।
न च मत्स्थानि भूतानि पश्य मे योगमैश्वरम्।
भूतभृन्न च भूतस्थो ममात्मा भूतभावनः।।5।।
यथाकाशस्थितो नित्यं वायुः सर्वत्रगो महान।
तथा सर्वाणि भूतानि मत्स्थानीत्युपधारय।।6।।
सर्वभूतानि कौन्तेय प्रकृतिं यान्ति मामिकाम्।
कल्पक्षये पुनस्तानि कल्पादौ विसृजाम्यहम्।।7।।

अपनी प्रकृति को वश में रख कर सबको जन्म पुनः देता।
प्राकृतिक विवशता के कारण सब जन्म पुनः लेते रहता।। 8

अर्थः- मैं अपनी प्रकृति को वश में रखता हूँ और सम्पूर्ण सृष्टि को भूत सहित बार-बार उत्पन्न करता हूँ। प्रकृति के वशीभूत सम्पूर्ण भूतों का समूह विवशता के कारण बाहर-भीतर होते रहता है।

विशेषार्थः- जीव अपने कृत कर्मों के अधीन है, फलतः वे शरीर धारण कर बार-बार आने के लिए विवश हैं। वे प्रकृति के वशवर्ती हैं और भगवान प्रकृति का नियंत्रण कर्ता हैं। जीव की आत्मायें, अज्ञान में फँसा रहने के कारण, प्रकृति के अधीन विवशता में अपने कर्मों के साथ बँधी रहती हैं। इसी कारण से कर्मों के नियमाधीन वे सांसारिक जीवन में शरीर धारण करने के लिए विवश हैं।

हे अर्जुन! मुझको कर्म कभी बन्धन में नहीं डाल सकता।
मैं कर्मों में हूँ अनासक्त और उदासीन बैठा रहता।। 9

अर्थः- हे धनंजय! मुझको कोई भी कर्म बन्धन में नहीं डाल सकता है, क्योंकि मैं कर्मों में अनासक्त रहकर उदासीन बैठा रहता हूँ।

विशेषार्थः- प्राणियों का बार-बार जन्म लेना और मर जाना उनके कर्मों के बन्धन के कारण होते रहता है। सम्पूर्ण विश्व-चक्र को परमात्मा घुमा रहे हैं, लेकिन वह उससे बँधते नहीं है। परमात्मा विश्व की क्रीड़ा में अथक रूप से सक्रिय रहते हैं वह विश्व से ऊपर और उसके नियमों से पूर्णतः मुक्त रहते हैं।

कौन्तेय! मेरी निगरानी में ही प्रकृति वस्तुओं को रचती।
इससे पूरा संसार-चक्र के संग वस्तु घूमा करती।। 10

अर्थः- हे कुन्तीपुत्र! यह प्रकृति मेरी देखरेख में ही सभी चराचर वस्तुओं को उत्पन्न करती है और संसार-चक्र के संग वस्तुएँ घूमती रहती हैं।

विशेषार्थः- भगवान कृष्ण कुन्तीपुत्र को समझा रहे हैं कि उन्हीं की देखरेख में सबकुछ हो रहा है। सभी अस्तित्वमान वस्तुओं को वही सँम्भालने वाले पुरूष हैं। वे सम्पूर्ण विश्व में व्याप्त रहते हुए भी लोकातीत और उदासीन रहते हैं। वह विशुद्ध चेतना के रूप में केवल साक्षी बने रहते हैं।

प्रकृतिं स्वामवष्टभ्य विसृजामि पुनः पुनः।
भूतग्राममिमं कृत्स्नमवशं प्रकृतेर्वशात्।।8।।
न च मां तानि कर्माणि निबध्नन्ति धनंजय।
उदासीनवदासीनमसक्तं तेषु कर्मसु।।9।।
मयाध्यक्षेण प्रकृतिः सूयते सचराचरम्।
हेतुनानेन कौन्तेय जगद्विपरिवर्तते।।10।।

मानव शरीर में मुझे देख अज्ञानी हँसी किया करते।
वे मेरी दिव्य प्रकृति एवं स्वामी न भूत का ही कहते।। 11

अर्थः- अज्ञानी लोग मुझे मानव शरीर में देखकर उपहास करते रहते हैं। मेरी उत्तम प्रकृति तथा सब भूतों के स्वामी के रूप में मुझको नहीं समझते हैं।

वे असुर और नास्तिक विचार वालों से आकर्षित होते।
ऐसे अविवेकी की इच्छाएँ, कर्म, ज्ञान निष्फल होते।। 12

अर्थः- जो लोग नास्तिक और आसुरी विचार वालों से आकृष्ट होकर ऐसा करते हैं उनकी इच्छाएँ, कर्म एवं ज्ञान सब व्यर्थ हो जाते हैं तथा वे विवेकहीन बने रह जाते हैं।

विशेषार्थः- बहुत सारे ऐसे भक्त हैं जो बाहर से भक्त बने रहने का दिखावा करते हैं, परन्तु अन्दर से कृष्ण को परमब्रह्म नहीं मानते हैं। ऐसे लोगों को भक्ति का फल नहीं मिल पाता है और वे मोक्ष से वंचित रह जाते हैं। उनके कर्म, वैदिक ज्ञान तथा विवेक सबकुछ व्यर्थ हो जाते हैं।

हे अर्जुन! निर्मोही योगी मुझसे रक्षित होकर जपता।
मेरे अविनाशी दिव्य रूप का सही ज्ञान वह पा लेता।। 13

अर्थः- महान आत्मा वाले भक्त मोहमुक्त होकर मेरी प्रकृति के संरक्षण में मुझको पूजते रहते हैं क्योंकि उन्हें मेरे अविनाशी दिव्य स्वरूप का ज्ञान प्राप्त है।

ऐसा महान संकल्पित होकर मेरी महिमा ही गाता।
वह नमस्कार करता एवं हरदम मेरी पूजा करता।। 14

अर्थः- ऐसा महान भक्त दृढ़संकल्पित होकर मेरी महिमा का गान करते रहता है और भक्ति भाव से नमस्कार करते हुए मेरी पूजा करते रहता है।

अवजानन्ति मां मूढा मानुषीं तनुमाश्रितम्।
परं भावमजानन्तो मम भूतमहेश्वरम्।।11।।
मोघाशा मोघकर्माणो मोघज्ञाना विचेतसः।
राक्षसीमासुरीं चैव प्रकृतिं मोहिनीं श्रिताः।।12।।
महात्मानस्तु मां पार्थ दैवीं प्रकृतिमाश्रिताः।
भजन्त्यनन्यमनसो ज्ञात्वा भूतादिमव्ययम्।।13।।
सततं कीर्तयन्तो मां यतन्तश्च दृढव्रताः।
नमस्यन्तश्च मां भक्त्या नित्ययुक्ता उपासते।।14।।
ज्ञानयज्ञेन चाप्यन्ये यजन्तो मामुपासते।
एकत्वेन पृथक्त्वेन बहुधा विश्वतोमुखम्।।15।।

कुछ भक्त ज्ञान पूर्वक यज्ञों द्वारा मुझको पूजा करते।
वे अद्वय एवं विविध रूप में मुझे जान कर जप करते।। 15

अर्थः-कुछ लोग ज्ञान युक्त होकर यज्ञ के द्वारा मुझे पूजते रहते हैं, वे अद्वय रूप या विविध विश्वरूप में मुझको ही पूजते हैं।

विशेषार्थ- बाल गंगाधर तिलक के विचार से भगवान की पूजा करने का तीन तरीका बताया गया हैः-अद्वैत, द्वैत एवं विशिष्टाद्वैत। अन्य विचारकों ने भी भगवद्-भक्ति का अलग अलग विचार व्यक्त किया है। कृष्ण ने अर्जुन को भगवद्-भक्ति के विभिन्न मार्गों का विस्तृत विवरण कह कर समझाया है।

मैं कर्मकान्ड और यज्ञ, पितर का पिंडदान, औषधि भी हूँ।
मैं मंत्र और धृत दोनों हूँ, मैं अग्नि और आहुति भी हूँ।। 16

अर्थ- हे कौन्तेय। मैं कर्मकांड, यज्ञ, पितर को दिया जाने वाला पिंडदान, औषधि, मंत्र, घृत, अग्नि और आहुति सबकुछ हूँ।

ब्रह्मांड-पिता, माता, बाबा और ज्ञेय, शुद्धिकर्ता मैं हूँ।
मैं ध्वनि में ओम्, वेद में ऋग यजु, साम, वेद भी मैं ही हूँ।। 17

अर्थः-मैं ब्रह्माण्ड का पिता, माता, पितामह, ज्ञान का लक्ष्य, ध्वनि में ओंकार, वेद में ऋग, साम और यजुर्वेद भी हूँ।

मैं मित्र, धाम, स्वामी, पालक और साक्षी, लक्ष्य, शरणदाता।
मैं सृष्टि, नाश, स्थिति, अविनाशी, वीज तथा आश्रय दाता।। 18

अर्थः-मैं प्रियमित्र, धाम, स्वामी, पालनकर्त्ता, साक्षी, लक्ष्य और शरणदाता भी हूँ। मैं ही उत्पत्ति विनाश, स्थिति, अनश्वरवीज तथा आश्रय दाता हूँ।

हे अर्जुन। मैं ही ताप और वर्षा को रोक पुनः लाता।
मैं ही अमरत्व, मृत्यु भी हूँ और असत्, सत्य दोनों रहता।। 19

अर्थः- हे अर्जुन। मैं ही गर्मी देता हूँ और वर्षा को रोकता और पुनः लाता हूँ। मैं ही अमरत्व, मृत्यु और सत्य, असत्य भी हूँ।

अहं क्रतुरहं यज्ञः स्वधाहमहमौषधम्।
मन्त्रोऽहमहमेवाज्यमहमग्निरहं हुतम्।।16।।
पिताहमस्य जगतो माता धाता पितामहः।
वेद्यं पवित्रमोंकार ऋक्साम यजुरेव च।।17।।
गतिर्भर्ता प्रभुः साक्षी निवासः शरणं सुहृत्।
प्रभवः प्रलयः स्थानं निधानं बीजमव्ययम्।।18।।
तपाम्यहमं वर्षं निगृह्णाम्युत्सृजामि च।
अमृतं चैव मृत्युश्च सदसच्चाहमर्जुन।।19।।

त्रैवेदी, ज्ञानी सोमपान कर भी निष्पाप यज्ञ करता।
यज्ञादि मेरी पूजा ही है, वह स्वर्ग और सब सुख पाता।। 20

अर्थः- तीनों वेद के ज्ञानी जो सोमरस का पान करते हैं और निष्पाप होकर यज्ञादि कर्मों द्वारा मेरी उपासना कर स्वर्ग जाने की कामना करते हैं, वे स्वर्ग पहुँच कर देवों को मिलने वाले सभी सुखों का उपभोग करते हैं।

स्वर्गिक आनन्द भोगकर जब, उनके कुछ पुण्य नहीं बचते।
वे जन्म-मरण के चक्कर में फँसने फिर मृत्युलोक आते।। 21

अर्थः- इन्द्रिय सुख की लालसा में वेदों के सिद्धान्त पर चलकर वे विस्तृत स्वर्ग का दैविक आनन्द तो अवश्य भोगते हैं, परन्तु उनके पुण्य-फल के समाप्त होते ही वे पुनः जन्म-मृत्यु के चक्र में फँसने के लिए मृत्युलोक में आ जाते हैं।

जो भक्त अनन्य भाव से मेरा ही चिन्तन करते रहता।
मैं उसके सभी योग-क्षेमों का भार स्वयं पर ले लेता।। 22

अर्थः- जो भक्त अनन्य भाव से मेरे स्वरूप का ध्यान करते हुए निरन्तर मेरी पूजा और चिन्तन करता रहता है, उसके सभी योग-क्षेम (उसकी आवश्यकताओं एवं उसकी सभी चीजों की) की रक्षा मैं करते रहता हूँ।

कौन्तेय! भक्त जब अन्य देव की पूजा श्रद्धा से करता।
वह मेरा ही पूजन करता पर दोषपूर्ण विधि अपनाता।। 23

अर्थः- हे कौन्तेय। जो अन्य देवताओं की श्रद्धापूर्वक पूजा करते हैं वे वस्तुतः मेरी ही पूजा करते हैं, परन्तु दोषपूर्ण विधि से करते हैं।

विशेषार्थः- भगवान कृष्ण स्पष्ट तरीके से समझाते हैं कि सभी देवता उनके ही अंग हैं, अतः देवताओं की पूजा से उनकी ही पूजा हो जाती है। दोषपूर्ण विधि से पूजा करने का स्पष्ट अर्थ है कि सिर्फ उनकी पूजा करने से सभी देवताओं की भी पूजा अनायास हो जायेगी। यह मुख्य वृक्ष की जड़ में जल सींचने की जगह उसकी टहनियों पर जल सींचने जैसा हो जाता है।

त्रैविद्या मां सोमपाः पूतपापा यज्ञैरिष्ट्वा स्वर्गतिं प्रार्थयन्ते।
ते पुण्यमासाद्य सुरेन्द्रलोकमश्नन्ति दिव्यान्दिवि देवभोगान्।।20।।
ते तं भुक्त्वा स्वर्गलोकं विशालं क्षीणे पुण्ये मर्त्यलोकं विशन्ति।
एवं त्रयीधर्ममनुप्रपन्ना गतागतं कामकामा लभन्ते।।21।।
अनन्याश्चिन्तयन्तो मां ये जनाः पर्युपासते।
तेषां नित्याभियुक्तानां योगक्षेमं वहाम्यहम्।।22।।
येऽप्यन्यदेवता भक्ता यजन्ते श्रद्धयान्विताः।
तेऽपि मामेव कौन्तेय यजन्त्यविधिपूर्वकम्।।23।।

यज्ञों का भोक्ता मैं ही हूँ और स्वामी उसका कहलाता।
वास्तविक रूप जो नहीं जानता वह निश्चित नीचे गिरता।। 24

अर्थः- मैं सभी यज्ञों का एकमात्र भोक्ता और स्वामी हूँ। जो मेरे वास्तविक रूप को नहीं जानता वह निश्चित ही नीचे गिरता है।

देवों के भक्त देव पाते और पितर-भक्त, पितृ पाते।
भूतों के भक्त भूत पाते और मेरा भक्त मुझे पाते।। 25

अर्थः- जो देवताओं की भक्ति करते हैं, उनको देवता मिलते हैं और पितरों की पूजा करने वालों को पितर मिलते हैं। भूतों के पुजारी को भूत मिलते हैं और मेरी पूजा करने वाले मुझको पाते हैं।

विशेषार्थः- देवता, पितर, भूत आदि भगवान के सीमित रूप हैं। सृष्टि-विकास के क्रम में विभिन्न अवस्था एवं काल में लोग विभिन्न देवता, पितर तथा भूतों की पूजा करते आ रहे हैं। कृष्ण भगवान समझा रहे हैं कि मनोयोग से जिस किसी की भक्ति की जायेगी उसी लोक की प्राप्ति होती है परन्तु उन लोकों का भोग प्राप्त कर लेने पर भक्त को जन्म-मरण के चक्र में पुनः फँसना पड़ता है। ऐसी स्थिति मुझे पूजने वालों के साथ नहीं होती है। मेरा भक्त मेरे लोक (गो-लोक) में आकर दुबारा मृत्युलोक में नहीं आते हैं।

श्रद्धा से पत्र, पुष्प, फल एवं जल जो अर्पित करता है।
उसका पवित्र प्रेमोपहार मुझको स्वीकृत हो जाता है।। 26

अर्थः- श्रद्धापूर्वक पत्र, पुष्प, फल एवं जल को जो भक्त मुझे अर्पित करता है उसका शुद्ध हृदय से अर्पित प्रेमोपहार मैं अवश्य स्वीकार कर लेता हूँ।

विशेषार्थः- सर्वोच्च भगवान तक पहुँचने के लिए कर्मकांड के जटिल मार्ग की अपेक्षा आत्मसमर्पण करने वाला मार्ग अधिक सुलभ होता है। केवल शुद्ध हृदय से भगवान की भक्ति होनी चाहिये। अतः यह अत्यन्त अनुकरणीय है।

अहं हि सर्वयज्ञानां भोक्ता च प्रभुरेव च।
न तुं मामभिजानन्ति तत्वेनातश्च्यवन्ति ते।।24।।
यान्ति देवव्रता देवान्पितृन्यान्ति पितृव्रताः।
भूतानि यान्ति भूतेज्या यान्ति मद्याजिनोऽपि माम्।।25।।
पत्रं पुष्पं फलं तोयं यो मे भक्त्या प्रयच्छति।
तदहं भक्त्युपहृतमश्नामि प्रयतात्मनः।।26।।
यत्करोषि यदश्नासि यज्जुहोषि ददासि यत्।
यत्तपस्यसि कौन्तेय तत्कुरुष्व मदर्पणम्।।27।।
शुभाशुभफलैरेवं मोक्ष्यसे कर्मबन्धनैः।
संन्यासयोगयुक्तात्मा विमुक्तो मामुपैष्यसि।।28।।

अर्जुन! तुम जो कुछ भी खाते, तप, दान यज्ञ कुछ भी करते।
मेरा उपहार समझकर मुझको अर्पित करने पर भाते।। 27

अर्थः- हे कुन्तीपुत्र! तुम जो कुछ भी खाते हो, तप, दान यज्ञ आदि कुछ भी करते हो तो मेरा उपहार समझकर मुझको अर्पित करने पर मुझे बहुत भाता है।

विशेषार्थः- सभी कर्म, अनाशक्ति और समर्पण की भावना से करने पर शुद्ध हो जाते हैं। मानव जीवन में बिना कर्म किये रहना संभव नहीं है और जब कर्म भगवान को अर्पित करने की भावना से किये जाते हैं तो अनायास उसका संपादन सत्य के मार्ग पर होने लगता है।

ऐसे शुभ-अशुभ कर्म फल का सब बन्धन तोड़ा जा सकता।
संन्यास मार्ग में चित्त लगे तब भी मैं पाया जा सकता।। 28

अर्थः- शुभ-अशुभ कर्मों के फल का बन्धन तोड़ा जा सकता है और संन्यास योग में चित्त स्थिर करते हुए कर्मफल के बन्धनों से मुक्त होकर मुझे प्राप्त किया जा सकता है।

विन पक्षपात या द्वेष किये मैं समभावों में रहता हूँ।
जो मेरी सेवा में रत है, मै मित्र परस्पर रहता हूँ।। 29

अर्थः- मैं पक्षपात और द्वेष नहीं करता हूँ। मैं बराबर समभाव में रहता हूँ। जो मेरी भक्ति करता वह मेरा मित्र है और मैं उसका मित्र बना रहता हूँ।

विशेषार्थः- भगवान निष्पक्ष रहते हैं, उनका कोई मित्र या शत्रु नहीं होता है। उनसे प्रेम सहित जुटने के लिये एकमात्र उनकी भक्ति तथा श्रद्धा का ही मार्ग उपयुक्त होता है। शरणागत होकर अपने कर्मफल को उनमें समपर्ण करते रहने के निरन्तर अभ्यास से मनुष्य कर्म-बन्धन से मुक्त होकर भगवान के पास पहुँच सकता है।

कोई भी पतित, भाव से जब मेरी उपासना करता है।
दृढ संकल्पों के कारण वह धर्मानुकूल बन जाता है।। 30

अर्थः- बड़ा से बड़ा दुराचारी भी अगर दृढ संकल्पित होकर भाव से मेरी पूजा करता है तो उसको धर्मात्मा समझा जा सकता है।

विशेषार्थः-अगर कोई पतित भी धर्म का रास्ता अपनाने का प्रयास करे तो उसको धर्मात्मा कहकर उत्साह बर्धित करना चाहिये।

समोऽहं सर्वभूतेषु न मे द्वेष्योऽस्ति न प्रियः।
ये भजन्ति तु मां भक्त्या मयि ते तेषु चाप्यहम्।।29।।
अपि चेत्सुदुराचारो भजते मामनन्यभाक्।
साधुरेव स मन्तव्यः सम्यग्व्यवसितो हि सः।।30।।
क्षिप्रं भवति धर्मात्मा शश्वच्छान्तिं निगच्छति।
कौन्तेय प्रतिजानीहि न मे भक्तः प्रणश्यति।।31।।
मां हि पार्थ व्यपाश्रित्य येऽपि स्युः पापयोनयः
स्त्रियो वैश्यास्तथा शूद्रास्तेऽपि यान्ति परां गतिम्।।32।।

जब सुदृढ़ शान्ति उसको मिलती सच्चा साधू वह बन जाता।
अर्जुन! तुम यह निश्चित जानो, पूजक मेरा न नष्ट होता।। 31

अर्थः- सच्चा साधु बन जाने पर उसको स्थिर शान्ति मिल जाती है। हे कौन्तेय। यह तुम निश्चित जान लो कि मेरा भक्त कभी भी नष्ट नहीं हो सकता है।

विशेषार्थः- कोई भी भक्त अपने को भगवान के भरोसे छोड़ देता है तो भगवान उसको अन्धकार में नहीं छोड़ देते हैं। रामायण में श्री राम ने भी ऐसा ही समझाया है।

हे पार्थ! स्त्रियाँ, वैश्य, शुद्र जब मेरी शरण ग्रहण करते।
कुछ भी कुल हों कामी भी हों, गो-लोक उन्हें पहुँचा देते।। 32

अर्थः- हे पार्थ! स्त्री, वैश्य, शुद्र या नीचे से नीचे कुल के लोग भी जब मेरी शरण आ जाते हैं तो मैं उनको परम धाम तक पहुँचा देता हूँ।

विशेषार्थः- भौतिक जीवन में ऊँचा-नीचा, स्त्री-पुरूष आदि का भेद होना संभव हो सकता है, परन्तु भगवान की दिव्य भक्ति में लगे लोग परमधाम के अधिकारी हो जाते हैं। गीता में भगवान के प्रति प्रेम और भक्ति का संदेश सबों के लिये उपलब्ध है।

ब्राह्मण, राजर्षि तथा भक्तों के बारे में क्या कहना है।
इस क्षणिक जगत में उन सबको मुझसे सम्बन्ध बनाना है।। 33

अर्थः- धर्मात्मा ब्राह्मण, राजर्षि तथा भक्तों के बारे में कुछ कहने की जरूरत नहीं है। इस अस्थायी और कष्टप्रद संसार में आये हो तो मुझसे प्रेम-भक्ति का सम्बन्ध बना लो।

विशेषार्थः- गीता का गुरु कृष्ण हम सबों को पार्थिव जगत की क्षणभंगुरता के बारे में तथा वृद्धावस्था, जन्म-मरण एवं अन्यान्य विभिन्न कष्टों से रक्षित होने के लिये भगवान की भक्ति करने के बारे में अनूठा संदेश उपदेशित कर रहे हैं।

मन को मुझमें स्थिर करके, पूजा, प्रणाम और भक्ति करो।
मन, बुद्धि मुझी में केन्द्रित कर मुझको पाने का यत्न करो।। 34

अर्थः- मन और बुद्धि को पूर्ण अनुशासित होकर मुझमें केन्द्रित करते हुए मेरी पूजा और प्रणाम के साथ भक्ति कर लो तो निश्चित रूप से मुझ तक पहुँच जाओगे।

विशेषार्थः- ब्रह्म स्तर तक उठने के लिए मन, बुद्धि, मनोवेग और संकल्प शक्ति को पूर्णतः भगवान में केन्द्रित करना पड़ता है। उसी स्थिति में हमारा सम्पूर्ण अस्तित्व रूपान्तरित होकर सर्वोच्च शक्ति से एकाकार कर लेता है।

किं पुनर्ब्राह्मणाः पुण्या भक्ता राजर्षयस्तथा।
अनित्यमसुखं लोकमिमं प्राप्य भजस्व माम्।।33।।
मन्मना भव मद्भक्तो मद्याजी मां नमस्कुरु।
मामेवैष्यसि युक्त्वैवमात्मानं मत्परायणः।।34।।

इति नवमोध्यायः

दशम् अध्याय

हे परमपुरूष सबके उद्गम, स्वामी, देवाधिदेव तुम हो।
ब्रह्माण्डों के प्रभु तुम ही हो, निज का ज्ञाता भी तुम ही हो।।

हे पार्थ तथा प्रिय सखा मेरे! सर्वोच्च वचन मेरा सुन लो।
अपने लाभार्थ सभी ज्ञानों से श्रेष्ठ ज्ञान मुझसे ले लो।। 1

अर्थः- भगवान ने बताया कि हे महावाहु अर्जुन! तुम मेरे प्रिय सखा हो, अतः निज लाभ के लिये अबतक के बताये सभी ज्ञानों से श्रेष्ठ ज्ञान तुम मुझसे प्राप्त कर लो।

विशेषार्थः- भगवान कृष्ण ने पृथ्वी पर अवतार लेकर अपने छह ऐश्वर्यों के प्रदर्शन के द्वारा जगत का कल्याण किया है। अपनी शक्तियों एवं कार्यों के द्वारा, अबतक, अर्जुन को परिचित होने का सन्देश तो दिया ही है, परन्तु अब आगे उसको भगवान द्वारा अपने ऐश्वर्य से अवगत कराया जा रहा है। अर्जुन बहुत मनोयोग से भगवान के सभी वचनों को सुन रहा है और भगवान भी अपने प्रिय सखा अर्जुन को लाभान्वित करने के उदेश्य से सर्वश्रेष्ठ ज्ञान प्रदान कर रहे हैं।

मेरे उद्गम को देव तथा ऋषिगण भी नहीं बता सकते।
सबका उद्गम और मूल तथा कारण स्वरूप भी हम होते।। 2

अर्थः- मेरे उद्गम के मूल को देवगण तथा महर्षिगण भी नहीं समझ सकते हैं, क्योंकि मैं उन सबों का मूल और कारणस्वरूप हूँ।

विशेषार्थः- अर्जुन के भ्रम को तोड़कर परम सत्य का ज्ञान देना आवश्यक समझते हुए कृष्ण ने अपना विशिष्ट परिचय दिया है। उन्होंने समझाया है कि वे ही सबों के मूल उद्गम एवं कारण स्वरूप हैं।

जो सर्वलोकपति और अनादि, अजन्मा मुझे समझ लेते।
वह पापमुक्त और मोह मुक्त होकर मुझको निश्चित पाते।। 3

अर्थः- भौतिक जगत में जो प्राणी मुझे अनादि, अजन्मा और सभी लोकों के स्वामी के रूप में जान लेता है, वह मोह रहित और पापमुक्त होकर मुझको प्राप्त कर लेता है।

विशेषार्थ- जब हम संसार की सभी चीजों को एक ही ब्रह्म से उत्पन्न हुआ समझने लगते हैं तब आगे किसी खोजबीन की आवश्यकता नहीं रह जाती है और हमारा भ्रम मिट जाता है।

श्रीभगवानुवाच
भूय एव महाबाहो शृणु मे परमं वचः।
यत्तेऽहं प्रीयमाणाय वक्ष्यामि हितकाम्यया।।1।।
न मे विदुः सुरगणाः प्रभवं न महर्षयः।
अहमादिर्हि देवानां महर्षीणां च सर्वशः।।2।।
यो मामजमनादिं च वेत्ति लोकमहेश्वरम्।
असम्मूढः स मर्त्येषु सर्वपापैः प्रमुच्यते।।3।।

भ्रममुक्ति, आत्मसंयम, धीरज, सत्यता, ज्ञान जीवों में हैं ।
सुख-दुःख,भय,निर्भय,भावाभाव,शान्ति और बुद्धि सबों में है।। 4
समता यश अपयश, तुष्टि, अहिंसा, दान, तपस्या जो भी हैं।
जीवों के प्रमुख गुणागुन मुझसे ही उत्पन्न लिये भी हैं।। 5

अर्थः- बुद्धि, ज्ञान, भ्रममुक्ति, आत्मसंयम, धैर्य, सत्यता, शान्ति, सुख-दुख, भाव-अभाव, भय-निर्भयता, सभी गुणागुण, अहिंसा समचित्तता, तुष्टि, तप, दान, यश, अपशय, आदि विविध गुण मुझसे ही उत्पन्न लेते हैं।

विशेषार्थ- उपर्युक्त सभी गुण-दुर्गुण, मनुष्य, देवता तथा अन्य लोकों के जीवों में पाये जाते हैं जो भगवान द्वारा उत्पन्न हुए हैं। सभी लोकों की सब चीजें श्री कृष्ण में ही स्थित हैं। अच्छा-बुरा इत्यादि सभी कर्मों के मूल में श्री कृष्ण हैं। इसी सच्चाई को जान लेना ज्ञान है।

सातों महर्षि और चार अन्य, सारे मनु मुझसे जन्म लिये ।
सब लोकों में रहने वाले जीवों को भी अवतरित किये।। 6

अर्थः- सप्तर्षि, पूर्व के चार महर्षि और सभी मनुओं को मैंने मन से उत्पन्न किया है।

विशेषार्थ- भगवान की ईच्छा से ब्रह्मा का अवतरण हुआ है। ब्रह्मा से सात महर्षि, इनसे पूर्व के चार महर्षि-सनक, सनन्दन, सनातन और सनत कुमार तथा सभी चैदह मनु (मानव जाति के पूर्वज) प्रकट हुए हैं। असंख्य ब्रह्माण्ड, असंख्य लोक एवं असंख्य योनियाँ इन्हीं पचीस (25) ऋषियों तथा मनुओं के धर्म-पथ प्रदर्शन के माध्यम से चलायमान हैं।

मेरे ऐश्वर्य, योग से जो हरदम आश्वस्त बना रहता।
वह निश्चित मेरी प्रेम-भक्ति में हरक्षण तत्पर हो जाता।। 7

अर्थः- जो मेरे ऐश्वर्य और योग से पूर्णरूपेण आश्वस्त हो जाता है वह निश्चित ही मेरी भक्ति में तत्पर हो जाता है।

विशेषार्थ- अर्जुन को भगवान अपने सभी ऐश्वर्यों से अवगत करवाकर आश्वस्त कर देना चाहते हैं ताकि वह उनको एकमात्र परमेश्वर के रूप में पहचान ले। जब किसी व्यक्ति को परमेश्वर की सम्पूर्ण महानता समझ में आ जाती है तब वह उनके समक्ष शरणागत हो जाता है। कृष्ण की महानता को जान लेने पर अर्जुन में एकनिष्ट भक्ति भाव जागृत हो जायेगा।

बुद्धिर्ज्ञानमसम्मोहः क्षमा सत्यं दमः शमः।
सुखं दुःखं भवोऽभावो भयं चाभयमेव च।।4।।
अहिंसा समता तुष्टिस्तपो दानं यशोऽयशः।
भवन्ति भावा भूतानां मत्त एव पृथग्विधाः।।5।।
महर्षयः सप्त पूर्वे चत्वारो मनवस्तथा।
मद्भावा मानसा जाता येषां लोक इमाः प्रजाः।।6।
एतां विभूतिं योगं च मम यो वेत्ति तत्त्वतः।
सोऽविकल्पेन योगेन युज्यते नात्र संशयः।।7।।

आध्यात्मिक, भौतिक जगतों का कारण बनकर मैं ही रचता।
यह सृष्टि-चक्र मुझसे चलता और भक्त मेरी पूजा करता।। 8

अर्थः- मैं समस्त आध्यात्मिक और भौतिक जगतों का कारण हूँ और सब चीजों का मैं ही उत्पत्ति-स्थान हूँ। बुद्धिमान भक्त यह सब जानकर मेरी पूजा करता है।

विशेषार्थ- अर्जुन के गुरुस्वरूप होने के कारण श्री कृष्ण कभी-कभी परमेश्वर की भाषा में बोलकर उसको पूर्ण आश्वस्त कर देना चाहते हैं ताकि अन्य भ्रमित लोगों के प्रभाव में आकर वह गलत राह न पकड़ ले। उसको पूर्ण विश्वास हो जाय कि सृष्टि का भौतिक और फलोत्पादक कारण श्री कृष्ण ही हैं और ऐसा ही बुद्धिमान लोग समझकर उनकी पूजा भी करते हैं।

सब शुद्ध भक्त मुझमें बसते चर्चा मेरी हर क्षण करते।
जीवन अर्पित कर ज्ञान बाँटते सुखानन्द पाते रहते।। 9

अर्थः- सबके सब शुद्ध भक्त मुझमें वास करते हैं। वे मेरी सेवा में जीवन अर्पित कर ज्ञान का आदान-प्रदान करते हुए संतोष और परम आनन्द प्राप्त करते रहते हैं।

जो प्रेमसहित मेरी सेवा में तत्परता हरदम रखता ।
उसको मैं दिव्य ज्ञान देता जिससे वह मुझतक आ जाता।। 10

अर्थः- जो प्रेमपूर्वक मेरी भक्ति करने में निरन्तर लगा रहता है उसको मैं ज्ञान प्रदान कर देता हूँ जिससे वह मेरे पास पहुँच जाता है।

मैं उनके हृदयों में बसकर ही कृपा विशेष किया करता।
ज्ञानों का दीप प्रकाशित कर अज्ञान-तमस हरता रहता।। 11

अर्थः- भक्तों पर विशेष कृपा करने के उदेश्य से उनके हृदय में बसकर मैं ज्ञान का दीप प्रज्वलित कर देता हूँ ताकि अन्धकार रूपी अज्ञानता नष्ट हो जाय।

विशेषार्थ- भक्त पर्याप्त शिक्षित न भी रहे और वैदिक नियमों के हिसाब से कुछ नहीं भी करे परन्तु शुद्धतापूर्वक भक्ति में रम जाने पर भगवान उसकी निश्चित सहायता करते हैं।

अहं सर्वस्य प्रभवो मत्तः सर्वं प्रवर्तते।
इति मत्वा भजन्ते मां बुधा भावसमन्विताः।।8।।
मच्चित्ता मद्गतप्राणा बोधयन्तः परस्परम्।
कथयन्तश्च मां नित्यं तुष्यन्ति च रमन्ति च।।9।।
तेषां सततयुक्तानां भजतां प्रीतिपूर्वकम्।
ददामि बुद्धियोगं तं येन मामुपयान्ति ते।।10।।
तेषामेवानुकम्पार्थमहमज्ञानजं तमः।
नाशयाम्यात्मभावस्थो ज्ञानदीपेन भास्वता।।11।।

हे परब्रह्म! तुम परमधाम, शाश्वत और दिव्य पुरूष भी हो।
सर्वत्र व्याप्त, विन जन्म लिए तुम प्रथम पुरूष अतिशोधक हो।। **12**

अर्थः- अर्जुन ने कहा कि हे भगवान! आप परमब्रह्म, परमधाम, शाश्वत, दिव्यपुरूष, प्रथम पुरूष, अजन्मा, सर्वव्यापी और सबको पवित्र कर देने वाले हैं।

नारदऋषि, असित, व्यास, देवल, सब ऋषियों ने भी यही कहा।
अपने बारे में तुमने भी तो अबतक मुझसे यही कहा।। **13**

अर्थः- ऋषि नारद, असित, देवल, व्यास तथा अन्य सभी ऋषियों ने ऐसा ही बताया है, यहाँ तक कि तुमने स्वयं अपने बारे में अबतक मुझसे ऐसा ही बताया है।

विशेषार्थ- यह रहस्यपूर्ण सर्वोच्च ज्ञान जो भगवान कृष्ण द्वारा प्रकट किया गया है उसको सभी ऋषियों ने अन्तर्ज्ञान और साक्षात्कार के द्वारा सत्यापित भी किया है। शिष्य अर्जुन भी अमूर्त सत्य का अनुभव कर गुरु कृष्ण को आश्वस्त कर देना चाहता है।

हे प्रभु! मुझको जो कहा गया उसको मैं पूर्ण सत्य कहता।
इस दिव्य ज्ञान को सुर और असुर कभी भी नहीं समझ सकता।। **14**

अर्थः- हे कृष्ण भगवान! आपके द्वारा दिये गये ज्ञान को मैं पूर्णरूप से सत्य समझ रहा हूँ। इसको सुर एवं असुर गण नहीं समझ सकते है।

विशेषार्थ- श्रद्धाहीन एवं आसुरी प्रकृति के लोग श्री कृष्ण को नहीं समझ पाते हैं। यहाँ तक कि देवगण के भी समझ के वे परे हैं, तो फिर अन्य लोगों के बारे में क्या कहना है।

हे परमपुरूष सबके उद्गम, स्वामी, देवाधिदेव तुम हो।
ब्रह्माण्डों के प्रभु तुम ही हो, निज का ज्ञाता भी तुम ही हो।। **15**

अर्थः- हे परमपुरूष! तुम सबके उद्गम और स्वामी हो। तुम ही ब्रह्माण्डों के प्रभु और देवों के देव हो। अपने को जानने वाले भी तुम स्वयं ही हो।

परं ब्रह्म परं धाम पवित्रं परमं भवान्।
पुरुषं शाश्वतं दिव्यमादिदेवमजं विभुम्।।**12**।।
अर्जुन उवाच
आहुस्त्वामृषयः सर्वे देवर्षिर्नारदस्तथा।
असितो देवलो व्यासः स्वयं चैव ब्रवीषि मे।।**13**।।
सर्वमेतदृतं मन्ये यन्मां वदसि केशव।
न हि ते भगवन्व्यक्तिं विदुर्देवा न दानवाः।।**14**।।
स्वयमेवात्मनात्मानं वेत्थ त्वं पुरुषोत्तम।
भूतभावन भूतेश देवदेव जगत्पते।।**15**।।
वक्तुमर्हस्यशेषेण दिव्या ह्यात्मविभूतयः।
याभिर्विभूतिभिर्लोकानिमांस्त्वं व्याप्य तिष्ठसि।।**16**।।

कृपया विस्तार सहित अपने दैवी ऐश्वर्यों को कह दो।
कैसे हो व्याप्त सभी लोकों में सबकुछ समझाकर कह दो। 16

अर्थ- हे भगवान। तुम विस्तारपूर्वक अपने दैवी ऐश्वर्यों के बारे में बता दो जिनके द्वारा तुम सभी लोकों में व्याप्त रहते हो।

विशेषार्थ-अर्जुन ने अब कृष्ण को परमेश्वर के रूप में पहचान लिया है। उसमें सभी दैवी ऐश्वर्यों को स्पष्ट जानने की काफी व्यग्रता हो रही है।

हे कृष्ण, परमयोगी! मैं तेरा कैसे चिन्तन सतत करूँ?
हे भगवन! किन रूपों में तेरा ध्यान और स्मरण करूँ? 17

अर्थः- हे कृष्ण, हे परमयोगी! मैं कैसे निरन्तर तेरा चिन्तन करूँ? तुझे जानने के लिए किस रूप में ध्यान और स्मरण करूँ?

हे कृष्ण! शक्ति और निज विभूति का विस्तृत विवरण भी कर दो।
अमृत वचनों से नहीं अघाया, पुनः तृप्त मुझको कर दो।। 18

अर्थः- हे जनार्दन (कृष्ण)। अपनी शक्ति और विभूतियों का विस्तृत विवरण फिर से मुझे सुना दो। तुम्हारे अमृत तुल्य वचनों से मैं अघा नहीं पाया हूँ, उन वचनों को कहकर मुझको तृप्त कर दो।

विशेषार्थः- भगवान के अवतार एवं लीलाओं के सन्दर्भ से विश्व का इतिहास भरा-पड़ा है। आधुनिक कहानियों या पुस्तकों को एक-दो बार पढ़कर ही हम थक जाते हैं, परन्तु पुराणों एवं अन्य धार्मिक ग्रन्थों में भगवान के विभिन्न अवतार और उनकी लीलाओं को बार-बार पढ़-सुनकर भी हम संतुष्ट नहीं हो पाते हैं। उनके अमृत-पान करने की उत्सुकता हमेशा बनी रहती है। यहाँ अर्जुन भी भगवान कृष्ण के अमृत-तुल्य वचनों को विस्तारपूर्वक सुनने के लिये बार-बार ईच्छा व्यक्त कर रहा है।

भगवन बोले, हाँ! अब मैं अपना प्रमुख रूप बतलाता हूँ।
मैं हूँ अनन्त, विस्तृत, असीम, ऐश्वर्यपूर्ण ही रहता हूँ।। 19

अर्थः- भगवान कहते हैं कि हे अर्जुन! अब मैं केवल अपने प्रमुख दिव्य रूपों का वर्णन कर रहा हूँ, क्योंकि मैं अनन्त, असीम,-विस्तृत और ऐश्वर्य पूर्ण बना रहता हूँ।

कथं विद्यामहं योगिंस्त्वां सदा परिचिन्तयन्।
केषु केषु च भावेषु चित्योऽसि भगवन्मया।।17।।
विस्तरेणात्मनो योगं विभूतिं च जनार्दन।
भूयः कथय तृप्तिर्हि शृण्वतो नास्ति मेऽमृतम्।।18।।
श्रीभगवानुवाच
हन्त ते कथयिष्यामि दिव्या ह्यात्मविभूतयः।
प्राधान्यतः कुरुश्रेष्ठ नास्त्यन्तो विस्तरस्य मे।।19।।

हे अर्जुन! जीवों के ह्रदयों में स्थित आत्म-रूप मैं हूँ।

जीवों का आदि, मध्य, एवं अन्त स्थित परमात्मा मैं हूँ।। 20

अर्थः-हे अर्जुन, हे गुडाकेश, मैं सब जीवों के ह्रदय में आत्मा रूप में बैठा रहता हूँ। मैं सभी चीजों का प्रारम्भ, मध्य और अन्तिम परमात्मा हूँ।

विशेषार्थ- समस्त जीवों में परमात्मा के स्फुलिंग की उपस्थिति रहने पर ही शरीर विद्यमान रहता है। अर्जुन को गुडाकेश कहकर पुकारने का अर्थ होता है-निद्रा रूपी अन्धकार पर विजय पाने वाला। कृष्ण जी को विश्वास है कि गुडाकेश उनके रहस्यपूर्ण रूप को समझ लेगा, इसलिये उन्होंने अपने को सब चीजों का आदि कारण, पालक तथा अवसान कहकर समझाया है।

मैं आदित्यों में विष्णु और दिनकर प्रकाश में कहलाता।

मैं मरूतो में मरीचि एवं नक्षत्रों में चन्दा होता।। 21

अर्थः- आदित्यों में मैं विष्णु हूँ और प्रकाश में दमकता सूर्य हूँ। मरूतों में मरीचि तथा नक्षत्रों में मैं चन्द्रमा हूँ।

विशेषार्थः-आदित्य बारह हैं जिनमें विष्णु प्रमुख होते हैं। आकाश में जितने भी ज्योतिपुंज हैं उनमें सूर्य प्रमुख होते हैं। मरूतों की संख्या भी बहुत है जिनमें वायु अधिष्ठाता मरीचि के रूप में भगवान कृष्ण हैं। उसी तरह नक्षत्रों में भगवान चन्द्रमा रूप में अवस्थित हैं।

मैं वेदों में हूँ सामवेद, देवों में इन्द्रदेव होता।

इन्द्रियाँ बीच मैं मन हूँ, जीवों में चेतन बन कर रहता।। 22

अर्थः- वेदों में मैं सामवेद और देवताओं में इन्द्रदेव होता हूँ। इन्द्रियों में मन हूँ तथा प्राणियों में मैं चेतना हूँ।

रूद्रों में मैं शंकर हूँ, यक्षों में कुबेर ही कहलाता।

वसुओं में मैं हूँ अग्नि, पर्वतों में मैं मेरू हुआ करता।। 23

अर्थः- मैं रूद्रों में शंकर हूँ तथा यक्षों में कुवेर कहलाता हूँ। मैं वसुओं में अग्नि तथा पर्वतों में मेरू बनकर रहता हूँ।

विशेषार्थ- रूद्र ग्यारह होते हैं जिनमें शिव सबसे प्रमुख होते हैं। शिव पर ही ब्रह्माण्ड का तमोगुण आश्रित है। यक्षों एवं राक्षसों के नायक कुबेर होते हैं। पर्वतों में मेरू पर्वत को प्रमुख माना जाता है। मेरू पर्वत प्राकृतिक सम्पदाओं से सबसे अधिक समृद्ध होता है।

अहमात्मा गुडाकेश सर्वभूताशयस्थितः।
अहमादिश्च मध्यं च भूतानामन्त एव च।।**20**।।
आदित्यानामहं विष्णुर्ज्योतिषां रविरंशुमान्।
मरीचिर्मरुतामस्मि नक्षत्राणामहं शशी।।**21**।।
वेदानां सामवेदोऽस्मि देवानामस्मि वासवः।
इन्द्रियाणां मनश्चास्मि भूतानामस्मि चेतना।।**22**।।

हे अर्जुन! प्रोहितगण में मुझको मुख्य पुरोहित ही जानो।
सेना नायक में कार्तिकेय और नदियों में सागर मानो।। 24

अर्थः- हे अर्जुन! देवताओं के जितने भी प्रोहित हैं उनमें मुख्य प्रोहित वृहस्पति के रूप में मैं ही हूँ। सेना नायकों में मैं कार्तिकेय तथा जलाशयों में सागर हूँ।

मैं भृगु ऋषि हूँ महर्षिगण में, वाणी में हूँ मैं ओम सदा ।
यज्ञों में मैं जपयज्ञ रूप अचलों में हिमगिरी कहलाता।। 25

अर्थः- महर्षियों में मैं भृगु ऋषि हूँ और वाणी या वचन में अक्षर ओम् रूप हूँ। यज्ञों में जपयज्ञ (मौन उपासना) हूँ तथा अचल गिरियों में मैं हिमालय रूप हूँ।

वृक्षों में हूँ अश्वत्थ वृक्ष, ऋषिगण में हूँ नारद स्वरूप।
गन्धर्वों में हूँ मुख्य चित्ररथ, सिद्धों में मुनि कपिल रूप।। 26

अर्थः- वृक्षों में पीपल का वृक्ष हूँ और दिव्य ऋषियों में मैं नारद मुनि के रूप में हूँ। गन्धर्वो में मैं चित्ररथ तथा सिद्धपुरूषों में मुनि कपिल के रूप में हूँ।

उच्चैः श्रवा हूँ घोड़ो में जो सागर से निकला जानो।
गजराजों में ऐरावत हूँ नर में महान राजा मानो। 27

अर्थः- मैं घोड़ों में उच्चैः श्रवा हूँ जो समुद्र मंथन से प्राप्त हुआ था। गजराजों में मुझको ऐरावत हाथी तथा मनुष्यों में राजा का रूप मानो।

विशेषार्थ- देवों और असुरों द्वारा समुद्र-मंथन करते समय अमृत और विष के साथ उच्चैः श्रवा घोड़ा तथा ऐरावत नाम का हाथी भी प्राप्त हुआ था। ये दोनों जीव भगवान कृष्ण के प्रतिनिधि स्वरूप माने जाते हैं।

शस्त्रों में वज्र मुझे जानो गायों में कामधेनु समझो।
सन्तान जनन में कामदेव, सर्पों में वासुकि ही समझो।। 28

अर्थः- मैं शस्त्रों में वज्र नामक शस्त्र और गायों में कामधेनु गाय हूँ। सन्तान उत्पन्न करने वालों में मैं कामदेव हूँ तथा सर्पों में वासुकि नाम का सर्प हूँ।

रुद्राणां शंकरश्चास्मि वित्तेशो यक्षरक्षसाम्।
वसूनां पावकश्चास्गि मेरुः शिखरिणामहम्।।23।।
पुरोधसां च मुख्यं मां विद्धि पार्थ बृहस्पतिम्।
सेनानीनामहं स्कन्दः सरसामस्मि सागरः।।24।।
महर्षीणां भृगुरहं गिरामस्म्येकमक्षरम्।
यज्ञानां जपयज्ञोऽस्मि स्थावराणां हिमालयः।।25।।
अश्वत्थः सर्ववृक्षाणां देवर्षीणां च नारदः।
गन्धर्वाणां चित्ररथः सिद्धानां कपिलो मुनिः।।26।।

फण वाले नागों में अनन्त, जलचर में बरूण मुझे जानो।
पितरों में मुझे अर्यमा नियमों के पालन में यम मानो।। 29

अर्थः- फन वाले नागों में मैं अनन्त नामक नाग हूँ तथा जलचरों में मैं वरूण देव हूँ। पितरों में मुझे अर्यमा (पितृलोक का अधिष्ठाता) और नियमों के निर्वहन करने वालों में मुझे यमराज समझो।

दैत्यों में हूँ प्रह्लाद-भक्त, गणना करने में काल कहो।
पशुओं में मैं हूँ सिंह और पक्षी में मुझको गरूड़ कहो।। 30

अर्थः- मैं दैत्यों के बीच में प्रह्लाद रूप में हूँ तथा गणना करने वालों में मैं काल हूँ। पशुओं में मैं सिंह तथा पक्षियों में गरूड़ हूँ।

विशेषार्थ- भिन्न-भिन्न प्रकार के जीवों तथा वस्तुओं में जो प्रमुख तथा धनात्मक ऊर्जा से परिपूर्ण है वे सभी भगवान कृष्ण का प्रतिनिधित्व करते हैं।

शोधक चीजों में हवा, शस्त्रधारण में मुझे राम जानो।
मच्छों में मुझको मगरमच्छ, नदियों में गंगा ही मानो।। 31

अर्थः- पवित्र और शुद्ध करने वाली चीजों में मैं हवा (वायु रूप में) हूँ तथा शस्त्र धारण करने वालों में मुझे राम समझो। मच्छों (मछली आदि जीव) में मैं मगरमच्छ तथा नदियों में मैं गंगा नदी हूँ।

हे अर्जुन! मुझको सृष्टि सबों का आदि, अन्त और मध्य कहो।
विद्याओं में आध्यात्म और निर्णय-विवाद में तर्क कहो।। 32

अर्थः- हे अर्जुन! मुझे सभी सृष्टियों का आदि, अन्त और मध्य समझो। विद्याओं में आध्यात्म विद्या तथा वाद-विवाद-शास्त्रार्थ में निर्णायक तर्क समझ लो।

उच्चैःश्रवसमश्वानां विद्धि माममृतोद्भवम्।
ऐरावतं गजेन्द्राणां नराणां च नराधिपम्।।27।।
आयुधानामहं वज्रं धेनूनामस्मि कामधुक्।
प्रजनश्चास्मि कन्दर्पः सर्पाणामस्मि वासुकिः।।28।।
अनन्तश्चास्मि नागानां वरूणो यादसामहम्।
पितृणामर्यमा चास्मि यमः संयमतामहम्।।29।।
प्रह्लादश्चास्मि दैत्यानां कालः कलयतामहम्।
मृगाणां च मृगेन्द्रोऽहं वैनतेयश्च पक्षिणाम्।।30।।
पवनः पवतामस्मि रामः शस्त्रभृतामहम्।
झषाणां मकरश्चास्मि स्रोतसामस्मि जाह्नवी।।31।।
सर्गाणामादिरन्तश्च मध्यं चैवाहमर्जुन।
अध्यात्मविद्या विद्यानां वादः प्रवदतामहम्।।32।।

अक्षर में मुझको "अ" जानो एवं समास में द्वन्द्व कहो।
कालों में जानो काल-अनस्वर, स्रष्टाओं में ब्रह्म कहो।। 33

अर्थः- मैं अच्छरों में "अ" अच्छर हूँ तथा समासों में द्वन्द्व समास हूँ। मैं काल में अनस्वर काल हूँ और स्रष्टाओं में ब्रह्म हूँ।

मैं मृत्यु रूप भक्षक हूँ सबका, उद्गम का भी कारक हूँ।
नारी में कीर्ति, वाक्, स्मृति, धृति, क्षमा, श्री मेधा धारक हूँ।। 34

अर्थः-मैं सर्वभक्षी मृत्यु हूँ और सबों के उद्गम का कारण भी हूँ। नारियों में कीर्ति, वाक्, स्मृति, धृति, क्षमा, श्री एवं मेधा को धारण करनेवाला मैं ही हूँ।

विशेषार्थ- जन्म लेने के साथ ही मनुष्य के जीवन का प्रत्येक क्षण मृत्यु की ओर बढ़ता है और प्राण निकल जाने को अन्तिम मृत्यु कहा जाता है। भगवान ने अर्जुन को समझाया है कि सर्वभक्षी मृत्यु मैं ही हूँ और सभी वस्तुओं के उद्गम का भी कारण हूँ। सात तरह के स्त्रीवाचक ऐश्वर्य (यथा-कीर्ति, वाक्, स्मृति, धृति, मेधा, क्षमा और श्री) का रूप मैं ही हूँ।

मैं सामवेद में वृहद्साम और छन्दों में गायत्री हूँ।
महीनों में हूँ मैं मार्गशीर्ष और ऋतुओं में वसन्तु ऋतु हूँ।। 35

अर्थः- मैं सामवेद में वृहद्साम तथा छन्दों में गायत्री हूँ। महीनों में मैं अग्रहण मास तथा ऋतुओं में फूल खिलने वाला वसन्त ऋतु हूँ।

छलियों में मुझे द्यूत मानो, तेजस्वी जन का तेज कहो।
मैं विजय और साहस स्वरूप हूँ, बलवानों की शक्ति कहो।। 36

अर्थः- छल करने वालों में मैं जूआ हूँ तथा तेजस्वियों का मैं तेज हूँ। मैं विजय तथा साहस का रूप हूँ। बलवान जनों की मैं ही शक्ति भी हूँ।

विशेषार्थः- समस्त छल-कपटों में जूआ सबसे बड़ा छल माना गया है, जिसका प्रतीक कृष्ण स्वयं को मानते हैं। वह विजय और साहस के प्रतीक हैं। सभी बलशाली प्राणी में सबसे अधिक बलवान कृष्ण हैं। उन्हें छल, तेज, विजय , साहस या शक्ति में कोई नहीं हरा सकता है।

अक्षराणामकारोऽस्मि द्वन्द्वः सामासिकस्य च।
अहमेवाक्षयः कालो धाताहं विश्वतोमुखः।।33।।
मृत्युः सर्वहरश्चाहमुद्भवश्च भविष्यताम्।
कीर्तिः श्रीर्वाक्च नारीणां स्मृतिर्मेधा धृतिः क्षमा।।34।।
बृहत्साम तथा साम्नां गायत्री छन्दसामहम्।
मासानां मार्गशीर्षोऽहमृतूनां कुसुमाकरः।।35।।
द्यूतं छलयतामस्मि तेजस्तेजस्विनामहम्।
जयोऽस्मि व्यवसायोऽस्मि सत्त्वं सत्त्ववतामहम्।।36।।

मैं वृष्णि कुलों में वासुदेव पाण्डव में अर्जुन कहलाता ।
मुनियों में व्यास, विचारक में उशना ही मैं बनकर रहता।। 37

अर्थः- मैं वृष्णि वंश में वासुदेव तथा पाण्डवों में अर्जुन हूँ। समस्त मुनियों में मैं व्यास तथा महान विचारकों में उशना (शुक्राचार्य) कहलाता हूँ।

दण्डित करने में दण्ड और विजयाकांक्षी में नीति कहो।
मैं हूँ रहस्य में मौन और ज्ञानी का मुझको मान कहो।। 38

अर्थः- दण्डित करने के सभी साधनों में मैं दण्ड स्वरूप हूँ। सभी रहस्पूर्ण चीजों में मैं मौन बनकर रहता हूँ और विचारकों या बुद्धिमानों में उनका ज्ञान स्वरूप हूँ।

विशेषार्थ- सम्पूर्ण ब्रह्माण्ड में कृष्ण ही सबकुछ हैं। दण्ड देने वाला भी वही हैं और दण्ड भी वही हैं। विजय प्राप्त करने की आकांक्षा रखने वालों की नीति भी कृष्ण ही हैं तथा रहस्यों के सम्बन्ध में सोचने के समय वह मौन (चुप) स्वरूप रहते हैं। सभी ज्ञानियों के ज्ञानरूप भी श्री कृष्ण ही हैं।

हे अर्जुन! सृष्टि सबों का मुझको जनक वीज ही तुम जानो।
चर-अचर कोई मेरे बिन कभी नहीं रह सकता यह मानो।। 39

अर्थः- हे अर्जुन! मैं समस्त सृष्टि का जनक बीज हूँ। चर या अचर कोई भी मेरे विना नहीं रह सकता है।

हे अर्जुन! मेरी सब विभूतियों का न अन्त है यह मानो।
अबतक तुमको संक्षिप्त कहा, मेरी महिमा असीम जानो।। 40

अर्थः- हे परन्तपः अर्जुन! मेरी दिव्य विभूतियों का अन्त नहीं है। अभी तक तुमको अपनी दिव्य विभूतियों को संक्षेप में बताया है। मेरी महिमा असीम है-यही तुम जान लो।

विशेषार्थ- परमेश्वर की शक्तियाँ और विभूतियाँ अनन्त हैं। युद्धभूमि में शिष्य अर्जुन को वे केवल संक्षेप में बता सके हैं। कुछ उदाहरण प्रस्तुत कर अर्जुन की जिज्ञासा को शान्त करने का प्रयास किया गया है।

वृष्णीनां वासुदेवोऽस्मि पाण्डवानां धनंजयः।
मुनीनामप्यहं व्यासः कवीनामुशना कविः।।**37**।।
दण्डो दमयतामस्मि नीतिरस्मि जिगीषताम्।
मौनं चैवास्मि गुह्यानां ज्ञानं ज्ञानवतामहम्।।**38**।।
यच्चापि सर्वभूतानां बीजं तदहमर्जुन।
न तदस्ति विना यत्स्यान्मया भूतं चराचरम्।।**39**।।
नान्तोऽस्ति मम दिव्यानां विभूतीनां परन्तप।
एष तूद्देशतः प्रोक्तो विभूतेर्विस्तरो मया।।**40**।।

ऐश्वर्य, चारूता, गौरव से प्राणी जो शक्तियुक्त दिखता।
सब कुछ मेरा है तेज अंश, उससे ही जन्म उसे होता।। 41

अर्थः- जो भी प्राणी, सुन्दर, तेजस्वी और ऐश्वर्य से सम्पन्न दिखता है वह मेरे तेज के एक स्फुलिंग मात्र से उद्भूत है।

विशेषार्थ-यों तो सभी चीजों में परमात्मा का बास है, परन्तु अधिक सुन्दर और तेजस्विता मंे वह अपेक्षाकृत अधिक आभासित होता है।

अर्जुन! विस्तृत ज्ञानों की आवश्यकता नहीं देखता हूँ।
क्योंकि मैं निज अंशों से सब चीजें सम्हाल कर रखता हूँ।। 42

अर्थः- हे अर्जुन! तुम्हें विस्तृत ज्ञान देने की आवश्यकता मैं नहीं देख रहा हूँ। सम्पूर्ण जगत को तो मैं अपने एक अंश में ही व्याप्त कर सम्हाले रखता हूँ।

यद्यद्विभूतिमत्सत्त्वं श्रीमदूर्जितमेव वा।
तत्तदेवावगच्छ त्वं मम तेजोंऽशसम्भवम्।।**41**।।

अथवा बहुनैतेन किं ज्ञातेन तवार्जुन।
विष्टभ्याहमिदं कृत्स्नमेकांशेन स्थितो जगत्।।**42**।।

<u>इति दशमोध्यायः</u>

एकादश अध्यायः

हे विश्वरूप! मैं हाथ, उदर, मुँह आँख अनेकों देख रहा।
सब हैं असंख्य, तेरा न आदि और मध्य, अन्त मैं देख रहा।।

हे भगवन्! गुह्य विषय का जो तुमने मुझको उपदेश दिया।
उसके रहस्य ने मोह भंगकर मेरा सब भ्रम दूर किया।। 1

अर्थः- अर्जुन ने भगवान को बताया कि जिस अत्यन्त गुह्य आध्यात्मिक विषय का उपदेश उसको दिया गया है उसके परम रहस्य ने उसका भ्रम दूर कर दिया है।

विशेषार्थः- अर्जुन का मोह फट चुका है, उसके सारे भ्रम दूर हो गये हैं। भगवान कृष्ण जैसा मित्र और गुरु पाकर वह प्रबुद्ध हो चुका है। परन्तु एक अभिलाषा उसकी बची रह गई है। वह कृष्ण के विराट और अलौकिक रूप का दर्शन कर समस्त कारणों के कारण को अपने हृदय में स्थापित कर लेना चाहता है।

हे कमलनयन! सब चीजों की उत्पत्ति और लय जान लिया।
तेरी विस्तृत अक्षय महिमा को हृदयंगम कर मान लिया।। 2

अर्थः- हे कमलनयन! तुमसे वस्तुओं के जन्म और विनाश के सम्बन्ध में विस्तार से सुनकर हृदयंगम कर सब कहा हुआ मान लिया है।

हे परमेश्वर! तुमने अपना ईश्वरीय रूप जो बतलाया।
मैं इच्छुक हूँ वह दिव्य-रूप दिखला दो, जैसा समझाया।। 3

अर्थः- हे परमेश्वर! तुमने जैसा अपना ईश्वरीय रूप बतलाया है वही दिव्य रूप मुझको दिखला दो।

हे प्रभु! वह रूप अगर मुझसे दिख सकता हो तो दिखला दो।
हे योगेश्वर! वह रूप अनश्वर प्रकटित कर अब बतला दो।। 4

अर्थः- हे योगेश्वर कृष्ण! तुम्हारा वह दिव्य रूप देख सकने का अगर मुझमें सामथ्र्य हो तो उस अनश्वर रूप को प्रकट कर मुझे दिखलाने की कृपा कर दो।

विशेषार्थ- भौतिक इन्द्रियों द्वारा परमेश्वर कृष्ण के अनश्वर दिव्य-रूप के दर्शन कर पाना अर्जुन के लिये संभव नहीं है। इस तथ्य को जानकर ही अपने सामथ्र्य की चर्चा करके वह दर्शन करने के उपाय के बारे में जानने की ईच्छा व्यक्त कर रहा है। बिना दिव्य दृष्टि प्राप्त हुए उसको दर्शन मिलना असंभव है।

अर्जुन उवाच
मदनुग्रहाय परमं गुह्यमध्यात्मसंज्ञितम्।
यत्त्वयोक्तं वचस्तेन मोहोऽयं विगतो मम।।1।।
भवाप्ययौ हि भूतानां श्रुतौ विस्तरशे मया।
त्वत्तः कमलपत्राक्ष माहात्म्यमपि चाव्ययम्।।2।।
एवमेतद्यथात्थ त्वमात्मानं परमेश्वर।
द्रष्टुमिच्छामि ते रूपमैश्वरं पुरूषोतम।।3।।
मन्यसे यदि तच्छक्यं मया द्रष्टुमिति प्रभो।
योगेश्वर ततो मे त्वं दर्शयात्मानमव्ययम्।।4।।

हे अर्जुन! मेरे दिव्य अनश्वर का ऐश्वर्य विविध देखो।
शतशः सहस्त्र रंगों वाला मेरा स्वरूप विधि से देखो।। 5

अर्थ- भगवान कृष्ण ने अर्जुन को बताया कि अब मेरे सैकड़ों, हजारों विविध दिव्य रूपों को भिन्न-भिन्न रंगों एवं आकृतियों में देख लो।

विशेषार्थ- विभिन्न धार्मिक अनुभवों के आधार पर परमेश्वर के दिव्य दर्शन का इतिहास उपलब्ध है। भक्त के असीमित प्रेम में बँधकर श्री कृष्ण ने भी प्रिय सखा एवं शिष्य अर्जुन को अपने इश्वरीय रूप के दर्शन करने का सौभाग्य दिया है। कौरवों के संग पाण्डव की संधि-वार्ता के लिए इसी तरह श्री कृष्ण ने अपना दिव्य अलौकिक स्वरूप सभा में दिखलाया था, परन्तु दुर्योधन की भौतिक आँखें चैंधिया गयी थी और भगवान का दिव्य रूप वह नहीं देख सका था।

तुम आदित्यों, वसुओं, रूद्रों, दो अश्विन और मरूत देखो।
हे अर्जुन! अब तक जो आश्चर्य नहीं देखा, उनको देखो।। 6

अर्थः- हे अर्जुन! तुम आदित्यों, वसुओं, रूद्रों, दो अश्विनों तथा मरूतों को देखो। जो आश्चर्य आजतक नहीं देखा होगा उन आश्चर्यों को भी तुम देख लो।

विशेषार्थ- अदिति के बारह पुत्र, आठ वसु, एग्यारह रूद्र, दो अश्विनी कुमार, उन्चास मरूत एवं अनेक आश्चर्यों को देखने के लिए श्रीकृष्ण ने अर्जुन से कहा। इन अनेक आश्चर्यों को देखने के बाद अर्जुन को श्रीकृष्ण की असीमता समझ में आ सकेगी।

हे गुडाकेश! अब सभी चराचर और सभी जग को देखो।
तुम जैसे चाहो उन सबको एकत्रित मुझमें ही देखो।। 7

अर्थः- हे गुडाकेश, हे अर्जुन! सारे जगत और सभी चराचर को अब यहाँ देख लो। जो भी देखने की ईच्छा हो उन सबको एकत्रित मेरे शरीर में ही देख लो।

पर अपनी भौतिक आँखों से मुझको न कभी तुम देखोगे।
मैं दिव्य दृष्टि दे देता हूँ तब दिव्य शक्ति से देखोगे।। 8

अर्थः- परन्तु तुम अपनी मानवीय आँखों से मुझको नहीं देख पाओगे। मैं तुम्हें दिव्य दृष्टि दे देता हूँ, तब मेरे योग-ऐश्वर्य को देख पाओगे।

श्री भगवानुवाच
पश्य मे पार्थ रूपाणि शतशोऽथ सहस्रशः।
नानाविधानि दिव्यानि नानावर्णाकृतीनि च।।5।।
पश्यादित्यान्वसून्रुद्रानश्विनौ मरुतस्तथा।
बहून्यदृष्टपूर्वाणि पश्याश्चर्याणि भारत।।6।।
इहैकस्थं जगत्कृत्स्नं पश्याद्य सचराचरम्।
मम देहे गुडाकेश यच्चान्यद् द्रष्टुमिच्छसि।।7।।

संजय बोले राजा से, ऐसा योगेश्वर ने समझाया।
अर्जुन को दिव्य दृष्टि देकर निज विश्वरूप को दिखलाया।। 9

अर्थः- संजय ने राजा धृतराष्ट्र को बताया कि महायोगेश्वर श्री कृष्ण ने अर्जुन को दिव्य दृष्टि प्रदान कर अपना विश्वरूप दिखला दिया।

विशेषार्थ- दिव्य ऐश्वर्य को दिव्य दृष्टि से देखना संभव है। किसी भी भक्त द्वारा सम्पूर्ण समर्पण कर देने पर भगवान आह्लादित होकर दिव्य दृष्टि प्रदान करते हैं ताकि उसकी जिज्ञासा शान्त हो जाय। अर्जुन तो बड़ा भक्त और ज्ञानी था, उसको तो ऐसा महायोग मिलना ही चाहिये था। संजय ने भी व्यास जी से प्राप्त दिव्य-दृष्टि के द्वारा कुरूक्षेत्र की सभी घटनाओं को राजा धृतराष्ट्र से बताया है।

वह रूप अनेक मुखों, आँखों और आश्चर्यों से सज्जित था।
दिव्याभूषण धारित एवं दिव्यास्त्रों से अति मज्जित था।। 10

अर्थः- वह रूप अनेक मुख, आँख और आश्चर्यों से भरा-पुरा था। अनेक दिव्य आभूषण और अनेक दिव्य अस्त्रों से वह रूप सजा-धजा था।

वह दिव्य रूप मालाओं, वस्त्रों गंध-लेप से गंधित था।
आश्चर्य, अनन्त दृश्य एवं मुख सभी दिशा में वर्धित था।। 11

अर्थः- वह दिव्य रूप मालाओं, वस्त्रों और गंधादि लेप से सुगन्धित था। आश्चर्यजनक दृश्य तथा सबकुछ अति दिव्य और अनन्त था। उसके मुख सभी दिशाओं में सुदूर विद्यमान थे।

जब सूर्य सहस्र उगे नभ में एवं प्रकाश सम्मिलित रहे।
तब भी श्री कृष्ण के तेजों के समरूप शायद वह नहीं रहे।। 12

अर्थः- आकाश में एक साथ सहस्र सूर्य के सम्मिलित प्रकाश भी श्रीकृष्ण के तेज की समता शायद ही कर सके।

विशेषार्थ- राजा धृतराष्ट्र के राजमहल में बैठे-बैठे व्यासमुनि द्वारा प्रदत्त दिव्य-दृष्टि के सहारे संजय युद्धभूमि की घटना का बखान कर रहा था। परम पुरूष कृष्ण के विश्वरूप के तेज का अलौकिक दृश्य देखकर वह किसी तरह सहस्र सूर्यों के सम्मिलित प्रकाश के साथ तुलना करते हुए वर्णन करने में संकोच कर रहा था।

न तु मां शक्यसेद्रष्टुमनेनैव स्वचक्षुषा।
दिव्यं ददामि ते चक्षुः पश्य मे योगमैश्वरम्।।8।।
संजय उवाच
एवमुक्त्वा ततो राजन्महायोगेश्वरो हरिः।
दर्शयामास पार्थाय परमं रुपमैश्वरम्।।9।।
अनेकवक्त्रनयनमनेकाद्भुतदर्शनम्।
अनेकदिव्याभरणं दिव्यानेकोद्यतायुधम्।।10।।

अर्जुन ने उनके विश्वरूप में ब्रह्माण्डों को भी देखा।
उन सब विभक्त ब्रह्माण्डों के अनगिनत अंश को भी देखा।। 13

अर्थः- उस समय अर्जुन भगवान के विश्वरूप में एक ही स्थान पर हजारों विभक्त ब्रह्माण्डों तथा उसके अनन्त अंशों को भी देखा।

विस्मित एवं रोमांचित अर्जुन ने अपना सिर झुका लिया।
उसने कर जोड़ प्रार्थना करते परमेश्वर को बतलाया।। 14

अर्थः- अर्जुन ने आश्चर्यचकित और रोमांचित होकर अपना मस्तक झुका लिया। दोनों हाथ जोड़कर प्रार्थना पूर्वक भगवान को आगे बतलाया।

विशेषार्थ- श्री कृष्ण भगवान के विश्वरूपी आश्चर्यों से अर्जुन अभिभूत हो चुका था। अभी तक वह श्री कृष्ण को अपना मित्र और सखा के रूप में देखता था। परन्तु अब अजीब सम्बन्ध में बंध चुका था। भगवान के साथ बारह तरह के सम्बन्धों में भक्त का यह भी एक सम्बन्ध होता है।

हे भगवन! सब देवों, जीवों को एकत्रित मैं देख रहा।
कमलासन पर ब्रह्मा, शिवजी, ऋषि, दिव्य सर्प को देख रहा।। 15

अर्थः- अर्जुन ने भगवान कृष्ण को बताया कि वह उनके शरीर में सभी देवताओं और सभी जीवों को एकत्रित देख रहा है। कमल के आसन पर बैठे हुए ब्रह्मा, शिवजी, सभी ऋषियों तथा दिव्य सर्पों को भी वह देख रहा है।

हे विश्वरूप! मैं हाथ, उदर, मुँह आँख अनेकों देख रहा।
सब हैं असंख्य, तेरा न आदि और मध्य, अन्त मैं देख रहा।। 16

अर्थः- हे विश्वरूप कृष्ण। अनेक हाथ, पेट, मुँह और आँखों को मैं देख रहा हूँ। सब कुछ अनन्त है, परन्तु तेरा आदि, मध्य और अन्त नहीं देख रहा हूँ।

दिव्यमाल्याम्बरधरं दिव्यगन्धानुलेपनम्।
सर्वाश्चर्यमयं देवमनन्तं विश्वतोमुखम्।।**11**।।
दिवि सूर्यसहस्रस्य भवेद्युगपदुत्थिता।
यदि भाः सदृशी सा स्याद्भासस्तस्य महात्मनः।।**12**।।
तत्रैकस्थं जगत्कृत्स्नं प्रविभक्तमनेकधा।
अपश्यद्देवदेवस्य शरीरे पाण्डवस्तदा।।**13**।।
ततः स विस्मयाविष्टो हृष्टरोमा धनंजयः।
प्रणम्य शिरा देवं कृतांजलिरभाषत।।**14**।।
अर्जुन उवाच,
पश्यामि देवांस्तव देवदेहे सर्वांस्तथा भूतविशेषसंघान्।
ब्रह्माणमीशं कमलासनस्थ मृषींश्च सर्वानुरगांश्च दिव्यान्।।**15**।।

तुम मुकुट, गदा चक्रों में चहुँ दिश तेज पुँज सम धधक रहे।
रवि सम पुंजों की चकाचैंध और दिस अनल में दिख न रहे।। 17

अर्थः- मैं तुमको मुकुट, गदा और चक्रधारण किये हुए सब दिशाओं में धधकते तेज पुंज के रूप में बड़ी कठिनता से देख पा रहा हूँ। चैंधियाने वाली धधकती आग तथा सूर्य के समान दिव्य असहनीय प्रकाश की चमक में तुमको देख पाना तो मुश्किल है ही।

तुम ज्ञान योग्य, भगवान अनश्वर, जग का आश्रय पुरूष परम।
तुम शाश्वत धर्मों का रक्षक, तुम हो शाश्वत और पुरूष चरम।। 18

अर्थः- तुम अनश्वर भगवान हो। तुम ही ज्ञान और ज्ञेय हो। तुम जग का विश्राम स्थल हो और सनातन धर्म का रक्षक तथा चरम पुरूष भी हो।

तूँ आदि, मध्य और हो अनन्त, बल और भुजाएँ हैं अनन्त।
तेरी आँखें हैं सूर्य-चन्द्र, मुख-अग्नि तपाती विश्व तंत्र।। 19

अर्थः- तुम आदि, मध्य और अन्तरहित हो, तेरी शक्ति अनन्त तथा भुजाएँ असंख्य हैं। तेरे नेत्र सूर्य और चन्द्र हैं। तेरे मुँह से धधकती अग्नि-तेज की ज्वाला सम्पूर्ण संसार को तपा रही है।

पृथ्वी, आकाश, मध्य एवं हर दिशा तुम्ही तुम ही दिखते।
इस उग्र दृश्य को देख तीन लोकों के सब डर से कँपते।। 20

अर्थः- पृथ्वी, आकाश, मध्य, सभी लोक एवं सभी दिशाओं में केवल तुम ही दीख रहे हो। हे परमात्मा! तेरा आश्चर्यजनक भयावह रूप को देखकर तीनों लोक डर से काँप रहे हैं।

देवों के झुन्ड तेरे अन्दर कर जोड़ तेरी स्तुति करते।
सिद्धों, महर्षियों के समूह भी स्वस्ति मंत्र का जप करते।। 21

अर्थः- देवों के समूह तेरे अन्दर प्रवेश करके हाथ जोड़कर स्तुति करते हैं। सिद्धों और महर्षियों के झुंड भी स्वस्ति वचन के मंत्रों का विशेष जप करते दिखाई पड़ते हैं।

अनेकबाहूदरवक्त्रनेत्रं पश्यामि त्वां सर्वतोऽनन्तरूपम्।
नान्तं न मध्यं पुनस्तवादिं पश्यामि विश्वेश्वर विश्वरूप।।16।।
किरीटिनं गदिनं चक्रिणं च तेजोराशिं सर्वतो दीप्तिमन्तम्।
पश्यामि त्वां दुर्निरीक्ष्यं समन्ता-द्दीप्तानलार्कद्युतिमप्रमेयम्।।17।।
त्वमक्षरं परमं वेदितव्यं त्वमस्य विश्वस्य परं निधानम्।
त्वमव्ययः शाश्वतधर्मगोप्ता सनातनस्त्वं पुरूषो मतो मे।।18।।
अनादिमध्यान्तमनन्तवीर्य-मनन्तबाहुं शशिसूर्यनेत्रम्।
पश्यामि त्वां दीप्तहुताशवक्त्रं स्वतेजसा विश्वमिदं तपन्तम्।।19।।
द्यावापृथिव्योरिदमन्तरं हि व्याप्तं त्वयैकेन दिशश्च सर्वाः।
दृष्ट्वाद्भुतं रूपमुग्रं तवेदं लोकत्रयं प्रव्यथितं महात्मन्।।20।।
अमी हि त्वां सुरसंघा विशन्ति केचिद्भीताः प्रांजलयो गृणन्ति।
स्वस्तीत्युक्त्वा महर्षिसिद्धसंघाः स्तुवन्ति त्वां स्तुतिभिः पुष्कलाभिः।।21।।

आदित्य, रूद्र, वसु, साध्य, अश्विनी, विश्वेदेव मरूत दिखते।
गंधर्व, पितर और यक्ष, असुर, सिद्धादि चकित होते दिखते।। 22

अर्थ- आदित्य, रूद्र, वसु, साध्य, अश्विनी कुमार (दोनों भाई), विश्वेदेव, मरूत आदि का समूह तुमको देखते दिख रहे हैं। गन्धर्व, पितर, यक्ष, असुर, सिद्ध आदि के समूह आष्चर्यचकित होकर तुमको देख रहे हैं।

हे महाबाहु! तेरे अनेक मुख, नेत्र, बाहु, जंघा दिखते।
दाँतों, पावों, पेटो के भय से लोक, देव, हम सब डरते।। 23

अर्थः- हे महाबाहु भगवान! आपके अनेक मुख, नेत्र, बाहु, जंघा, पाँव, पेट एवं भयंकर दाँतों वाले विषाल रूप को देखकर देवगण सहित सभी लोग और हम डरे हुए हैं

बहुरंगों में नभ को छूते, विस्तृत मुख खोले तुम दिखते।
आँखें विशाल देखा तो मुझमें शान्ति, धैर्य कैसे टिकते? 24

अर्थः- नभ को छूते हुए अनेक रंगों में दमकने वाला तेरा विषाल रूप, भयंकर खुला हुआ तेरा मुख और डरावनी आँखों को देखकर मेरी आत्मा काँप उठी है। इस भयंकर दृष्य को देखकर मैं अपनी शान्ति और धैर्य खोने लगा हूँ।

प्रलयाग्नि रूप, मुख, दाँत भयानक देख मेरा संतुलन गया।
देवों के स्वामी दया करो, मैं बहुत मोह में डूब गया।। 25

अर्थः- प्रलय की अग्नि के समान रूप, मुख, भयानक दाँतों का दृष्य देखकर, मैं संतुलन खो बैठा हूँ। मेरे होषो हवास गायब हो गये हैं। हे देवों के स्वामी! मैं अत्यन्त मोहग्रस्त हो गया हूँ, मुझ पर दया करो।

रुद्रादित्या वसवो ये च साध्या विश्वेऽश्विनौ मरुतश्चोष्मपाश्च।
गन्धर्वयक्षासुरसिद्धसंघा वीक्षन्ते त्वां विस्मिताश्चैव सर्वे।।22।।
रूपं महत्ते बहुवक्त्रनेत्रं महाबाहो बहुबाहूरुपादम्।
बहूदरं बहुदंष्ट्राकरालं दृष्ट्वा लोकाः प्रव्यथितास्तथाहम्।।23।।
नभःस्पृशं दीप्तमनेकवर्णं व्यात्ताननं दीप्तविशालनेत्रम्।
दृष्टवा हि त्वां प्रव्यथितान्तरात्मा धृतिं न विन्दामि शमं च विष्णो ।।24।।
द्रष्ट्राकरालानि च ते मुखानि दृष्ट्वैव कालानलसन्निभानि।
दिशो न जाने न लभे च शर्म प्रसीद देवेश जगन्निवास।।25।।

कौरव के संग सभी राजा तेरे मुख में घुसते दिखते।
मेरे कुछ योद्धा संग भीष्म और द्रोण, कर्ण मुख में घुसते।। 26
तेरे डरावने मुख-अन्दर सब घुसकर दाँतों में फँसते
उनके सिर, मुख में पिस-पिस कर पूरा चूर्णित होते दिखते।। 27

अर्थः- धृतराष्ट्र के पुत्र (कौरव) एवं सभी राजाओं के साथ भीष्म, द्रोण, कर्ण तथा मेरे तरफ के भी कुछ प्रमुख योद्धा तेरे भयंकर दाँत वाले मुख में घुसते दीख रहे हैं। कुछ तो विकराल दाँतों के बीच में फँस गए हैं और सबके सिर पूर्णतः चूर्णित होते दिखाई पड़ते हैं।

नदियों की धारायें सब जैसे सागर में विलीन होती।
वैसे ही योद्धाओं की टोली धधक रहे मुख में जाती।। 28

अर्थः- जिस तरह नदियों की धारायें सागर में विलीन होती जाती हैं, ठीक उसी तरह योद्धाओं की टोली भी प्रज्ज्वलित मुखाग्नि में प्रवेष करती दिखाई पड़ती हैं।

मैं सबको पूर्ण वेग से तेरे मुख में जाते देख रहा।
जैसे पतंग अपने विनाश के लिए अग्नि में कूद रहा।। 29

अर्थः- मैं सब लोगों को तुम्हारे मुख के अन्दर प्रविष्ट होते देख रहा हूँ। ठीक वैसे ही जैसे प्रज्ज्वलित अग्नि में नष्ट होने के लिए पतंगों का झुंड कूदते रहता है।

हे विष्णु! मुखाग्नि सभी दिक के लोगों को सचमुच निगल रहे।
सारा संसार प्रचंड किरण के प्रखर तेज में झुलस रहे।। 30

अर्थः- अपनी मुखाग्नि से सभी दिषाओं के लोगों को निगलते हुए दिखाई दे रहे हो। सम्पूर्ण संसार तेरे प्रचंड किरणों के तेज में झुलस रहा है।

अमी च त्वां धृतराष्ट्रस्य पुत्राः सर्वे सहैवावनिपालसङ्घैः
भीष्मो द्रोणः सूतपुत्रास्तथासौ सहास्मदीयैरपि योधमुख्यैः।।**26**।।
वक्त्राणि ते त्वरमाणा विशन्ति दंष्ट्राकरालानि भयानकानि।
केचिद्विलग्ना दशनान्तरेषु सन्दृश्यन्ते चूर्णितैरुत्तमांगैः।।**27**।।
यथा नदीनां बहवोऽम्बुवेगाः समुद्रमेवाभिमुखा द्रवन्ति।
तथा तवामी नरलोकवीरा विशन्ति वक्त्राण्यभिविज्वलन्ति।।**28**।।
यथा प्रदीप्तं ज्वलनं पतंगा विशन्ति नाशाय समृद्धवेगाः।
तथैव नाशाय विशन्ति लोका-स्तवापि वक्त्राणि समृद्धवेगाः।।**29**।।
लेलिह्यसे ग्रसमानः समन्ता-ल्लोकान्समग्रान्वदनैर्ज्वलद्भिः।
तेजोभिरापूर्य जगत्समग्रं भासस्तवोग्राः प्रतपन्ति विष्णो।।**30**।।

कृपया प्रणाम स्वीकार करो, यह रूप भयानक क्यों दिखता।
कह दो तुम आदि देव या क्या हो, कार्यकलाप नहीं कहता।। 31

अर्थः- इतने भयानक उग्र रूप वाला तुम कौन हो? मेरा प्रणाम स्वीकार करो कि तुम आदि देव हो या कुछ और हो क्योंकि अपना कार्यकलाप भी नहीं बतला रहे हो।

हे अर्जुन! मैं हूँ काल रूप, सबलोक नष्ट करने आया।
कुछ पान्डव छोड़ सभी योद्धा को ही विनष्ट करने आया।। 32

अर्थः- भगवान अर्जुन से कहते हैं कि संसार को नष्ट करनेवाला मैं ही काल हूँ। कुछ पान्डवों को छोड़कर अधिकांष राजा और योद्धा लोग विनष्ट हो जायेंगे।

विषेषार्थः- सृष्टि का संचालन काल द्वारा होता है। काल के निरन्तर प्रवाह एवं उसके कार्यकलाप पर भगवान का नियंत्रण रहता है। सृजन और विनाश सब कुछ भगवान की मर्जी से काल द्वारा संपादित होता है। अतः मनुष्य को काल से ऊपर उठकर परमात्मा में लीन रहना चाहिए तभी वह काल के प्रभाव से मुक्त रह सकता है।

हे पार्थ! युद्ध कर यशी बनो, सम्पन्न राज्य का भोग करो।
तेरे दुष्मन मृत प्राप्त हुए, केवल निमित्त वन युद्ध करो।। 33

अर्थः- हे सव्यसाची, हे अर्जुन! तुम उठो, युद्ध करो और यष प्राप्त करने का भागी बनो। युद्ध जीत कर सम्पन्न राज्य का उपभोग करो। मैंने तो तुम्हारे सभी दुष्मनों को मार दिया है, अब वे बचे कहाँ? तुमको तो केवल निमित्त मात्र युद्ध करना है

विषेषार्थः- इतना सब दृष्य देखने के बाद अर्जुन को समझ लेना चाहिए कि विष्व की प्रक्रिया पूर्व निर्धारित योजनाओं का अनावरण मात्र है। चूँकि परमात्मा के सभी निर्णयों को मानवीय प्रक्रिया द्वारा ही सम्पन्न होना है, अतः अर्जुन को युद्ध का निमित्त मात्र बनने का उपदेश दिया गया है। सब कुछ तो परमात्मा ने पूर्व से निष्चित कर रखा है, अतः प्रत्येक प्राणी को किसी भी कार्य के कार्यान्वयन में इसी तरह का भाव रखना अनिवार्य है।

तुम कर्ण, भीष्म, जयद्रथ एवं गुरु द्रोण तथा वीरों से लड़।
उन सबको मैं हूँ मार चुका, जय तेरी होगी तुम मत डर।। 34

अर्थः- तुम द्रोण, भीष्म, कर्ण, जयद्रथ तथा अन्य वीर योद्धाओं से निर्भीक होकर युद्ध करो। उन सबको मैं पहले ही मार चुका हूँ। तुम्हारा विजय निष्चित है।

आख्याहि मे को भवानुग्ररूपो नमोऽस्तु ते देववर प्रसीद।
विज्ञातुमिच्छामि भवन्तमाद्यं न हि प्रजानामि तव प्रवृत्तिम्।।31।।
श्री भगवानुवाच,
कालोऽस्मि लोकक्षयकृत्प्रवृद्धो लोकान्समाहर्तुमिह प्रवृत्तः।
ऋतेऽपि त्वां न भविष्यन्ति सर्वे येऽवस्थिताः प्रत्यनीकेषु योधाः।।32।।
तस्मात्त्वमुत्तिष्ठ यशो लभस्व जित्वा शत्रून् भुङ्क्ष्व राज्यं समृद्धम्।
मयैवैते निहिताः पूर्वमेव निमित्तमात्रं भव सव्यसाचिन्।।33।।

अर्जुन भय से कम्पित दिखता, संजय ने नृप को सूचित किया।
तब पार्थ कृष्ण को नमस्कार करके डरते ही विनय किया।। 35

अर्थः- ऊधर संजय ने राजा धृतराष्ट्र को सूचित किया कि श्रीकृष्ण द्वारा युद्ध के फलाफल के बारे में सुनकर अर्जुन भय से थरथराने लगा और भगवान को बार-बार नमस्कार करते हुए अवरूद्ध कंठ से आगे कुछ प्रार्थना किया।

हे कृष्ण! विश्व, तेरे यश को गाने में आनन्दित होते।
राक्षस सब डर से भाग रहे और सिद्ध प्रणाम तुम्हें करते।। 36

अर्थः- हे कृष्ण। संसार तेरे यष को गाने में आनन्दित हो रहे हैं। राक्षस सब डरकर भाग रहे हैं और सिद्ध पुरूष आदरपूर्वक तुमको नमस्कार कर रहे हैं।

तुम ब्रह्मा से बढ़कर स्रष्टा, सब इस कारण प्रणाम करते।
तुम परम श्रोत, कारण के कारण, सबसे तुम ऊपर होते।। 37

अर्थः- हे जगन्नाथ! तुम ब्रह्मा से भी बढ़कर आदि स्रष्टा हो। यहाँ तक कि ब्रह्मा के भी स्रष्टा हो। इसी कारण से सब तुमको नमस्कार करते हैं। हे अनन्त! तुम परम स्रोत, अक्षर, कारणों के कारण और भौतिक जगत से परे हो।

तुम आदि पुरूष और प्रथम देवता, ज्ञाता-ज्ञेय लक्ष्य भी हो।
विश्रामस्थल हो पूर्ण विश्व का, व्याप्त जगत में तुम ही हो।। 38

अर्थः- तुम देवों में आदि पुरूष और प्रथम देवता हो। तुम विष्व का विश्राम स्थल हो। ज्ञाता और ज्ञेय तुम्हीं हो सबों का सर्वोच्च लक्ष्य भी हो। अपने अनन्त रूपों में तुम ही सम्पूर्ण संसार में व्याप्त हो।

तुम वायु, अग्नि, यम, वरूण रूप, तुम चन्द्र प्रजापति सबकुछ हो।
तुमको प्रणाम है वार-वार सबका प्रणम्य भी तुम ही हो।। 39

अर्थः- तुम वायु, अग्नि, यम, वरूण, चन्द्रमा और सबका प्रजापति (प्रपितामह) हो। तुम्हें बार-बार मेरा प्रणाम है।

द्रोणं च भीष्मं च जयद्रथं च कर्णं तथान्यानपि योधवीरान्।
मया हतांस्त्वं जहि मा व्यथिष्ठा युध्यस्व जेतासि रणे सपत्नान्।।34।।
संजय उवाच,
एतच्छ्रुत्वा वचनं केशवस्य कृतांजलिर्वेपमानः किरीटी।
नमस्कृत्वा भूय एवाह कृष्णं सगद्गदं भीतभीतः प्रणम्य।।35।।
अर्जुन उवाच,
स्थाने हृषीकेश तव प्रकीर्त्या जगत्प्रहृष्यत्यनुरज्यते च।
रक्षांसि भीतानि दिशो द्रवन्ति सर्वे नमस्यन्ति च सिद्धसंघाः।।36।।

आगे-पीछे सब दिक से तुमको नमस्कार मैं हूँ करता।
तुम हो अमाप्य, बल है अनन्त तुम सबमें सब तुममें रमता।। 40

अर्थः- तुमको आगे-पीछे, ऊपर नीचे सभी दिशाओं से मैं नमस्कार करता हूँ। तुम अमाप्य हो और तुम्हारा बल अनन्त है तथा असीम है। तुम सबमें और सब तुममे रमते हैं।

मैं तुम्हें मित्रवत, हठ से कृष्ण, सखा, यादव कहते रहता।
तेरी महिमा का ज्ञान नहीं, और क्षमा हेतु विनती करता।। 41

अर्थः- मित्रता के कारण तुमको मैं कृष्ण, यादव सखा आदि सम्बोधनों से पुकार लिया करता था। मैं तुम्हारी महिमा को नहीं जानता था। इस भूल को क्षमा कर देने के लिये मैं विनती करता हूँ।

इतना ही क्यों, सोते-उठते सबके समक्ष अपमान किया।
हे अच्युत! मुझे क्षमा कर दो अबतक का सबकुछ किया-धिया।। 42

अर्थः- इतना ही नहीं, विश्राम करते समय बिछावन पर लेटे रहने के समय, बैठते-उठते समय, अकेले में अथवा मित्रमंडली के समक्ष तुमको जो अनादर किया उन सभी अपराध को, हे अच्युत! मुझे माफ कर दो।

तुम जगत, चराचर, सब लोकों के पिता और हो पूज्य गुरु।
तुम परमपूज्य और अतुल शक्ति, तेरा न कभी है अन्त-शुरु।। 43

अर्थः- तुम दृष्य जगत और तीनों लोक के पिता और परम गुरु हो। तुम सबके पूज्य और अतुल शक्ति से सम्पन्न हो। तुमसे बढ़कर कोई नहीं है। तुम्हारा कोई आदि अन्त नहीं है।

जब पिता पुत्र और मित्र सखा, प्रेमी का दोष क्षमा होता।
हे पूज्य! दंडवत कर प्रणाम है क्षमा न क्यों मुझको करता।। 44

अर्थः-हे पूज्य परमेष्वर! मैं दंडवत होकर तुम्हें प्रणाम करता हूँ मुझ पर कृपा करो। जैसे पिता पुत्र को या प्रेमी प्रेमिका को क्षमा करता है तो तुम उसी तरह मुझको क्यों नहीं क्षमा कर सकते हो?

कस्माच्च ते न नमेरन्महात्मन् गरीयसे ब्रह्मणोऽप्यादिकर्त्रे।
अनन्त देवेश जगन्निवास त्वमक्षरं सदसत्तत्परं यत्।।**37**।।
त्वमादिदेवः पुरुषः पुराण-स्त्वमस्य विश्वस्य परं निधानम्।
वेत्तासि वेद्यं च परं च धाम त्वया ततं विश्वमनन्तरूप।।**38**।।
वायुर्यमोऽग्निर्वरुणः शशांकः प्रजापतिस्त्वं प्रपितामहश्च।
नमो नमस्तेऽस्तु सहस्रकृत्वः पुनश्च भूयोऽपि नमो नमस्ते।।**39**।।
नमः पुरस्तादथ पृष्ठतस्ते नमोऽस्तु ते सर्वत एव सर्व।
अनन्तवीर्यामितविक्रमस्त्वं सर्वं समाप्नोषि ततोऽसि सर्वः।।**40**।।

तेरा विराट यह रूप देख मैं डरकर हर्षित बहुत हुआ।
देवेष! तेरे भगवद् स्वरूप का अबतक दर्शन नहीं हुआ।। 45

अर्थः- तुम्हारे अनदेखा विराट भगवद् रूप को देखकर मैं भयभीत भी हुआ और अत्यधिक हर्षित भी हुआ। परन्तु हे देवेष! तुम्हारे पुरूषोत्तम भगवद् रुप का दर्शन नहीं हुआ है, वह रूप तो कृपा करके दिखा दो।

हे भगवन्! मुकुट सहित नारायण रूप चतुर्भुज दिखला दो।
चारों हाथों में शंख, गदा और पद्म चक्र भी दिखला दो।। 46

अर्थः- हे सहस्रभुज भगवान! अपने मुकुट धारी चतुर्भुज नारायण के रूप में मुझे दर्शन दो जिसमें चारों हाथ में शंख, चक्र, गदा एवं पद्म चक्र सुशोभित हो ।

विषेषार्थः- भगवान के असंख्य रूप हैं, परन्तु अर्जुन को ज्ञान था कि उनका नारायण नित्यरूप अधिक मोहक दिखता है। अतः उसी रूप को देखने की वह प्रार्थना कर रहा है।

अर्जुन! मैंने निज आत्मबोध से विश्वरूप को दिखलाया।
अपना तेजोमय परमरूप अब तक न किसी को बतलाया।। 47

अर्थः- भगवान ने अर्जुन को बतलाया कि अपनी अंतरंगा शक्ति के बल पर तुमको मैंने परम विष्वरूप का दर्शन तो करा दिया, पर जान लो कि अबतक संसार में ऐसे असीम तेजोमय आदि रूप का दर्शन किसी ने नहीं किया है।

कुरूश्रेष्ठ! पूर्व में विश्वरूप दर्शन न कोई कर पाया था।
वेदी, दानी भी यज्ञ, पुण्य, तप से न लाभ ले पाया था।। 48

अर्थः- इस संसार में वेदाध्ययन, यज्ञ, दान, पुण्य तपस्या के द्वारा भी मेरे विष्वरूप का दर्शन कोई नहीं कर सका है।

सखेति मत्वा प्रसभं यदुक्तं हे कृष्ण हे यादव हे सखेति।
अजानता महिमांन तवेदं मया प्रमादात्प्रणयेन वापि।।**41**।।
यच्चावहासार्थमसत्कृतोऽसि विहारशय्यासनभोजनेषु।
एकोऽथवाप्यच्युत तत्समक्षं तत्क्षामये त्वामहमप्रमेयम्।।**42**।।
पितासि लोकस्य चराचरस्य त्वमस्य पूज्यश्च गुरुर्गरीयान्।
न त्वत्समोऽस्त्यभ्यधिकः कुतोऽन्यो लोकत्रयेऽप्यप्रतिमप्रभाव।।**43**।।
तस्मात्प्रणम्य प्रणिधाय कायं प्रसादये त्वामहमीशमीड्यम्।
पितेव पुत्रस्य सखेव सख्युः प्रियः प्रियायार्हसि देव सोढुम्।।**44**।।
अदृष्टपूर्वं हृषितोऽस्मि दृष्ट्वा भयेन च प्रव्यथितं मनो मे।
तदेव मे दर्शय देव रूपं प्रसीद देवेश जगन्निवास।।**45**।।

अति विचलित मोहित तुम्हें देखकर घोर रूप को बदलूँगा।
तुम शान्त और निश्चिन्त रहो अब इच्छित रूप दिखा दूँगा।। 49

अर्थः- तुमको अत्यन्त विचलित और मोहित देखकर मैं अपना यह भयानक रूप बदल लेता हूँ। तुम निष्चिन्त होकर शान्त चित्त से अपनी ईच्छा के अनुकूल मेरे रूप को देख सकते हो।

संजय ने नृप को बतलाया अर्जुन का भय तब अन्त हुआ।
जब दिव्य रूप देखा तो उसका अन्तर्मन भी शान्त हुआ।। 50

अर्थः- वासुदेव (कृष्ण) ने अपना सौम्य रूप धारण करके दिखाया तब भयभीत अर्जुन का मन शान्त हुआ।

अर्जुन बोला हे वासुदेव! अब मैं स्थिर और शान्त हुआ।
तेरा मानव सा सौम्य रूप के दर्शन से भय, अन्त हुआ।। 51

अर्थः- अर्जुन ने कहा कि हे वासुदेव! तेरे अति सुन्दर मानव रूप को देखकर मैं स्थिर चित्त और स्वाभाविक अवस्था में आ गया हूँ।

भगवन् बोले हे अर्जुन! मेरा जो स्वरूप तुमने देखा।
देवों को भी दुष्कर होता सबको लालायित ही देखा।। 52

अर्थः- भगवान ने अर्जुन को बताया कि उनका जो नित्य रूप उसने देखा उसे देखने के लिये देवता भी लालायित रहते देखे गये हैं।

यह दिव्य स्वरूप अभी तक मुश्किल से न कोई है देख सका।
वेदों द्वारा, तप, दान, यज्ञ करके न मुझे कोई देख सका।। 53

अर्थः- हे अर्जुन! तुम जिस रूप का दर्षन अपने दिव्य नेत्रों से क़र रहे हो, वह वेदाध्ययन, तपस्या, दान या यज्ञों द्वारा भी नहीं संभव हो सकता है।

हे अर्जुन! भक्ति अनन्य रहे तो मुझको जाना जा सकता।
मेरा दर्शन भी कर सकता मेरे रहस्य को पा सकता।। 54

अर्थः- हे अर्जुन! अनन्य भक्ति से कोई भी भक्त मुझको जान सकता है। मेरा दर्षन भी कर सकता है और ज्ञान के रहस्य को भी पा सकता है।

आशक्ति रहित मुझको ही लक्ष्य समझ जो कर्म किया करता।
सब जीवों से मैत्री रख मुझको भक्ति प्रेम से पा लेता।। 55

अर्थः-हे अर्जुन आशक्ति रहित होकर मुझको लक्ष्य बनाते हुए जो व्यक्ति कर्म करता है और सब प्राणियों के साथ मैत्रीभाव रखते हुए मेरी भक्ति करता रहता है, वह निष्चित रूप से मुझको प्राप्त कर लेता है।

विषेषार्थः- हम किसी भी प्रकृति के हों, कवि हों, लेखक हों, कृषक या व्यवसायी हों, अथवा सर्वसाधारण प्राणी हों लेकिन अपने कत्र्तव्य का पालन ईष्वर को लक्ष्य बनाकर निस्वार्थ भाव से करते रहने पर, सबों से मैत्री भाव रखते हुए वह मेरी सच्ची भक्ति के माध्यम से मुझको प्राप्त कर लेता है। यही सच्ची भक्ति सम्पूर्ण भक्ति मार्ग का निचोड़ है।

किरीटिनं गदिनं चक्रहस्त-मिच्छामि त्वां द्रष्टुमहं तथैव।
तेनैव रूपेण चतुर्भुजेन सहस्रबाहो भव विश्वमूर्ते।।46।।
श्रीभगवानुवाच
मया प्रसन्न्ेन तवार्जुनेदं रूपं परं दर्शितमात्मयोगात्।
तेजोमयं विश्वमनन्तमाद्यं यन्मे त्वदन्येन न दृष्टपूर्वम्।।47।।
न वेदयज्ञाध्ययनैर्न दानै-र्न च क्रियाभिर्न तपोभिरुग्रैः।
एवंरूपः शक्य अहं नृलोके द्रष्टुं त्वदन्येन कुरुप्रवीर।।48।।
मा ते व्यथा मा च विमूढभावो दृष्टवा रूपं घोरमीदृङ्ममेदम्।
व्यपेतभीः प्रीतमनाः पुनस्त्वं तदेव मे रूपमिदं प्रपश्य।।49।।
संजय उवाच
इत्यर्जुनं वासुदेवस्तथोक्त्वा स्वकं रूपं दर्शयामास भूयः।
आश्वासयामास च भीतमेनं भूत्वा पुनः सौम्यवपुर्महात्मा।।50।।
अर्जुन उवाच,
दृष्ट्वेदं मानुषं रूपं तव सौम्यं जनार्दन।
इदानीमस्मि संवृत्तः सचेताः प्रकृतिं गतः।।51।।
श्रीभगवानुवाच
सुदुर्दर्शमिदं रूपं दृष्टवानसि यन्मम।
देवा अप्यस्य रूपस्य नित्यं दर्शनकांक्षिणः।।52।।
नाहं वेदैर्न तपसा न दानेन न चेज्यया।
शक्य एवंविधो द्रष्टुं दृष्टवानसि मां यथा।।53।।

भक्त्या त्वनन्यया शक्य अहमेवंविधोऽर्जुन।
ज्ञातुं द्रष्टुं च तत्त्वेन प्रवेष्टुं च परन्तप।।**54**।।

मत्कर्मकृन्मत्परमो मद्भक्तः संगवर्जितः।
निर्वैरः सर्वभूतेषु यः स मामेति पाण्डव।।**55**।।

इति एकादशोध्यायः

द्वादश अध्याय

जो दृढ़-निश्चयी, तुष्ट रहकर अपने को वश में कर लेता।।
अपना मन बुद्धि समर्पित करने वाला ही अति प्रिय होता।।

अर्जुन ने पूछा किसका पूजन सबसे अच्छा होता है?
तुमको पूजूँ या निर्गुण का पूजन, ही अच्छा होता है? 1

अर्थः- अर्जुन ने पूछा कि दो मार्गो मे से कौन अधिक श्रेयस्कर मार्ग होगा? यानी तत्परता से तेरी पूजा करना या अव्यक्त निर्विषेष ब्रह्म की भक्ति करना।

विषेषार्थः- परमात्मा के साक्षात्कार के अनेक साधन हैं, परन्तु मुख्य रूप से आध्यात्मिक व्यक्तियों में दो श्रेणियाँ होती हैः- सगुनोपासक और निर्गुणोपासक। अर्जुन जानना चाहता है कि इन दोनों में कौन अधिक श्रेयस्कर होता है।

भगवान बताते निष्ठा एवं श्रद्धा जो उनमें रखता।
जो स्थिर मन से उन्हें पूजता, वही सिद्ध योगी होता।। 2

अर्थः- भगवान ने बताया कि जो मन को उनमें स्थिर करके निष्ठा एवं श्रद्धापूर्वक उनकी पूजा करता है वही सिद्ध योगी कहलाता है।

कूटस्थ, अचल, अव्यक्त, सर्वव्यापी, अचिन्त्य को जो भजता।
संयम में रह कर इन्द्रिय को वश में कर मन समान रखता।। 3
सब प्राणी को आनन्द मिले ऐसा अनुभव करते रहता।
वह अन्य भक्त की भाँति सदा मुझको ही प्राप्त हुआ करता।। 4

अर्थः- जो अनश्वर, अनिर्वचनीय, अव्यक्त, अचिन्त्य, कूटस्थ, अचल और ध्रुव की उपासना करता है, और इन्द्रियों को वष में करके, मन को सभी दषाओं में समान रखते हुए सब प्राणी के लिए अनुभव करते रहता है तो वह अन्य भक्तों की भाँति मुझको ही प्राप्त होता है।

विषेषार्थः- यहाँ मानवता की सेवा को सच्चा योग बताया गया है। दुखिया के कष्ट को अपने ऊपर लेकर उसका कल्याण सोचना योग का आवश्यक अंग है। करूणा, विनम्रता और प्रेम से सभी दुखियों को अपना बना लेना सबसे पवित्र मार्ग है। महाभारत में या संत तुकाराम के सिद्धान्त में इस पवित्र मार्ग को सच्चा योग माना गया है।

अर्जुन उवाच
एवं सततयुक्ता ये भक्तास्त्वां पर्युपासते।
ये चाप्यक्षरमव्यक्तं तेषां के योगवित्तमाः।।1।।
श्रीभगवानुवाच
मय्यावेश्य मनो ये मां नित्ययुक्ता उपासते।
श्रद्धया परयोपेतास्ते मे युक्तमा मताः।।2।।
ये त्वक्षरमनिर्देश्यमव्यक्तं पर्युपासते।
सर्वत्रगमचिन्त्यं च कूटस्थमचलं ध्रुवम्।।3।।
सन्नियम्येन्द्रियग्रामं सर्वत्र समबुद्धयः।
ते प्राप्नुवन्ति मामेव सर्वभूतहिते रताः।।4।।

जो निराकार ईश्वर के प्रति हरपल आसक्त रहा करता।
उसका पथ पर आगे बढ़ना अत्यन्त कष्टप्रद हो जाता।। 5

अर्थः- परमेष्वर के अव्यक्त और निराकार के प्रति आसक्त रहने वालों के लिए यह पथ अत्यन्त कष्टप्रद एवं दुस्कर होता है।

विषेषार्थः- निर्गुण निराकार ब्रह्म की उपासना करने का मार्ग बहुत कठिन होता है। अपेक्षाकृत व्यक्तिक ईष्वर की भक्ति का मार्ग सुगम होता है। भगवान कृष्ण विभिन्न मार्गों की चर्चा करके अन्तिम लक्ष्य तक पहुँचने का उपाय बता रहे हैं।

जो सभी कार्य मुझमें अर्पित कर मेरी पूजा करता है।
अविचलित भाव से मन को मुझ पर ही स्थित कर रखता है।। 6

एकाग्रचित्त हो ध्यान सदा स्थिर चित्तों से करता है।
हे पार्थ! भक्त भवसागर से उद्धार तुरत हो जाता है।। 7

अर्थः- जो लोग अपने सभी कर्म मुझमें समर्पित कर अनन्य भक्ति से मेरा ध्यान और पूजन करते हैं, तथा अपने सभी विचार मुझ पर ही केन्द्रित करते हैं, उनको जन्म-मृत्यु के भव-सागर से मैं शीघ्र ही उद्धार कर देता हूँ।

विषेषार्थः- मनुष्य को परम शक्तिमान भगवान कृष्ण के शरण में जाने से सर्वोच्च सिद्धि प्राप्त होती है। भक्ति मार्ग के अतिरिक्त किसी अन्य मार्ग का अनुशरण करना अधिक कठिन है।

मुझमें मन को स्थिर करके निज बुद्धि मुझी में लगने दो।
कोई सन्देह न कभी करो केवल मुझमें निवास कर लो।। 8

अर्थः- तुम अपनी बुद्धि और मन को मुझमें स्थिर कर लो तो निस्सन्देह तुम केवल मुझमें ही निवास कर लोगे।

क्लेशोऽधिकतरस्तेषामव्यक्तासक्तचेतसाम्।
अव्यक्ता हि गतिर्दुःखं देहव[illegible]िरवाप्यते।।5।।
ये तु सर्वाणि कर्माणि मयि संन्यस्य मत्पराः।
अनन्येनैव योगेन मां ध्यायन्त उपासते।।6।।
तेषामहं समुद्धर्ता मृत्युसंसारसागरात्।
भवामि न चिरात्पार्थ मय्यावेशितचेतसाम्।।7।।
मय्येव मन आधत्स्व मयि बुद्धिं निवेशय।
निवसिष्यसि मय्येव अत ऊर्ध्वं न संशयः।।8।।

हे अर्जुन! अपना मन मुझपर स्थिर न अगर तुम कर सकते।
तो भक्तियोग के पालन में दृढ़ इच्छा क्यों न जगा सकते? 9

अर्थः- भगवान कृष्ण अर्जुन को भक्तियोग के माध्यम से मन को उनमें स्थिर करने का विचार देते हैं और बताते हैं कि किसी कारणवष वह ऐसा करने में असमर्थ है तो वह ऐसा करने की चाह को उत्पन्न करे।

यदि भक्ति योग के विधि-विधान का पालन भी न तुम्हें होता।
तब मेरे हेतु कर्म करके ही परमसिद्धि को पा सकता।। 10

अर्थः- अगर भक्तियोग के विधि-विधान का अभ्यास करने में भी तुम असमर्थ हो तो मेरे लिये कर्म करके तुम पूर्णसिद्धि को प्राप्त कर सकते हो।

विषेषार्थः- परमेष्वर के लिए कर्म करने का अर्थ यानि "मत्कर्म" का मतलब परमेष्वर को फल-फूल, प्रसाद चढ़ाना, मन्दिर आदि का निर्माण, वेद-षास्त्रों का अध्ययन तथा कृष्ण भावनामृत का प्रचारादि कार्य समझना चाहिये। इस तरह की सेवा में लगा रहकर भी पूर्णता प्राप्त हो सकती है।

यदि यह भी संभव नहीं तुम्हें तो कर्म योग को ग्रहण करो।
अपने को वश में करके कर्मों के फल की इच्छा न करो।। 11

अर्थः-अगर तुम इतना भी करने में असमर्थ हो तो योग की शरण में आकर अपने आपको वष में कर लो और अपने सब कर्मों के फल की इच्छा को त्याग दो।

विषेषार्थः-यदि अपने सभी कर्म के फल की इच्छा को त्यागकर परमेश्वर के समक्ष अबोध बालक की तरह कोई बन जाय, तब भी वह सिद्धि प्राप्त कर सकता है।

अथ चित्तं समाधातुं न शक्नोषि मयि स्थिरम्।
अभ्यासयोगेन ततो मामिच्छाप्तुं धनंजय।।**9**।।
अभ्यासेऽप्यसमर्थोऽसि मत्कर्मपरमो भव।
मदर्थमपि कर्माणि कुर्वन्सिद्धिमवाप्स्यसि।।**10**।।
अथैतदप्यशक्तोऽसि कर्तुं मद्योगमाश्रितः।
सर्वकर्मफलत्यागं ततः कुरु यतात्मवान्।।**11**।।
श्रेयो हि ज्ञानमभ्यासाज्ज्ञानाद्ध्यानं विशिष्यते।
ध्यानात्कर्मफलत्यागस्त्यागाच्छान्तिरनन्तरम्।।**12**।।

अभ्यासों से है श्रेष्ठ ज्ञान और ध्यान श्रेष्ठ उससे होता।
कर्मों के फल का त्याग श्रेष्ठतर यही सदा सुख भी देता।। 12

अर्थः- अगर अभ्यास करना भी संभव नहीं है तो ज्ञान प्राप्त करने में लग जाओ, लेकिन ज्ञान से भी श्रेष्ठ ध्यान है और ध्यान से श्रेष्ठ कर्म-फलों का त्याग है। मनुष्य को मन में शान्ति प्राप्त करने के लिए कर्म-फल का त्याग अत्यावष्यक है।

विशेषार्थः-परमेष्वर तक पहुँचना ही सर्वोच्च लक्ष्य होता है जो क्रमिक विकास से संभव हो पाता है। हम एक-एक पग आगे बढ़ने का अभ्यास करके ज्ञान प्राप्त कर सकते हैं। फिर ज्ञान के बाद ध्यान की अवस्था में आ जायेंगे और इसके बाद अपने सभी कर्मों के फल का त्याग कर मनः की शान्ति को प्राप्त कर सकेंगे। अपने सभी कर्म परमात्मा को समर्पित कर देने से हम पूर्णतः पवित्र हो जाते हैं।

जो अहंकार, ममता, द्वेषों से रहित प्रेम सबसे करता।
सुख-दुःख में सम और धीर रहे तो वही भक्त भी कहलाता।। 13

अर्थः- जो किसी से द्वेष नहीं करता, अहंकार और ममता से रहित रहकर सबों से प्रेम और मित्रता का भाव रखता तथा सुख-दुख में सम रहकर धैर्यवान बना रहता है वह सच्चा भक्त कहलाता है।

जो दृढ़-निश्चयी, तुष्ट रहकर अपने को वश में कर लेता।।
अपना मन बुद्धि समर्पित करने वाला ही अति प्रिय होता।। 14

अर्थः- जो सदा संतुष्ट और दृढ़निष्चयी होकर, अपने को वश में करके मन और बुद्धि को मुझ में अर्पित कर देता है- वह मेरा अतिप्रिय हो जाता है।

जो कष्ट किसी को कभी न देता, विचलित भी न कभी होता।
सुख-दुःख, भय, चिन्ता में सम रहने वाला मेरा प्रिय होता।। 15

अर्थः- जो कभी किसी को कष्ट नहीं पहुँचाता और विचलित भी नहीं होता तथा सुख-दुःख, भय और चिन्ता में समान रहता है, वह सच में मेरा प्रिय है।

अद्वेष्टा सर्वभूतानां मैत्रः करुण एव च।
निर्ममो निरहंकारः समदुःखसुखः क्षमी।।13।।
संतुष्टः सततं योगी यतात्मा दृढनिश्चयः।
मय्यर्पितमनोबुद्धिर्यो मद्भक्तः स मे प्रियः।।14।।
यस्मान्नोद्विजते लोको लोकान्नोद्विजते च यः।
हर्षामर्षभयोद्वेगैर्मुक्तो यः स च मे प्रियः।।15।।

जो कर्माश्रित न कभी रहता, और चिन्ता मुक्त शुद्ध जीता।
वह अनासक्त कर्मों के फल के कारण मेरा प्रिय होता।। 16

अर्थः- सामान्य कार्यो पर जो आश्रित नहीं रहे और शुद्ध, दक्ष एवं चिन्तामुक्त रहे, साथ ही जो फल के लिए प्रयत्न नहीं करे तथा कष्टों से मुक्त रहे-ऐसा भक्त मेरा प्रिय होता है।

जो सुख, दुःख द्वेष रहित इच्छा विन रखे ही पूजा करता।
शुभ-अशुभों से निश्चिन्त रहे तो मेरा अतिप्रिय हो जाता।। 17

जो शत्रु-मित्र, अपमान-मान, सर्दी-गर्मी में सम रहता।
वह अनाशक्त रहने के कारण सुख-दुख में समान रहता।। 18

जो निन्दा और प्रशंसा में चुप रह कर तुष्ट सदा रहता।
चिन्ता विहीन पूजन करने वाला मेरा प्रेमी होता।। 19

जो परम लक्ष्य मुझको जाने और तदनुकूल पूजा करता।
श्रद्धा से ऐसी पूजा करने वाला मेरा प्रिय होता।। 20

अर्थः- प्रसन्नता द्वेष, दुख, इच्छा, भला-बुरा इत्यादि से अप्रभावित रहकर मेरी भक्ति करने वाला भक्त मेरा प्रिय होता है।

जो शत्रु-मित्र दोनों से समान व्यवहार करे, मान-अपमान को समदृष्टि से देखे, सर्दी-गर्मी में समान रहे और आशक्ति रहित होकर सुख-दुख में बराबर एक जैसा रहे, वैसे भक्त को मैं बहुत चाहता हूँ।

जो चुप रहकर निन्दा एवं प्रषंसा को बराबर समझता हो, कुछ भी मिलने पर संतुष्ट रहता हो, बिना किसी निश्चित निवास-स्थान का हो तथा स्थिर बुद्धि से मेरी भक्ति करता हो- उसको मैं बहुत प्यार करता हूँ।

श्रद्धापूर्वक मुझे चरम लक्ष्य समझकर ऐसे अमर ज्ञान का अनुशरण करने वाला भक्त मुझे बहुत अधिक प्रिय होता है।

विशेषार्थः- सभी वस्तुओं में एक आत्मा को देखने से व्यक्ति में समचित्तता आती है तथा स्वार्थ पूर्ण इच्छाओं से उसको मुक्ति मिल जाती है। आत्मा के प्रति सम्पूर्ण समर्पण तथा प्रेमभाव का गुण उत्पन्न हो जाता है। जीवन में आकर्षण-विकर्षण, मित्रता-शत्रुता, सुख-दुःख

आदि से अप्रभावित होकर वह संसार की सेवा करने के लिए परमात्मा के साथ एकरूप हो जाता है।

अनपेक्षः शुचिर्दक्ष उदासीनो गतव्यथः।
सर्वारम्भपरित्यागी यो मद्भक्तः स मे प्रियः।।**16**।।
यो न हृष्यति न द्वेष्टि न शोचति न काङ्क्षति।
शुभाशुभपत्यिागी भक्तिमान्यः स मे प्रियः।।**17**।।
समः शत्रौ च मित्रे च तथा मानापमानयोः।
शीतोष्णसुखदुःखेषु समः संगविवर्जितः।।**18**।।
तुल्यनिन्दास्तुतिर्मौनी सन्तुष्टो येन केनचित्।
अनिकेतः स्थिरमतिर्भक्तिमान्मे प्रियो नरः।।**19**।।
ये तु धर्मामृतमिदं यथोक्तं पर्युपासते।
श्रद्दधाना मत्परमा भक्तास्तेऽतीव मे प्रियाः।।**20**।।

इति द्वादषोध्यायः

त्रयोदश अध्याय

ये पुरूष, प्रकृति दोनों अनादि हैं, पहले तुम इसको समझो।
सब रूप, तथा गुण-प्रकृति जन्य होते इसको भी तुम समझो।।

अर्जुन ने पूछा, हे केशव! यह प्रकृति, पुरूष क्या होता है?
क्षेत्रज्ञ-क्षेत्र और ज्ञान-क्षेत्र का सही अर्थ क्या होता है?

अर्थः- अर्जुन ने पूछा केशव से कि प्रकृति-पुरूष क्या होता है। क्षेत्र-क्षेत्रज्ञ तथा ज्ञान-क्षेत्र का क्या उद्येष्य है?

नोटः-गीता में ष्लोकों की कुल संख्या 700 बतायी गयी है। अगर इस उपर्युक्त ष्लोक को जोड़ दिया जाय तो कुल संख्या 701 हो जायेगी। किसी आधिकारिक विद्वान द्वारा इस पर कोई टिप्पणी भी संभवतः नहीं की गयी है। अतः यह श्लोक बिना संख्या दिये अंकित कर दिया गया है ताकि परम्परागत मानी गयी श्लोकों की कुल संख्या 700 रह जाय।

भगवान पार्थ से कहते हैं, यह देह क्षेत्र कहलाता है।
क्षेत्रज्ञ-श्रेत्र का है ज्ञाता, ज्ञानी ऐसा ही कहता है।। 1

अर्थः- भगवान ने अर्जुन को बताया कि यह शरीर क्षेत्र है तथा इस क्षेत्र को जानने वाला ही क्षेत्रज्ञ कहलाता है।

विषेषार्थः- प्रकृति अचेतन और पुरूष चेतन होता है। सारी गतिविधियाँ जो प्रकृति में होती रहती है उनको निष्क्रिय पुरूष, साक्षी पुरूष की तरह देखते रहता है। यह जीव शरीर रूपी कर्मक्षेत्र में बँधा हुआ है। शरीर ही कर्मक्षेत्र है जो विभिन्न इन्द्रियों से निर्मित है। इन्द्रियों की तृप्ति के लिए शरीर प्राप्त हुआ है। जिसको क्षेत्र या कर्मक्षेत्र कहते हैं। शरीर या क्षेत्र में हर पल परिवर्तन हो रहा है, यह बालक से किषोर, किषोर से तरूण तथा तरूण से वृद्ध होकर मृत्यु को प्राप्त हो जाता है। चेतन जीव इन सारी घटनाओं को जानता और देखता है इसलिए वह क्षेत्रज्ञ कहलाता है।

हे भारत! क्षेत्रों का क्षेत्रज्ञ मुझे ही जो जाना करते।
क्षेत्रज्ञ, क्षेत्र का ज्ञानी ही सच्चा ज्ञानी हैं कहलाते।। 2

अर्थः- ब्रह्माण्ड के सभी पदार्थो में (क्षेत्रों में) मुझे ही क्षेत्रज्ञ समझो। जो मनुष्य क्षेत्र और क्षेत्रज्ञ का तथ्य जान लेगा उसका वह ज्ञान ही सच्चा ज्ञान कहलाता है।

अर्जुन उवाच
प्रकृतिं पुरुषं चैव क्षेत्रं क्षेत्रज्ञमेव च।
एतद्वेदितुमिच्छामि ज्ञानं ज्ञेयं च केशव।।
श्रीभगवानुवाच
इदं शरीरं कौन्तेय क्षेत्रमित्यभिधीयते।
एतद्यो वेत्ति तं प्राहुः श्रेत्रज्ञ इति तद्विदः।।1।।
क्षेत्रज्ञं चापि मां विद्धि सर्वक्षेत्रेषु भारत।
क्षेत्रक्षेत्रज्ञयोर्ज्ञानं यत्तज्ज्ञानं मतं मम।।2।।

तुम सुन लो, क्षेत्रों की विधियों में, परिवर्तन क्या होता है?
उत्पत्ति क्षेत्र का एवं क्षेत्रज्ञों का बल क्या होता है? 3

अर्थः- सारांष में क्षेत्र का प्रकार, परिवर्तन, उसकी उत्पत्ति तथा इन घटनाओं के जानने वाले क्षेत्रज्ञ की षक्तियों का वर्णन मैं बताता हूँ।

ऋषियों के विविध मंत्र में गायित मंत्र पृथक से वर्णित है।
और उचित तर्क से पूर्ण "ब्रह्मसूत्रों" में भी यह चर्चित है।। 4

अर्थः- अनेक ऋषियों द्वारा मंत्रों में अनेक प्रकार से इसका वर्णन किया गया है। ब्रह्मसूत्रों में भी उचित तर्क के साथ इसको अभिव्यक्त किया गया है।

विषेषार्थः- सभी वैदिक मंत्र छन्द कहलाते हैं। गीता में सत्यों का प्रतिपादन वेद, उपनिषद और वादरायण के ब्रह्मसूत्रों के आधार पर ही किया गया है।

पाँचों स्थूल तत्व, मिथ्या अभिमान, बुद्धि, अव्यक्त त्रिगुण।
दस इन्द्रिय, मन, इन्द्रिय गोचर के वर्णन सहित है पांचों गुण।। 5

इच्छा, सुख-दुःख, संघात, द्वेश, धृति ही हैं, जीवन के लक्षण।
ये सब विकार हैं कर्मक्षेत्र के वर्णन का ही संक्षेपण।। 6

अर्थः- पाँचों स्थूल तत्व (पंच-महाभूत), अहंकार (मिथ्या-अभिमान), बुद्धि, अव्यक्त तीन गुण, दस इन्द्रियाँ, मन और इन्द्रियों के पाँच विषयों का संक्षेप में वर्णन है।

इच्छा, द्वेष, सुख-दुःख, धृति का समूह कर्मक्षेत्र के अन्तर्गत विकार के रूप में वर्णित किया गया है।

विषेषार्थः-वेदान्त सूत्रों के आधार पर पृथ्वी, जल, अग्नि, वायु और आकाष पंच-महाभूत कहलाते हैं। अहंकार, बुद्धि तथा तीन गुणों की अव्यक्त अवस्था की गणना भी करनी पड़ती है। पाँच ज्ञानेन्द्रिय-नाक, कान, नेत्र, जीभ और त्वचा हैं तथा पाँच कर्मेन्द्रिय-वाणी, पैर, हाथ, गुदा और लिंग हैं। अन्तः इन्द्रिय और मन को मिलाकर ग्यारह इन्द्रियाँ होती हैं। इन इन्द्रियों के पाँच विषय हैं- गंध, स्वाद, रूप, स्पर्ष और ध्वनि। इस तरह कुल मिलाकर सोलह तत्वों का समूह होता है जिसको कर्मक्षेत्र कहा जाता है। इसके अतिरिक्त इच्छा, द्वेष, सुख, दुःख पंच महाभूत के विकार हैं और चेतना, धैर्य सूक्ष्म शरीर के मन, अहंकार तथा बुद्धि के प्राकट्य जिसको कर्मक्षेत्र में सम्मिलित माना गया है। इन चैबीस तत्वों को विकार सहित जानना अनिवार्य है। गीता में सिर्फ सारांष है, पूरी जानकारी तो दर्षन-षास्त्र से ही मिल सकती है। इन सभी तत्वों को अभिव्यक्त करने वाला शरीर अस्थायी होता है। शरीर का जन्म लेना, बढ़ना, टिकना, सन्तान पैदा करना और धीरे-धीरे क्षीण होकर मृत्यु को प्राप्त होना अस्थायीत्व का लक्षण है। अर्थात् क्षेत्र अस्थायी भौतिक पदार्थ है तथा इन सारी क्रियाओं को जानने वाला क्षेत्रज्ञ कहलाता है।

अभिमान शून्यता, निश्छलता और शान्ति, अहिंसा, स्थिरता।
गुरु-सेवा, मन और देह शुद्धि, संयम से ज्ञानी हो जाता।। 7

इन्द्रिय विषयों से राग-शून्यता, दम्भहीनता जो समझे।
बीमार, वृद्ध और जन्म-मरण दुखिया का दुख ज्ञानी बूझे।। 8

पत्नी, संतति, घर-बार कार्य में अनाशक्त, निर्मोह रहो।
सारे अभीष्ट और अनाभिष्ट में सम रहने को ज्ञान कहो।। 9

जो अनुशासित रह अविचल और अनन्य भक्ति मेरा करता।
लोगों से अनाशक्त रह कर निर्जन में वास लिया करता।। 10

वह आत्म ज्ञान में सदा लीन रहकर सच्चा ज्ञानी बनता।
इससे बिल्कुल जो अलग रहे अज्ञानी बनकर रह जाता।। 11

अर्थः- उपर्युक्त गुणों की सूची में विनम्रता, अहंकार, अहिंसा, सरलता, सहिष्णुता, प्रामाणिक गुरु से सम्पर्क, पवित्रता, स्थिरता, आत्मसंयम, इन्द्रिय विषयों से वैराग्य जन्म-मृत्यु, बुढापा, रोगानुभूति, घर-बार से मोह-मुक्ति अच्छी-बुरी घटनाओं में समभाव, मेरी भक्ति, जनसमूह से अलग एकान्तवास, आत्म-ज्ञान तथा परम सत्य की खोज इत्यादि को अंकित किया गया है। इन सबके ज्ञान को सच्चा ज्ञान बतलाया गया है और इनके अतिरिक्त सभी कुछ अज्ञान कहलाता है।

विषेषार्थः- चैबीस तत्वों से निर्मित शरीर में आत्मा का वास है। इनसे आत्मा को बाहर निकालना बड़ा कठिन काम हो जाता है। भगवान कृष्ण के प्रति पूर्ण समर्पित होने पर उपर्युक्त सूची में अंकित सारे गुण अनायास विकसित हो जाते हैं। कृष्ण के हरएक कथन को सम्पूर्ण सत्य मान लेने पर ही युद्ध के मैदान में अर्जुन को आत्म-ज्ञान प्राप्त हो सकता था और पुनः युद्ध के लिये वह तैयार हो सकता था।

अब ज्ञेय बात मैं कहता हूँ जो शाश्वत जीवन दे देता।
वह परमब्रह्म ही हैं अनादि जो सत्य असत्य नहीं होता।। 12

अर्थः- अब मैं तुझे जानने योग्य वह बतलाऊँगा जिसको जान लेने पर भक्त को शाष्वत जीवन प्राप्त होता है। वह ज्ञेय बात है परमब्रह्म को जानना जिसका न आदि है, न अन्त है, न वह अस्तित्वयुक्त है और न वह अस्तित्व हीन ही है। यानि जो सत् भी नहीं है और असत् भी नहीं है।

उनके सब हाथ, पैर, आँखें, सिर, मुख, सर्वत्र कान रहते ।
सब चीजों में ही ब्रह्म व्याप्त है जो सर्वत्र रहा करते ।। 13

अर्थः- उनके हाथ, पैर, सिर, आँखें, मुँह, कान हर जगह हर दिशा में व्याप्त है और संसार की प्रत्येक वस्तु में भी व्याप्त है।

विशेषार्थः- परमात्मा के दो पक्षों में अनाशक्त-लोकातीतता और दूसरे द्वारा प्रकृति में अन्तर्व्यापिता का वर्णन कर अर्जुन को कृष्ण ने समझाया है। प्राकृतिक गुण से संयुक्त आत्मा ही क्षेत्रज्ञ कहलाता है और प्रकृति के गुणों से मुक्त होने पर वह परमात्मा कहलाता है।

उसमें इन्द्रिय के सब गुण हैं पर अनासक्त उनसे रहता।
सबको संभालता, प्रकृति-गुणों से रहित भोग करते रहता।। 14

अर्थः- उसमें सभी इन्द्रियों के गुण हैं परन्तु वह इन्द्रिय रहित है, अनासक्त है। सबको वही संभालता है, परन्तु उनके गुणों से रहित, होकर ही उपभोग करता है।

विषेषार्थः- परमात्मा की विशालता प्रकृति के गुणों के आरोप और निषेध द्वारा बतलाया गया है।

सब प्राणी के बाहर-अन्दर वह अचल और चल भी रहता।
वह सूक्ष्म और अज्ञेय तथा अति दूर-पास दोनों रहता। 15

अर्थः- परमात्मा सब प्राणियों के बाहर और अन्दर दोनों है। वह चल भी है और अचल भी है। वह सूक्ष्म और अज्ञेय है तथा बहुत दूर और बहुत पास भी है।

वह एक रूप अविभाज्य और जीवों में भाज्य सदा लगता।
सबका पालक, संहारक वह, सबकी उत्पत्ति वही करता।। 16

अर्थः- परमात्मा सभी जीवों में विभाजित रहते हुए भी अविभाजित और एक रूप स्थित है। वह सबका पालक, संहारक और जीवनदाता भी होता है।

वह सब प्रकाश का श्रोत, अंधकारों से सदा परे रहता।
वह ज्ञान, ज्ञान का विषय, ज्ञान का लक्ष्य, सबों के दिल बसता।। 17

अर्थः- परमात्मा सभी प्रकाशों का प्रकाश है और अन्धकार से परे है। वही ज्ञान है, ज्ञान का विषय है और ज्ञान का लक्ष्य भी है तथा सबके हृदय में निवास करता है।

इस तरह क्षेत्र और ज्ञान, ज्ञेय का संक्षेपण पहले बूझो।
मेरी ही दशा प्राप्त करने के लिये बात पूरी समझो।। 18

अर्थः- इस प्रकार शरीर (क्षेत्र), ज्ञान और ज्ञान के विषय को संक्षेप में वर्णन किया है जिसको समझ लेने पर मेरे स्वभाव में आने का सामर्थ्य (योग्यता) प्राप्त किया जा सकता है।

विषेषार्थः- भौतिक तत्वों एवं जीवन के लक्षणों का विष्लेषण कर शरीर के निर्माण का, फिर ज्ञान का एवं आत्मा-परमात्मा का वर्णन करने के उपरान्त, मुख्य रूप से क्षेत्र, ज्ञान और ज्ञेय को संक्षेप में समझाया गया है। जो भक्त ठीक-ठीक यह सब समझ लेगा वहीं कृष्ण के स्वभाव की योग्यता प्राप्त कर सकेगा।

ये पुरूष, प्रकृति दोनों अनादि हैं, पहले तुम इसको समझो।
सब रूप, तथा गुण-प्रकृति जन्य होते इसको भी तुम समझो।। 19

अर्थः- प्रकृति और पुरूष दोनों अनादि हैं तथा रूप (विकार) और गुण प्रकृति जन्य होते हैं।

विषेषार्थः- प्रकृति और आत्मा पर अपने नियंत्रण से ईश्वर, सृष्टि, स्थिति और प्रलय करते रहता है। प्रकृति एवं जीव दोनों नित्य हैं। ये दोनों ब्रह्माण्ड की उत्पत्ति के पूर्व से विद्यमान हैं। प्रकृति के व्यक्त होने पर जीव को भौतिक जगत में कर्म करने का अवसर मिल जाता है। प्रकृति से ही शरीर निर्मित होता है जिसको क्षेत्र कहते हैं और उससे बँधी हुई आत्मा ही पुरूष या जीव कहलाती है जो शरीर के सब कार्यों का निरीक्षण करते रहती है। यही निरीक्षण करने वाला ज्ञाता कहलाता है। परन्तु इन सबों का भी ज्ञान रखने वाला परमात्मा होता है अर्थात् आत्मा और परमात्मा एक ही भगवान की अभिव्यक्ति हैं, परमात्मा शक्ति हैं तथा आत्मा उनका अंश होता है।

तत्क्षेत्रं यच्च यादृक्च यद्विकारि यतश्च यत्।
स च यो यत्प्रभावश्च तत्समासेन मे शृणु।।3।।

ऋषिभिर्बहुधा गीतं छन्दोभिर्विविधैः पृथक्।
ब्रह्मसूत्रपदैश्चैव हेतुम ि र्विनिश्चितैः।।4।।

महाभूतान्यहंकारो बुद्धिरव्यक्तमेव च।
इन्द्रियाणि दशैकं च पंच चेन्द्रियगोचराः।।5।।

इच्छा द्वेषः सुखं दुःखं संघातश्चेतना धृतिः।।
एतत्क्षेत्रं समासेन सविकारमुदाहृतम्।।6।।

अमानित्वमदम्भित्वमहिंसा क्षान्तिरार्जवम्।
आचार्योपासनं शौचं स्थैर्यमात्मविनिग्रहः।।7।।

इन्द्रियार्थेषु वैराग्यमनहंकार एव च।
जन्ममृत्युजराव्याधिदुःखदोषानुदर्शनम्।।**8**।।
असक्तिरनभिष्वंग पुत्रदारगृहादिषु।
नित्यं च समचित्तत्वमिष्टानिष्टोपपत्तिषु।।**9**।।
मयि चानन्ययोगेन भक्तिरव्यभिचारिणी।
विविक्तदेशसेवित्वमरतिर्जनसंसदि।।**10**।।

अध्यात्मज्ञाननित्यत्वं तत्त्वज्ञानार्थदर्शनम्।
एतज्ज्ञानमिति प्रोक्तमज्ञानं यदतोऽन्यथा।।**11**।।

ज्ञेयं यत्तत्प्रवक्ष्यामि यज्ज्ञात्वामृतमश्नुते।
अनादिमत्परं ब्रह्म न सत्तन्नासदुच्यते।।**12**।।

सर्वतः पाणिपादं तत्सर्वतोऽक्षिशिरोमुखम्।
सर्वतः श्रुतिमल्लोके सर्वमावृत्य तिष्ठति।।**13**।।

सर्वेन्द्रियगुणाभासं सर्वेन्द्रियविवर्जितम्।
असक्तं सर्वभृच्चैव निर्गुणं गुणभोक्तृ च।।**14**।।

बहिरन्तश्च भूतानामचरं चरमेव च।
सूक्ष्मत्वात्तदविज्ञेयं दूरस्थं चान्तिके च तत्।।**15**।।

अविभक्तं च भूतेषु विभक्तमिव च स्थितम्।
भूतभर्तृ च तज्ज्ञेयं ग्रसिष्णु प्रभविष्णु च।।**16**।।
ज्योतिषामपि तज्ज्योतिस्तमसः परमुच्यते।
ज्ञानं ज्ञेयं ज्ञानगम्यं हृदि सर्वस्य विष्ठितम्।।**17**।।
इति क्षेत्रं तथा ज्ञानं ज्ञेयं चोक्तं समासतः।
मद्भक्त एतद्विज्ञाय मद्भावायोपपद्यते।।**18**।।
प्रकृतिं पुरुषं चैव विद्ध्यनादी उभावपि।
विकारांश्च गुणांश्चैव विद्धि प्रकृतिसम्भवान्।।**19**।।
कार्यकारणकर्तृत्वे हेतुः प्रकृतिरुच्यते।
पुरुषः सुखदुःखानां भोक्तृत्वे हेतुरुच्यते।।**20**।।

पुरूषः प्रकृतिस्थो हि भुंक्ते प्रकृतिजान्गुणान्।
कारणं गुणसंगोऽस्य सदसद्योनिजन्मसु।।**21**।।

भौतिक कारण, परिणामों का सब हेतु प्रकृति को कहते हैं।
और जीव विश्व में सुखःदुख के भोगों का कारण होते हैं।। 20

अर्थः- सभी भौतिक कारण और कार्यों (परिणामों) का हेतु, प्रकृति को कहते हैं तथा जीव (या पुरूष) सुख-दुःख के भोगों का कारण हो जाता है।

विषेषार्थः-सांख्य दर्षन में प्रकृति और पुरूष को स्वतंत्र मूल तत्व माना गया है परन्तु गीता ऐसा नहीं मानती है। जीव या पुरूष को जब भौतिक शरीर प्राप्त होता है तो वह प्रकृति के वष में चला जाता है। प्रकृति के नियमों के अनुसार ही उसको सभी कार्य करने पड़ते हैं। मनुष्य, हाथी, सिंह, कुत्ता, सूअर, कीट-पतंग आदि चैरासी लाख भिन्न-भिन्न योनियों में (जो प्रकृतिजन्य होते हैं) शरीर प्राप्त होने पर जीव को प्रकृति के नियमानुसार आचरण करना पड़ता है। परन्तु समस्त परिस्थितियों में परमात्मा जीव के साथ खड़ा रहता है।

ऐसे ही जीव प्रकृति के तीनों गुण का भोग किया करता।
उनकी संगत के कारण उत्तम, अधम योनि पाया करता।। 21

अर्थः- प्रकृति के तीनों गुण का भोग करता हुआ जीव प्रकृति में ही जीवन बिताता है। प्रकृति की संगत में रहकर (शरीर में रहकर) उसको उत्तम या अधम योनि प्राप्त होते रहता है।

विषेषार्थः- विभिन्न योनियों में भिन्न-भिन्न शरीर को पाकर जीव प्रकृति के वषीभूत हो जाता है। शरीर और इन्द्रियों की इच्छापूर्ति करने के उदेष्य से प्रकृति के प्रतिकूल होकर वह कार्य करता तो है लेकिन प्रकृति के तीनों गुणों के अधीन ही रहना पड़ता है। इन गुणों से ऊपर उठकर कार्य करते रहने से वह उत्तम योनि पायेगा नहीं तो अधम योनि प्राप्त करेगा। देहान्तरण की यह प्रक्रिया तब तक चलती रहती है जबतक वह परमात्मा को न पहचान ले।

सबके शरीर में अलग भोक्ता- ईश्वर स्थायी रहता।
वह साक्षी बन अनुमति देता और वही महाप्रभु कहलाता।। 22

अर्थः-लेकिन शरीर के भीतर अलग से एक ऐसा दिव्य-भोक्ता ईश्वर का निवास है जो साक्षी बनकर अनुमति देते रहता है जिसको हम प्रभु या परमात्मा कहते हैं।

विषेषार्थः-गीता में कृष्ण की स्पष्ट उक्ति है कि शरीर के भीतर आत्मा के साथ परमात्मा भी रहते हैं। आत्मा तो प्रकृति के गुणों का भोग करती है परन्तु उसके साथ रहने वाला दिव्य (परमेष्वर) से अनुमति लेकर ही वह वैसा करता है। यानि परम भोक्ता परमेष्वर को ही कहा गया है। परमेष्वर के आदेष के बिना जीवात्मा कुछ भी नहीं करता है। शारांष यह निकलता है कि प्रत्येक जीवात्मा परमेश्वर का नित्य अंष है और प्रकृति के विभिन्न गुणों के सम्पर्क में रहने के कारण विभिन्न जन्मों में विभिन्न शरीर को प्राप्त करते रहता है।

उपद्रष्टानुमन्ता च भर्ता भोक्ता महेश्वरः।
परमात्मेति चाप्युक्तो देहेऽस्मिन्पुरुषः परः।।**22**।।
य एवं वेत्ति पुरुषं प्रकृतिं चह गुणैः सह।
सर्वथा वर्तमानोऽपि न स भूयोऽभिजायते।।**23**।।

जो इन गुण का और प्रकृति-पुरूष का ज्ञान प्राप्त कर लेता है।
वह जैसा भी कुछ कार्य करे पर मोक्ष यहीं पा लेता है।। 23

अर्थः- जो व्यक्ति इन गुणों को तथा प्रकृति-पुरूष के इन तथ्यों को समझ लेता है उसको पुनर्जन्म नहीं होता है और निश्चितरूपेण मोक्ष को प्राप्त कर लेता है।

कुछ भक्त ध्यान का मार्ग तथा कुछ ज्ञान मार्ग अपनाते हैं।
निष्काम कर्मयोगी तो कर्मों से प्रभु को पा लेते हैं। 24

अर्थः- कुछ आदमी ध्यान मार्ग के द्वारा भगवान को अपने अन्दर देखते हैं और कुछ ज्ञान-मार्ग का अनुशरण कर परमात्मा को अपने भीतर देखते हैं, परन्तु निष्काम कर्म करने वाला तो कर्मयोग के माध्यम से ही परमात्मा को अपने भीतर देखते हैं।

कुछ बिना ज्ञान के अन्यों से सुनकर भगवद्-पूजा करते।
प्रामाणिक शिक्षा, सुनने की प्रवृति से मोक्ष शुलभ करते।। 25

अर्थः- कुछ लोगों को आध्यात्मिक ज्ञान का अभाव है, परन्तु प्रामाणिक उपदेषकों से सुनकर ही परमेष्वर की पूजा करने लगते हैं। वे भी उपदेष के श्रवण की प्रवृति के कारण मोक्ष का लाभ उठा लेते हैं।

हे अर्जुन! सब स्थावर, जंगम की उत्पत्ति तुम्हें दिखती।
वे सभी क्षेत्र क्षेत्रज्ञ मिलन के संयोगों से ही बनती ।। 26

अर्थः- हे भरत श्रेष्ठ! सभी स्थावर या जंगम चीजों की उत्पत्ति क्षेत्र और क्षेत्रज्ञ के संयोग होने के कारण ही होती है।

विषेषार्थः- प्रकृति और पुरूष के संयोग मात्र से ही सभी चीजों की उत्पत्ति होती रहती है।

परमात्मा-आत्मा का निवास सब देहों में ज्ञानी कहता।
वे हैं अनन्त और देह-अन्त के वाद न अन्त कभी होता।। 27

अर्थः- जो शरीर में परमात्मा और आत्मा को साथ देखता है और नष्वर शरीर में इनको विनष्ट होते नहीं देखता है, वह सच्चा ज्ञानी है।

ध्यानेनात्मनि पश्यन्ति केचिदात्मानमात्मना।
अन्ये सांख्येन योगेन कर्मयोगेन चापरे।।**24**।।
अन्ये त्वेवमजानन्तः श्रुत्वान्येभ्य उपासते।
तेऽपि चातितरन्त्येव मृत्युं श्रुतिपरायणाः।।**25**।।
यावत्संजायते किंचित्सत्त्वं स्थावरजंगमम्।
क्षेत्रक्षेत्रज्ञसंयोगात्तद्विद्धि भरतर्षभ।।**26**।।

जो परम आत्म को सब जीवों में समवस्थित देखा करता।
वह बिना भ्रष्ट और भ्रमित हुए सर्वोच्च लक्ष्य को पा लेता।। **28**

अर्थः- जो परमेश्वर को प्रत्येक वस्तु में एकसमान उपस्थित देखता है, वह बिना भ्रमित और पथ-भ्रष्ट हुए दिव्य लक्ष्य को प्राप्त कर लेता है।

जो सभी कर्म को प्रकृति जन्य सम्पन्न कर्म समझा करता।
वह आत्मा को द्रष्टा कहता और सच्चा ज्ञानी बन जाता।। **29**

अर्थः- जो व्यक्ति यह समझ जाता है कि शरीर द्वारा सम्पन्न सभी कार्य प्रकृति द्वारा ही सम्पादित होते हैं और आत्मा कभी काम नहीं करती है, वहीं सच्चा ज्ञानी है।

जीवों के विविध शरीरों में जो एक आत्म देखा करता।
एकात्मा का विस्तार देख कर सदा ब्रह्म को पा लेता।। **30**

अर्थः- जो व्यक्ति विभिन्न भौतिक शरीरों में एक ही आत्मा को देखता है और सब चीजों में उसी एक आत्मा का विस्तार देखता है वह ब्रह्मज्ञान को प्राप्त कर लेता है।

विषेषार्थः- भौतिक शरीर के नष्ट होने के बाद सिर्फ एक आत्मा बची रह जाती है। परन्तु यही आत्मा भौतिक प्रकृति के सम्पर्क में आकर विभिन्न शरीरों को प्राप्त करती रहती हैं। पषु, पक्षी, मनुष्य आदि के शरीर अलग-अलग हैं परन्तु उनमें वही एक आत्मा का निवास होता है। जो व्यक्ति ऐसा समझने या देखने लगता है वही सच्चा ब्रह्म ज्ञानी कहलाता है।

समं सर्वेषु भूतेषु तिष्ठन्तं परमेश्वरम्।
विनश्यत्स्वविनश्यन्तं यः पश्यति स पश्यति।।**27**।।
समं पश्यन्हि सर्वत्र समवस्थितमीश्वरम्।
न हिनस्त्यात्मनात्मानं ततो याति परां गतिम्।।**28**।।
प्रकृत्यैव च कर्माणि क्रियमाणानि सर्वशः।
यः पश्यति तथात्मानमकर्तारं स पश्यति।।**29**।।
यदा भूतपृथग्भावमेकस्थमनुपश्यति।
तत एव च विस्तारं ब्रह्म सम्पद्यते तदा।।**30**।।

हे अर्जुन! यह आत्मा अनादि, निर्गुण एवं अविनाशी है।
यह कर्म शून्य, निर्लिप्त देह में रहे तथा समदर्शी है।। 31

अर्थः- हे कुन्तीपुत्र अर्जुन! यह आत्मा अनादि, निर्गुण एवं अविनाशी होती है। भौतिक शरीर में रहकर भी वह न कोई कर्म करती है और न उसमें वह लिप्त ही होती है।

जैसे आकाश सूक्ष्म है, सबमें व्याप्ति उसी की ही रहती।
वैसे ही आत्मा सब देहों में रहकर भी न लिप्त होती।। 32

अर्थः- जैसे सर्वव्यापी आकाश अतिसूक्ष्मता के कारण किसी चीज में लिप्त नहीं होता है वैसे ही आत्मा भी सब शरीरों में रहकर भी उनमें लिप्त नहीं होती है।

हे भरतपुत्र! एक दिनकर से सारा संसार प्रकाशित है।
वैसे ही आत्मा के प्रकाश से सब शरीर उद्भासित है।। 33

अर्थः- हे भरतपुत्र! सम्पूर्ण संसार एक ही सूर्य से प्रकाशित होता है। ठीक उसी तरह एक ही आत्मा भौतिक शरीर को प्रकाषित किये रहती है।

जो ज्ञान-नेत्र से क्षेत्रों और क्षेत्रज्ञों को समझा करता।
वह व्यक्ति प्रकृति से शक्ति प्राप्त कर भगवद् दर्शन कर पाता।। 34

अर्थः-ज्ञान चक्षु से यह जानने वाला प्रकृति से मुक्त होकर भगवान को पा लेते हैं।

अनादित्वान्निर्गुणत्वात्परमात्मायमव्ययः।
शरीरस्थोऽपि कौन्तेय न करोति न लिप्यते।।**31**।।

यथा सर्वगतं सौक्ष्म्यादाकाशं नोपलिप्यते।
सर्वत्रावस्थितो देहे तथात्मा नोपलिप्यते।।**32**।।

यथा प्रकाशयत्येकः कृत्स्नं लोकमिमं रविः।
क्षेत्रं क्षेत्री तथा कृत्स्नं प्रकाशयति भारत।।**33**।।

क्षेत्रक्षेत्रज्ञयोरेवमन्तरं ज्ञानचक्षुषा।
भूतप्रकृतिमोक्षं च ये विदुर्यान्ति ते परम्।।**34**।।

इति त्रयोदशोध्यायः

चतुर्दषोध्यायः

सतगुण से ज्ञान जन्म लेता, रजगुण से लोभ सदा बढ़ता।
तमगुण से ही अज्ञान, मोह और पागलपन उपजा करता।।

भगवन् बोले, सर्वोच्च ज्ञान मैं अब बतलाता हूँ तुमको।
जिन ज्ञानों को मुनियों ने जाना और मिला सबकुछ उनको।। 1

अर्थः-भगवान ने अर्जुन से कहा कि अब उसको ऐसा सर्वश्रेष्ठ ज्ञान बतायेंगे जिसको सब मुनियों ने जानकर परमसिद्धि को प्राप्त किया है।

ज्ञानों में स्थित होकर वे मेरी प्रकृति सम हो जाते।
सृष्टि के समय न वे आते न ही प्रलय काल का दुःख पाते ।। 2

अर्थः- ऐसे ज्ञान की सहायता से मेरे जैसा बन कर सृष्टि की उत्पत्ति के समय उसका (ऐसे ज्ञान प्राप्त व्यक्ति का) जन्म नहीं होता है तथा प्रलय काल के समय का उन्हें दुःख भी नहीं होता है।
विशेषार्थः-प्रकृति के तीन गुणों से मुक्त होकर दिव्य ज्ञान प्राप्त व्यक्ति जन्म-मरण के चक्र से मुक्त हो जाता है। वह परमात्मा के बराबर का दर्जा प्राप्त कर लेता है।

यह प्रकृति-ब्रह्म है गर्भ, जहाँ मैं मूल बीज देता रहता।
हे भरतपुत्र! सब जीवों का उससे ही जन्म हुआ करता।। 3

अर्थः- हे भरतपुत्र! यह महान प्रकृति-ब्रह्म ही गर्भ है, जिसमें मैं बीज डालता हूँ और सभी वस्तु और प्राणियों की उत्पत्ति होती है।
विशेषार्थः- क्षेत्र यानि शरीर और श्रेत्रज्ञ यानि आत्मा के संयोग से ही संसार की उत्पत्ति होती है। भगवान के द्वारा ही प्रकृति और जीव का संयोग होता है। भौतिक प्रकृति से सभी जीव उत्पन्न होते प्रतीत होते हैं परन्तु वस्तुतः परमपुरूष ही समग्र ब्रह्माण्ड का कारण हैं।

श्रीभगवानुवाच
परं भूयः प्रवक्ष्यामि ज्ञानानां ज्ञानमुत्तमम्।
यज्ज्ञात्वा मुनयः सर्वे परां सिद्धिमितो गताः।।1।।
इदं ज्ञानमुपाश्रित्य मम साधर्म्यमागताः।
सर्गेऽपि नोपजायन्ते प्रलये न व्यथन्ति च।।2।।
मम योनिर्महद्ब्रह्म तस्मिन्गर्भं दधाम्यहम्।
सम्भवः सर्वभूतानां ततो भवति भारत।।3।।

हे अर्जुन! जितने लोक, योनि या रूप जन्म लेते दिखते।
उन सबकी योनि ब्रह्म है जिसमें हम ही बीज दिया करते।। 4

अर्थः- हे कुन्तीपुत्र! सभी योनि एवं लोकों में उत्पन्न होने वाले सब तरह के रूपों की योनि ब्रह्म है जिसमें मैं पिता स्वरूप बीज डालता हूँ।

विशेषार्थः- संसार का वीर्यरूप कारण ब्रह्म ही है। ब्रह्म के वीर्याणु यानि प्राणदायिनी आत्माओं द्वारा भौतिक तत्वों के गर्भाधान के परिणाम के कारण ही यह संसार है और इसी तरह परमात्मा का कार्य चलता रहता है। परम पुरूष सभी भौतिक वस्तुओं को, जीवों के बीज के साथ गर्भस्थ कराते हैं। पृथ्वी, जल, वायु, अग्नि सभी चैबीस तत्व भौतिक प्रकृति के अवयव हैं। इन सबों से अलग परा प्रकृति (या जीव) होती है जो परमात्मा की इच्छा से अपरा प्रकृति के साथ मेलकर भौतिक प्रकृति के जीवन रूप में उत्पन्न होती रहती हैं यह क्रिया तबतक चलती रहती है जबतक कारण रूप और उसकी निष्पत्ति परस्पर मिल न जाय।

भौतिक प्रकृति सत, रज, तम तीनों गुण से सदा युक्त रहता।
हे अर्जुन! जीव, प्रकृति के संगत में, इन गुण से बँध जाता।। 5

अर्थः- यह प्रकृति सत, रज, और तम के गुणों से युक्त होता है। इसके संसर्ग में आकर जीव तीनों गुणों से बँध जाता है।

विशेषार्थः- यद्यपि जीव दिव्य रूप है और भौतिक प्रकृति से उसका कुछ भी लेना-देना नहीं है। फिर भी प्रकृति के साथ बँध जाने के कारण वषीभूत होकर वह कार्य करने लगता है। सुख-दुःख का मुख्य कारण यही बन जाता है।

तीनों गुण में है शुद्ध सतोगुण जो प्रकाशदायी होता।
यह गुण प्राणी को, सुख-ज्ञानो में बाँध, पाप शोधित करता।। 6

अर्थः- प्रकृति के तीनों गुण में सबसे शुद्ध सत्वगुण होता है। हे अर्जुन! यह गुण प्रकाष और आनन्द का कारण है और प्राणी को ज्ञानवान तथा सुखी बनाकर पापमुक्त करता है।

सर्वयोनिषु कौन्तेय मूर्तयः सम्भवन्ति याः।
तासां ब्रह्म महद्योनिरहं बीजप्रदः पिता।।4।।
सत्त्वं रजस्तम इति गुणाः प्रकृतिसम्भवाः।
निबध्नन्ति महाबाहो देहे देहिनमव्ययम्।।5।।
तत्र सत्त्वं निर्मलत्वात्प्रकाशकमनामयम्।
सुखसंगेन बध्नाति ज्ञानसंगेन चानघ।।6।।
रजो रागात्मकं विद्धि तृष्णासंगसमुद्भवम्।
तन्निबध्नाति कौन्तेय कर्मसंगेन देहिनम्।।7।।

अति लोभ तथा आकांक्षा से रजगुण उत्पन्न हुआ करता।
हे अर्जुन! इस कारण से ही प्राणी सकाम में बँध जाता।। 7

अर्थः- हे अर्जुन! अधिक लोभ तथा आकांक्षा से रजोगुण की उत्पत्ति होती है और लोग इसी कारण से सकाम कर्मो में बँध जाते हैं।

विशेषार्थः- रजोगुण में वृद्धि होने से मनुष्य भौतिक प्रकृति की ओर आकर्षित होता है। इन्द्रिय-तृप्ति एवं समाज में सम्मान, सुन्दर स्त्री, घर, सुख, सम्मान आदि के लिये वह कठिन परिश्रम करता है, परन्तु मुक्ति प्राप्त करनें में सकाम कर्मो के कारण उसको काफी परेषानी झेलनी पड़ती है। वह अनेक जन्मों तक सुखी घर में गुणवान बनकर जन्म तो लेते रहता है, परन्तु मोक्ष मिलने में उसको दिक्कत होती है।

अज्ञानों से उत्पन्न तमोगुण से प्राणी मोहित होता।
हे भरतपुत्र! आलस्य प्रमादों में ही वह डूबा रहता। 8

अर्थः- हे भरतपुत्र! तमोगुण के कारण देहधारी जीव में मोह उत्पन्न हो जाता है। वह आलस्य,नींद और प्रमाद में डूबा रहता है तथा किसी भी हद तक जाकर वह सकाम कर्मों के द्वारा इन्द्रिय तृप्ति करने में संलग्न हो जाता है।

सतगुण मनुष्य को सुख देता, रजगुण सकाम ही करवाता।
तमगुण ज्ञानों को ढककर पागलपन में ही पहुँचा देता।। 9

अर्थः- हे अर्जुन! सत्व गुण से मनुष्य को आनन्द मिलता है और रजोगुण सकाम कर्मो में लगवाता है। परन्तु तमोगुण ज्ञान को ढँक कर पागल बना देता है।

हे अर्जुन! सतगुण, रजस्, तमस् में होड़ सदा लगते रहता।
प्रत्येक, बचे दोनों गुण पर, दबदबा बनाये ही रहता।। 10

अर्थः- हे अर्जुन! मनुष्य का सत्वगुण उसके रजस् और तमस् को दावता रहता है। और उसी प्रकार रजस् भी सत्व और तमस् को तथा तमस् भी सत्व और रजस् को दाबकर विजयी होना चाहता है।

विशेषार्थः- प्रत्येक मनुष्य में ये तीनों गुण विद्यमान होते हैं। उन तीनो में कोई एक गुण दूसरे गुण से बढ़े होते हैं। सत्वगुण अगर बढ़ा हुआ है तो प्रकाश और ज्ञान में वृद्धि रहती है। रजोगुण के बढ़े रहने पर अशान्ति एवं लालसा बढ़ी रहती है। जबकि तमोगुण के बढ़े रहने पर मन में अन्धकार और भ्रान्ति बढ़ी होती है। निरन्तर अभ्यास करने पर रजस् और तमस् को नियंत्रित कर, सत्वगुण को बढ़ाकर रखा जा सकता है।

तमस्त्वज्ञानजं विद्धि मोहनं सर्वदेहिनाम्।
प्रमादालस्यनिद्राभिस्तन्निबध्नाति भारत।।8।।
सत्त्वं सुखे संजयति रजः कर्मणि भारत।
ज्ञानमावृत्य तु तमः प्रमादे संजयत्युत।।9।।

जब ज्ञानों का प्रकाश देहों के सब द्वारों से उठता है।
तब हम जानेंगे सतगुण में निश्चित विकास हो जाता है।। 11

अर्थः- शरीर के सभी द्वार जब ज्ञान के प्रकाश से प्रकाशत होते हैं तो सत्वगुण में वृद्धि होती है।

हे अर्जुन! रजोगुणी में लालच और कठिन श्रम बढ़ जाता।
आसक्ति, तथा अनियन्त्रित ईच्छा से सकाम करते जाता।। 12

अर्थः- हे अर्जुन! रजोगुण के बढ़ जाने पर आसक्ति, सकाम कर्म, कठिन परिश्रम, अनियन्त्रित ईच्छा और लालसा आदि के लक्षण उत्पन्न हो जाते हैं।

विशेषार्थः- रजोगुण में वृद्धि होने पर मनुष्य में असीम इन्द्रिय तृप्ति की इच्छा विकसित हो जाती है। इच्छाओं की पूर्ति करने के लिए उसको आवेशपूर्ण प्रयत्न करना लाजिमी हो जाता है।

हे कुरूनन्दन! जड़ता, अन्धेरापन तमगुण में बढ़ जाता।
निष्क्रियता, मोह, प्रमाद आदि दुर्गुण प्रकटित होने लगता।। 13

अर्थः- तमोगुण के बढ़ने पर मनुष्य में प्रकाश का अभाव, निष्क्रियता मोह एवं लापरवाही प्रकट होने लगती है।

विशेषार्थः- प्रकाश नहीं रहने पर ज्ञान नहीं रहता और बिना नियम के सनकी अवस्था में मनुष्य का कार्य होने लगता है। कार्य करने की इच्छा रहते हुए भी वह निष्क्रिय जीवन बिताता है।

जब सतोगुणी मरता, है तो वह ब्रह्मलोक पा जाता है।
सब ऋषियों एवं महाभक्त जैसा आनन्द मनाता है।। 14

अर्थः- सतोगुणी की मृत्यु होती है तो वह महर्षि एवं महान भक्तों के उच्चतर लोकों को प्राप्त करता है।

रजस्तमश्चाभिभूय सत्त्वं भवति भारत।
रजः सत्त्वं तमश्चैव तमः सत्त्वं रजस्तथा।।10।।
सर्वद्वारेषु देहेऽस्मिन्प्रकाश उपजायते।
ज्ञानं यदा तदा विद्याद्विवृद्धं सत्त्वमित्युत।।11।।
लोभः प्रवृत्तिरारम्भः कर्मणामशमः स्पृहा।
रजस्येतानि जायन्ते विवृद्धे भरतर्षभ।।12।।
अप्रकाशोऽप्रवृत्तिश्च प्रमादो मोह एव च।
तमस्येतानि जायन्ते विवृद्धे कुरुनन्दन।।13।।
यदा सत्त्वे प्रवृद्धे तु प्रलयं याति देहभृत्।
तदोत्तमविदां लोकानमलान्प्रतिपद्यते।।14।।

जब रजोगुणी मरता सकाम कर्मी के बीच जन्म लेता।
और तमोगुणी मरता तो पशु की योनि ग्रहण ही कर लेता।। 15

अर्थः- रजोगुणी मरने पर सकाम कर्म करने वालों के बीच जन्म लेता है और तमोगुणी के मरने पर पशुओं की योनि में वह जन्म लेता है।

सात्विक कर्मों का फल सात्विक और उसको निर्मल सब कहता।
राजसिक कर्म में दुःख एवं तम में अज्ञान सदा मिलता।। 16

अर्थः- सात्विक कर्म करने वालों का फल शुद्ध और सात्विक होता है। रजोगुणी द्वारा किये गये कर्म का फल दुःखदायी होता है तथा तमोगुणी द्वारा किये गये कर्म को व्यर्थ कहा जाता है।

विशेषार्थः- सतोगुणी के कर्मों का फल शुद्ध और सात्विक होता है तथा उसको महर्षियों के साथ सुखद लोकों का भोग प्राप्त होता है। रजोगुणी के कर्मो का फल दुःखदायी है। भौतिक सुखों के लिये उसे कठिन श्रम करना पड़ता है। तत्काल मानसिक संतोष भले ही उसको मिलता हो लेकिन भयानक कष्ट का भोग तो उसको भोगना ही पड़ता है। तमोगुणी के कर्मों के सम्बन्ध में बताया गया है कि उसका सभी कर्म अज्ञानता और वहसीपन के कारण व्यर्थ कर्म कहलाता है। ऐसे कर्म करने वाले को वाद में पषु-योनि प्राप्त होता है जो काफी कष्टप्रद समझा जाता है।

सतगुण से ज्ञान जन्म लेता, रजगुण से लोभ सदा बढ़ता।
तमगुण से ही अज्ञान, मोह और पागलपन उपजा करता।। 17

अर्थः- सत्वगुण से सच्चा ज्ञान और रजोगुण से लोभ उत्पन्न लेता है। जबकि तमोगुण से अज्ञान, मोह और प्रमाद की उत्पति होती है।

रजसि प्रलयं गत्वा कर्मसंगिषु जायते।
तथा प्रलीनस्तमसि मूढयोनिषु जायते।।15।।
कर्मणः सुकृतस्याहुः सात्त्विकं निर्मलं फलम्।
रजसस्तु फलं दुःखमज्ञानं तमसः फलम्।।16।।
सत्त्वात्संजायते ज्ञानं रजसो लोभ एव च।
प्रमादमोहौ तमसो भवतोऽज्ञानमेव च।।17।।
ऊर्ध्वं गच्छन्ति सत्त्वस्था मध्ये तिष्ठन्ति राजसाः।
जघन्यगुणवृत्तिस्था अधो गच्छन्ति तामसाः।।18।।
नान्यं गुणेभ्यः कर्तारं यदा द्रष्टानुपश्यति।
गुणेभ्यश्च परं वेत्ति मद्भावं सोऽधिगच्छति।।19।।

सतगुणी उच्च लोकों में एवं रजोगुणी भू पर आते।
तम में स्थित प्राणी सब नीचे नरक लोक में ही जाते।। 18

अर्थः- सत्वगुण सम्पन्न प्राणी ऊपर के उच्च लोक में चले जाते हैं तथा रजोगुणी मध्य के भूलोक में रह जाते हैं। परन्तु जघन्य तमोगुण में स्थित प्राणी नीचे के नरक लोक में चले जाते हैं।

विशेषार्थः- भगवान कृष्ण ने तीनों गुणों के फल के बारे में बताया है। सतोगुण में जितना भी विकास हुआ उस हिसाब से प्राणी को ऊँचे स्वर्ग लोक में जाना पड़ता है। पूर्ण रूप से रजोगुण स्थित प्राणी पृथ्वी लोक में रहकर सम्पन्न घर में निवास करते हैं। चूँकि रजोगुण में सत्वगुण तथा तमोगुण मिश्रित रहते हैं अतः उनकी मात्रा के घटने-बढ़ने के हिसाब से कालान्तर में ऊपर या नीचे के लोकों में उनका आवागमन होता रहता है। परन्तु जघन्य तमोगुणी को नीचे के नरक लोक में जाना पड़ता है।

जब द्रष्टा प्रकृति गुणों के कारण किसी को न कर्ता समझे।
मेरा स्वरूप वह पा लेता जब इनसे अलग ब्रह्म समझे।। 19

अर्थः- जब देखने वाला प्रकृति के तीनों गुण में से किसी को कर्ता नहीं समझे औरइनसे अलग परमेश्वर को ही देखता हो तो वह मेरा स्वरूप पा लेता है।

जब दैहिक आत्मा को इन गुण से ऊपर का जीवन होता।
वह जन्म-मरण, बृद्धत्व मुक्त होकर शाश्वत जीवन पाता।। 20

अर्थः-शरीरधारी आत्मा इन तीनों गुणों से ऊपर उठकर जन्म-मृत्यु, वृद्धावस्था एवं कष्टों से मुक्ति पा लेती है तथा शाष्वत जीवन प्राप्त कर लेती है।

विशेषार्थः-जन्म लेते ही शरीरधारी आत्मा को प्रकृति के तीनों गुणों के प्रभाव में आना पड़ता है। परन्तु इनसे ऊपर उठकर अलग परमेश्वर को देख लेने पर उसको जन्म-मरण, वृद्धावस्था आदि कष्टों से मुक्ति मिल जाती है और वह शाष्वत जीवन प्राप्त कर लेता है।

हे कृष्ण! तीन गुण के बाहर भक्तों का लक्षण क्या होता?
वह कैसे वहाँ पहुँच पाता, और रहन-सहन कैसा होता? 21

अर्थः-अर्जुन ने भगवान से पूछा कि प्रकृति के तीन गुणों से परे भक्त का क्या लक्षण है वह इस स्थिति तक कैसे पहुँच जाता है और उसका रहन-सहन कैसा होता है।

गुणानेतानतीत्य त्रीन्देही देहसमुद्भवान्।
जन्ममृत्युजरादुःखैर्विमुक्तोऽमृतमश्नुते।।20।।
अर्जुन उवाच,
कैर्लिंगैस्त्रीन्गुणानेतानतीतो भवति प्रभो।
किमाचारः कथं चैतांस्त्रीन्गुणानतिवर्तते।।21।।

हे अर्जुन! जो गतिविधि, प्रकाश या मोहों से न घृणा करता।
वे नहीं रहें फिर भी न कभी वह उन सबकी ईच्छा करता।। 22
जो भौतिक गुण के कार्यों से निश्चल, अविचलित रहा करता।
गुण को ही समझे क्रियशील और उदासीन बन कर रहता।। 23
जो सुख-दुःख, मिट्टी, पत्थर, सोना शत्रु-मित्र को सम कहता।
निन्दा-स्तुति को एक मानकर आत्मा पर निर्भर रहता।। 24
मानापमान या प्रियाप्रियों के मिलने पर जो सम रहता।
सब कर्मों का जो त्याग करे वह सब गुण से ऊपर उठता।। 25
अविचलित भाव से हर स्थिति में जो मेरी सेवा करता।
वह प्रकृति गुणों को लाँघ ब्रह्म-स्तर तक तुरत चला जाता।। 26
मैं निराकार, ब्रह्माश्रय अविनाशी, अमर्त्य हूँ कहलाता।
यह चरम सुखों का पद, स्वाभाविक और सदा शाष्वत होता।। 27

विशेषार्थः-ष्लोक संख्या 22 से 27 तक में भगवान कृष्ण ने अर्जुन द्वारा पूछे गये प्रष्नों का सविस्तार उत्तर दिया है। प्रकृति के तीनों गुणों से परे व्यक्ति का आचरण रहन-सहन आदि सभी लक्षणों एवं विशेषताओं के सम्बन्ध में सुस्पष्ट उत्तर देकर कृष्ण ने अर्जुन की जिज्ञासा को शान्त किया है। संक्षेप में गूढ रहस्य की जानकारी देने के उदेष्य से उन्होंने अर्जुन को समझाया कि जो व्यक्ति प्रकाष, आसक्ति और मोह से घृणा नहीं करता है अथवा उनके नहीं रहने पर कोई इच्छा भी नहीं जागृत करता है तथा भौतिक गुणों की क्रिया-प्रतिक्रिया से निष्चल एवं अविचलित रहते हुए बिल्कुल उदासीन एवं दिव्य बना रहता है, जो अपने में स्थित रहकर सुख-दुख को एक सा समझता है, जो मिट्टी का ढेला और स्वर्ण को समान रूप से देखते हुए अनुकूलता एवं प्रतिकूलता के प्रति समान रहा करता है, जो धैर्यवान रहकर प्रषंसा, अप्रशंसा, मान-अपमान, शत्रु-मित्र में समान भाव रखकर सभी भौतिक कार्यो का परित्याग कर देता है, वही प्रकृति के गुणों से अतीत कहलाता है।

भावार्थ यह है कि भौतिक शरीर के लिये सब व्यक्ति, इन्द्रिय तृप्ति हेतु कार्य करते रहते हैं, परन्तु भगवान की भक्ति में लगा हुआ व्यक्ति शरणागत होकर दिव्य पद पर पहुँच जाता है। शरीर के सभी भौतिक कार्यो का सम्पादन होते रहने पर भी वह आत्मस्थित होकर परमब्रह्म में लीन रहता है, इस तरह गुणातीत होकर वह ब्रह्म के स्तर तक पहुँच जाता है। शंकराचार्य ने ब्रह्म को व्यक्तिक ईश्वर माना है, रामानुज ने ब्रह्म को मुक्त आत्मा बतलाया है जबकि मध्व ने इसको माया का रूप बतलाया है। यहाँ पर कृष्ण ने स्वयं को निर्दिष्ट ब्रह्म के साथ तद्रूप वन कर अर्जुन को उपदेशित किया है।

श्री भगवानुवाच,
प्रकाशं च प्रवृत्तिं च मोहमेव च पाण्डव।
न द्वेष्टि सम्प्रवृत्तानि न निवृत्तानि काङ्क्षति।।22।।

उदासीनवदासीनो गुणैर्यो न विचाल्यते।
गुणा वर्तन्त इत्येवं योऽवतिष्ठति नेंगते।।23।।

समदुःखसुखः स्वस्थः समलोष्टाश्मकांचनः।
तुल्यप्रियाप्रियो धीरस्तुल्य निन्दात्मसंस्तुतिः।।24।।

मानापमानयोस्तुल्यस्तुल्यो मित्रारिपक्षयोः।
सर्वारम्भपरित्यागी गुणातीतः स उच्यते।।25।।

मां च योऽव्यभिचारेण भक्तियोगेन सेवते।
स गुणान्समतीत्यैतान्ब्रह्मभूयाय कल्पते।।26।।

ब्रह्मणो हि प्रतिष्ठाहममृतस्याव्ययस्य च।
शाश्वतस्य च धर्मस्य सुखस्यैकान्तिकस्य च।।27।।

इति चतुर्दशोध्यायः

पंचदशोध्यायः

मैं जीव-हृदय में स्मृति-विस्मृति ज्ञानों का भी दाता हूँ।
मैं वेदों से जाना जाता, वेदान्त, वेद का ज्ञाता हूँ।।

भगवान बताते जग की जड़ पीपल समान ऊपर होती।
पत्ते स्त्रोत वेद के हैं, शाखाएँ नीचे ही होती।। 1

अर्थः- अर्जुन को कृष्ण बोधित करते हैं कि यह विष्व पीपल-वृक्ष की तरह है जिसकी जड़ ऊपर आसमान की ओर होती है, नीचे की ओर इसकी शाखायें हैं तथा पत्ते वेद के स्त्रोत्र होते हैं।

शाखायें चहुँदिश फैली हैं जो प्रकृति-गुणों से पोषित हैं।
टहनी इन्द्रिय के विषय, और जड़ कर्मलोक से बंधित हैं।। 2

अर्थः- इस वृक्ष की शाखायें चारों ओर फैली हैं जो प्रकृति के तीन गुणों से पोषित होती रहती हैं। इस वृक्ष की टहनियाँ इन्द्रियों के विषय हैं और मनुष्यलोक तक जड़ें फैलकर कर्म-बन्धन में बँधी रहती हैं।

विशेषार्थः- किसी पोखड़ा या जलाशय के किनारे का वृक्ष जल में उल्टा दिखाई पड़ता है। ठीक वैसी ही भौतिक जगत की स्थिति है। शाखायें चहुँदिश फैली हुई हैं। निचले भाग में जीवों की विभिन्न योनियाँ हैं और ऊपर उच्च योनियाँ रहती हैं। इस वृक्ष का पोषण प्रकृति के तीन गुणों से होता रहता है। इसकी टहनियाँ हमारी इन्द्रियों के विषय हैं। वास्तविक जड़ तो ब्रह्मलोक में हैं परन्तु अन्य जड़ें मनुष्य लोक तक फैली रहती हैं।

दिखता न अन्त, आधार, आदि या कुछ भी इस का सही मूल।
जड़ कट जाता है, अनाशक्ति के तलवारों से ही समूल।। 3

अर्थः- इसका आदि, अन्त आधार और वास्तविक जड़ का कुछ पता नहीं चलता है। इस पक्की जड़ों वाले अष्वत्थ को अनासक्ति की दृढ़ तलवार से काटा जा सकता है।

ऐसा करके ही परमेश्वर की शरण ग्रहण करना होगा।
जैसा अनादि कालों से इन सबका विस्तार हुआ होगा।। 4

अर्थः- ऐसा करके आदि पुरूष को खोजकर उसकी शरण में जाना होगा जहाँ से विश्व की धारा निकलती है और जहाँ पहुँचकर लोग लौटते नहीं हैं।

श्रीभगवानुवाच
ऊर्ध्वमूलमधःशाखमश्वत्थं प्राहुरव्ययम्।
छन्दांसि यस्य पर्णानि यस्तं वेद स वेदवित्।।1।।
अधश्चोर्ध्वं प्रसृतास्तस्य शाखा गुणप्रवृद्धा विषयप्रवालाः।
अधश्च मूलान्यनुसन्ततानि कर्मानुबन्धीनि मनुष्यलोके।।2।।
न रूपमस्येह तथोपलभ्यते नान्तो न चादिर्न च सम्प्रतिष्ठा।
अश्वत्थमेनं सुविरूढमूल-मसंगशस्त्रेण दृढेन छित्वा।।3।।
ततः पदं तत्परिमार्गितव्यं यस्मिन्गता न निवर्तन्ति भूयः।
तमेव चाद्यं पुरुषं प्रपद्ये यतः प्रवृत्तिः प्रसृता पुराणी।।4।।

अभिमान, मोह, आसक्ति, काम, सुख-दुःख को जो वश में करता।
वह परमपुरूष का शरण ग्रहण कर शाश्वत पद को पा लेता।। 5

अर्थः-जो अभिमान, मोह, आसक्ति, सुख-दुःख का द्वन्द्व, इच्छाएँ, मूढ़ता आदि पर विजय प्राप्त कर परमात्मा की भक्ति में लगा रहता है, वह शाश्वत पद को पा लेता है।

उसको दिनकर और अनल, चन्द्र भी नहीं प्रकाशित कर सकता।
उस परम धाम में जाकर कोई फिर न जगत में आ सकता।। 6

अर्थः- परमात्मा के उस परम धाम को सूर्य, चन्द्रमा या अग्नि कभी प्रकाशित नहीं कर सकता है और वहाँ पहुँच कर भक्त पुनः भौतिक जगत में भी नहीं लौटता है।

विशेषार्थः- परमात्मा का लोक स्वयं प्रकाशित रहता है, उसको सूर्य, चन्द्रमा या अग्नि के प्रकाश की आवश्यकता नहीं है। ज्योतिर्मय आकाश में आध्यात्मिक लोक असंख्य हैं। उन लोकों में कृष्ण का गो-लोक प्रमुख है। भक्त जब परमात्मा की भक्ति, शरणागत भाव से करता है और सभी भौतिक अवगुणों पर विजय प्राप्त कर लेता है, तब वह परमात्मा के लोक में पहुँच जाता है और फिर कभी वह भौतिक जगत में लौटकर नहीं आता। अर्थात तपस्या के अभ्यास से अपरिवर्तनशील ब्रह्म को प्राप्त किया जा सकता है।

मेरा ही अंश जीव बनकर इस बद्ध जगत में आ जाता।
मन एवं षट इन्द्रिय से वह घनघोर जंग करता रहता।। 7

अर्थः- वृहद् जगत के सभी जीव मेरे अंश हैं और वे प्रकृति के छहों इन्द्रियों से संघर्ष करते रहते हैं जिनमें पाँच के अलावे छठा मन भी सम्मिलित है।

विशेषार्थः- जीव परमेश्वर का सनातन अंश है। परमात्मा का अंश आत्मा है जो संसार में एक व्यष्टि आत्मा के रूप में इन्द्रियों के विषयों का सेवन करते रहने के कारण बन्धन में फँस जाता है। वृहद् वद्ध जीवन में, प्रकृति के गुणों से प्रभावित होकर वह भगवान की शुद्ध भक्ति भूल जाता है, जिस कारण से उसे संसार में आ-आकर संघर्ष करने की नौबत उठानी पड़ती है। मन के सतोगुणी रहने पर उसके द्वारा सम्पादित कर्म अच्छे होते हैं, रजोगुणी रहने पर उसके सभी कार्य कष्टदायक होते हैं तथा तमोगुणी हो जाने पर वह निम्न योनि में चला जाता है।

जीव का सम्बन्ध व्यक्त संसार से तो है लेकिन वह एक ब्रह्म पर आश्रित होता है। वह भगवान् का ठीक उसी तरह अंश है जिस तरह किसी घड़े के अन्दर का आकाश सम्पूर्ण आकाश का एक अंश होता है।

निर्मानमोहा जितसंगदोषा अध्यात्मनित्या विनिवृत्तकामाः।
द्वन्द्वैर्विमुक्ताः सुखदुःखसंज्ञे- र्गच्छन्त्यमूढाः पदमव्ययं तत्।।5।।
न तद्भासयते सूर्यो न शशांको न पावकः।
यद्गत्वा न निर्वतन्ते तद्धाम परमं मम।।6।।

ईश्वर शरीर धारण करता और उसे छोड़कर जब जाता।
मन इन्द्रिय सहित ऊर्ध्व जाता जैसे वायु सुगन्ध ढोता।। 8

अर्थः- ईश्वर शरीर को धारण करता है और शरीर को छोड़ने पर वह इन्द्रिय तथा मन को अपने साथ ले जाता है। यह ठीक उसी तरह घटित होता है जिस तरह वायु गंधों को अपने साथ ले जाती है।

विशेषार्थः-सूक्ष्म शरीर को साथ लिये हुए आत्मा नये शरीर में प्रवेश करती है। मृत्यु के समय उसकी चेतना जिस तरह की रहती है उसी के अनुरूप वह नया शरीर प्राप्त करती है। सूक्ष्म शरीर ही अगले शरीर का बीज वहन करता है और कर्म के अनुसार अगले जीवन में दूसरा शरीर धारण करता है।

वह कान, नाक, आँखें, स्पर्शेन्द्रिय से स्वाद लिया करता।
मन के द्वारा इन्द्रिय-विषयों में जीवन, सुखी जिया करता। 9

अर्थः- वह कान, आँख, सपर्शेन्द्रिय, स्वादेन्द्रिय, नासिका तथा मन का उपयोग करके इन्द्रियों के विषयों का आनन्द लेता रहता है।

अज्ञानी प्रकृति गुणों के भोगों में न उसे देखा करता।
पर ज्ञानी ज्ञान-चक्षु से ही आत्मा को पहचाना करता।। 10

अर्थः- शरीर में रहते हुए या मरते समय प्रकृति के अधीन गुणों के उपभोग में रहने के कारण अज्ञानी लोग आत्मा को नहीं पहचान पाते हैं। परन्तु ज्ञानी लोग ज्ञान-चक्षु से अन्तर्वासी आत्मा को पहचान लेते हैं।

ममैवांशो जीवलोके जीवभूतः सनातनः।
मनःषष्ठानीन्द्रियाणि प्रकृतिस्थानि कर्षति।।7।।
शरीरं यदवाप्नोति यच्चाप्युत्क्रामतीश्वरः।
गृहीत्वैतानि संयाति वायुर्गन्धानिवाशयात्।।8।।
श्रोत्रं चक्षुः स्पर्शनं च रसनं घ्राणमेव च।
अधिष्ठाय मनश्चायं विषयानुपसेवते।।9।।
उत्क्रामन्तं स्थितं वापि भुंजानं वा गुणान्वितम्।
विमूढा नानुपश्यन्ति पश्यन्ति ज्ञानचक्षुषः।।10।।
यतन्तो योगिनश्चैनं पश्यन्त्यात्मन्यवस्थितम्।
यतन्तोऽप्यकृतात्मानो नैनं पश्यन्त्यचेतसः ।।11।।

काफी प्रयत्न कर योगी-जन आत्मा का दर्शन करते हैं।
उच्छृंखल, अज्ञानी, न कभी भी उसको देखा करते हैं।। 11

अर्थः- बहुत प्रयत्न कर योगी-जन आत्मा का साक्षात्कार कर लेते हैं लेकिन जिनके मन अविकसित और अनुशासनहीन हैं उनको प्रयत्न करने पर भी आत्म-साक्षात्कार नहीं हो पाता है।

विशेषार्थः- काफी प्रयत्न करने के बाद ही ज्ञानी लोग ज्ञान चक्षु से समझ पाते हैं कि वे शरीर को कैसे त्यागते हैं, या अगला कैसा शरीर प्ारस करते हैं अथवा विशेष प्रकार के शरीर को प्राप्त करने का क्या कारण होता है। जिन्हें आत्मा का साक्षात्कार नहीं हो पाता है वे इन्द्रिय-भोग के भ्रम में नाना प्रकार के सुख या दुःख भोगते रहते हैं। उन्हें किसी विशेष योनि के शरीर को प्राप्त करने का कारण नहीं समझ में आता है। आध्यात्मिक ज्ञान की प्राप्ति के बाद उनकी समझ में शरीर और शरीर में वास करने वाली आत्मा की भिन्नता का ज्ञान होने लगता है। आत्मा, संसार तथा परमात्मा की अनुभूति तो आत्म-साक्षात्कार के पथ पर चलने वाले प्रयत्नशील योगी को ही मिलने लगती है। आत्म-साक्षात्कार प्राप्त होने पर यह सबकुछ साफ-साफ उनको दिखने लगता है।

यह सूर्य-तेज भी अंधकार को हरकर मुझसे निकला है।
और चन्द्र-अग्नि का तेज सभी कुछ मुझसे ही तो निकला है।। 12

अर्थः- विश्व के अंधकार को दूर करनेवाला सूर्य का तेज भी मुझसे ही निकला है। चन्द्रमा और अग्नि का तेज भी मुझसे ही निकला है।लोकादि मेरे बल से ही अपनी कक्षा में स्थित रहते।
सब औषधि मेरे चन्द्र-रूप से जीवन-रस पाते रहते।। 13

अर्थः- सभी लोकों में मैं हूँ और मेरी शक्ति से ही सभी लोक अपनी कक्षा में स्थित रहते हैं। मेरे चन्द्रमा स्वरूप से सारी औषधियाँ जीवन-रस पाती रहती हैं।

सब जीवों के शरीर में पाचक अग्नि रूप में मैं रहता।
मेरे ही प्राण-वायु के प्रश्वासों से चार अन्न पचता।। 14

अर्थः- सभी जीवित प्राणियों के शरीर में पाचक अग्नि बनकर मैं ही श्वास-प्रश्वास द्वारा चारों अन्न पचाते रहता हूँ।

यदादित्यगतं तेजो जगद्भासयतेऽखिलम्।
यच्चन्द्रमसि यच्चाग्नौ तत्तेजो विद्धि मामकम्।।**12**।।
गामाविश्य च भूतानि धारयाम्यहमोजसा।
पुष्णामि चैषधीः सर्वाः सोमो भूत्वा रसात्मकः।।**13**।।
अहं वैश्वानरो भूत्वा प्राणिनां देहमाश्रितः।
प्राणापानसमायुक्तः पचाम्यन्नं चतुर्विधम्।।**14**।।

मैं जीव-हृदय में स्मृति-विस्मृति ज्ञानों का भी दाता हूँ।
मैं वेदों से जाना जाता, वेदान्त, वेद का ज्ञाता हूँ।। 15

अर्थः- सभी जीवों के हृदय में मैं बैठा हुआ हूँ। स्मृति, ज्ञान और विस्मृति मैं ही हूँ। वेदों द्वारा मैं जाना जाता हूँ तथा सभी वेद-वेदान्तों का ज्ञाता भी मैं ही हूँ।

विशेषार्थः- जितने भी जीव हैं उनके हृदय में भगवान् बसा करते हैं और वही सब कर्मों को करने की प्रेरणा देते हैं। पिछले जन्मों की सारी बातें भूलकर विगत कर्मों के अनुसार जीव का कार्य सम्पादन होते रहता है। वेद-वेदान्त भगवान का ही रूप है जिसके माध्यम से लोग भगवान् को समझ पाते हैं। वद्ध जीवों के उद्धार के लिए अन्न के दाता एवं पाचक भी भगवान् ही होते हैं।

जीवों के दो प्रकार होते वे क्षर-अक्षर कहलाते हैं।
भौतिक में क्षर, आध्यात्मिक जग में अक्षर वे बन जाते हैं।। 16

अर्थः- भौतिक जगत में प्रत्येक जीव क्षर रहता है तथा आध्यात्मिक जगत में वह अक्षर कहलाता है।

विशेषार्थः- सभी जीव मन तथा पाँच इन्द्रियों से युक्त शरीर वाले होते हैं जो परिवर्तनशील है। बँधे रहने की स्थिति तक उनका सम्बन्ध भौतिक पदार्थो के साथ लगा हुआ रहता है जिसके कारण पदार्थो के परिवर्तन के साथ वे भी परिवर्तित होते प्रतीत होते हैं। जबकि आध्यात्मिक जगत में पदार्थों से शरीर का निर्माण नहीं होता है और फलतः परिवर्तन भी नहीं होता है। आध्यात्मिक जगत में जरा, जन्म और मृत्यु के नहीं होने से शरीर में परिवर्तन भी नहीं होता है, वे एक अवस्था मंे रहते हैं- जो अच्युत या अक्षर कहलाते है। भौतिक जगत में जन्म, वृद्धि, अस्तित्व, प्रजनन, क्षय और विनाश रूपी परिवर्तन होने के कारण वे च्युत अथवा क्षर कहलाते हैं।

इन दोनों के अतिरिक्त एक पुरूषोत्म परमेश्वर होता।
वह अविनाशी ही तीन लोक का पालनकर्ता भी होता।। 17

अर्थः-इन दोनों क्षर और अक्षर के अतिरिक्त एक परमपुरूष परमेश्वर होता है जो तीनों लोकों में उपस्थित रहकर सबका पालन-पोषण करता है।

सर्वस्य चाहं हृदि सन्निविष्टो मत्तः स्मृतिर्ज्ञानमपोहनं च।
वेदैश्च सर्वैरहमेव वेद्यो वेदान्तकृद्वेदविदेव चाहम्।।**15**।।
द्वाविमौ पुरुषौ लोके क्षरश्चाक्षर एव च।
क्षरः सर्वाणि भूतानि कूटस्थोऽक्षर उच्यते।।**16**।।
उत्तमः पुरुषस्त्वन्यः परमात्मेत्युदाहृतः।
यो लोकत्रयमाविश्य बिभर्त्यव्यय ईश्वरः।।**17**।।

मैं क्षर-अक्षर से परे सबों से श्रेष्ठ रूप में रहता हूँ।
इस कारण ही जग में वेदों में परम पुरूष कहलाता हूँ।। 18

अर्थः- क्षर और अक्षर के परे मैं सर्वश्रेष्ठ रहकर जगत और वेदों द्वारा परम-पुरूष के रूप में जाना जाता हूँ।

जो निस्सन्देह मुझे पुरूषोत्तम ईश्वर रूप समझ लेता।
हे भरतपुत्र! वह ज्ञानी मेरी भक्ति सतत करते रहता।। 19

अर्थः- बिना संशय के जो व्यक्ति मुझको पुरूषोत्तम तथा ईश्वर समझ लेता है, वही सच्चा ज्ञानी है। हे भरतपुत्र! वैसा ही ज्ञानी मेरी भक्ति में सदा लीन भी रहता है।

विशेषार्थः- भगवान की सच्ची भक्ति में लीन रहने वाले ही वैदिक ज्ञान को सही अर्थ में समझ लेते हैं, केवल परम सत्य के चिन्तन कर लेने से वह पूर्ण ज्ञानी नहीं बन सकते हैं। कृष्ण-भक्ति में लगे रहने बालों को अन्य आध्यात्मिक विधि से भगवान को जानने की जरूरत नहीं होती है।

हे अर्जुन! वैदिक शास्त्रों का मैं गुप्त रहस्य प्रकट करता।
ज्ञानी ही इसे समझ सकता और अथक यत्न कर फल पाता।। 20

अर्थः- हे अर्जुन! वैदिक शास्त्रों का सर्वाधिक गुप्त अंश मैंने प्रकट किया है। यह जो समझ लेता है वह बुद्धिमान है तथा अपने प्रयत्न में वही सफल होता है।

विशेषार्थः-भगवान कृष्ण ने वेद-शास्त्रों के सारांश और गुप्त अंश को समझाने की कृपा की है। भगवान की निश्छल भक्ति से सभी सांसारिक कल्मष दूर हो जाते हैं और भक्तों को अपने प्रयास में सफलता मिलती है।

यस्मात्क्षरमतीतोऽहमक्षरादपि चोत्तमः।
अतोऽस्मि लोके वेदे च प्रथितः पुरुषोत्तमः।।**18**।।

यो मामेवमसम्मूढो जानाति पुरुषोत्तमम्।
स सर्वविद्भजति मां सर्वभावेन भारत।।**19**।।

इति गुह्यतमं शास्त्रमिदमुक्तं मयानघ।
एतद्बुद्ध्वा बुद्धिमान्स्यात्कृतकृत्यश्च भारत।।**20**।।

इति पंचदशोध्यायः

षोडशोध्यायः

दैवी गुण से ही मोक्ष शुलभ, आसुरी जीव बंधित रहता।
तुम दैवी गुण ले जन्मे हो तो उदासीन फिर क्यों दिखता।।

श्री कृष्ण बताते निर्भयता, अनुशीलन, दान, आत्मसंयम।
आध्यात्मिक ज्ञान, तथा शुद्धिः, तप, वेदज्ञान और यज्ञ नियम।। 1
क्रोधादि-शून्य, तप, सत्य, अहिंसा, शान्ति, त्याग और अपैशुनम।

करूणा, निर्लोभ, धैर्य, लज्जा, संकल्प, क्षमा एवं शौचम्।। 2
आद्रोह, तेज-बल तथा मान-सम्मान आश शतशः शून्यम्।

ये सभी दिव्य गुण जिसमें हो वह देवतुल्य होता प्रणम्य।। 3

अर्थः- श्री कृष्ण ने बतलाया कि जिस व्यक्ति में निर्भयता, आध्यात्मिक ज्ञान का अनुशीलन, दान, आत्मशुद्धि आत्मसंयम, यज्ञ परायणता, वेदाध्ययन, तप, सरलता, अहिंसा, सत्यता, क्रोधविहीनता, त्याग, शान्ति (अपैशुनम) छिद्रान्वेषण करने में अरूचि, करूणा, निर्लोभ, भद्रता, लज्या, संकल्प, तेज, क्षमा, पवित्रता, ईर्ष्या से मुक्ति (अद्रोह), सम्मानों की अनीच्छा आदि सभी गुण भरे पड़े हों वही देवतुल्य कहलाता है।

आसुरी लोग दम्भी, दर्पी, क्रोधी, अज्ञानी होते हैं।
अभिमान तथा प्राकृतिक गुणों में लिप्त सदा वे रहते हैं।। 4

अर्थः- हे अर्जुन! आसुरी स्वभाव वाले लोगों में दम्भ, दर्प, अभिमान, क्रोध और अज्ञानता का भरा रहना प्रकृति-प्रदत्त अवगुण है।

विशेषार्थः- आसुरी स्वभाव वाले लोग धर्म का सिर्फ आडम्बर करते हैं। वे सदा स्वयं की शिक्षा और सम्पत्ति पर दर्प करते हैं। वे कभी नम्र व्यवहार नहीं करेंगे और दूसरों से अपनी प्रतिष्ठा पाने की अपेक्षा करते रहेंगे। ज्यों-ज्यों उम्र बढ़ती जायेगी, ये सारे अवगुण उनमें प्रकट होते जायेंगे।

श्रीभगवानुवाच
अभयं सत्त्वसंशुद्धिर्ज्ञानयोगव्यवस्थितिः।
दानं दमश्च यज्ञश्च स्वाध्यायस्तप आर्जवम्।।1।।
अहिंसा सत्यमक्रोधस्त्यागः शान्तिरपैशुनम्।
दया भूतेष्वलोलुप्त्वं मार्दवं ह्रीरचापलम्।।2।।
तेजः क्षमा धृतिः शौचमद्रोहो नातिमानिता।
भवन्ति सम्पदं दैवीमभिजातस्य भारत।।3।।
दम्भो दर्पोऽभिमानश्च क्रोधः पारुष्यमेव च।
अज्ञानं चाभिजातस्य पार्थ सम्पदमासुरीम्।।4।।
दैवी सम्पद्विमोक्षाय निबन्धायासुरी मता।
मा शुचः सम्पदं दैवीमभिजातोऽसि पाण्डव।।5।।

दैवी गुण से ही मोक्ष शुलभ, आसुरी जीव बंधित रहता।
तुम दैवी गुण ले जन्मे हो तो उदासीन फिर क्यों दिखता।। 5

अर्थ- दैवी गुण प्राप्त व्यक्ति के लिए मोक्ष शुलभ होता है और आसुरी गुण प्राप्त व्यक्ति तो बन्धन में पड़ा रहता है। लेकिन, अर्जुन! तुमको दुखी नहीं रहना चाहिये क्योंकि तुम तो दैवी गुण से सम्पन्न होकर जन्म ही लिये हो।

पृथ्वी पर दैवी तथा आसुरी गुण प्रधान प्राणी होते।
दैवी गुण तो कह दिया तथा असुरों की बात बता देते।। 6

अर्थः- हे अर्जुन! संसार में दो तरह के ही प्राणी हैं-दैवी तथा आसुरी गुण वाले। विस्तार से मैंने दैवी गुण को बतला दिया है और अब आगे आसुरी गुण वालों के बारे में बतलाऊँगा।

आसुरी व्यक्ति को उचित तथा अनुचित का ज्ञान नही होता ।
उनमें न सत्यता या पवित्रता या न आचरण ही होता।। 7

अर्थः- आसुरी स्वभाव वाले लोगों में यह ज्ञान नहीं होता है कि उचित या अनुचित कार्य क्या होता है। न उनमें पवित्रता रहती है, न उचित आचरण रहता है और न कोई सत्यता पायी जाती है।

विशेषार्थः-महर्षियों द्वारा अथवा अन्य शास्त्रों यथा मनु संहिता आदि में उपदेशित विधि-नियमों का जो पालन नहीं करता है, वह आसुरी स्वभाव वाला कहलाता है। वैदिक आदेशों के विपरीत कार्य करने से सामाजिक स्थिति अत्यन्त विकृत होने लगती है। अतः वैदिक आदेशों के विरूद्ध किये जाने वाले कार्यों की भर्त्सना होनी चाहिये।

वे ईश्वर निर्मित जग को ही मिथ्या, आधारहीन कहते।
जग का निर्माता उन्हें नहीं, कामेच्छा से निर्मित कहते।। 8

अर्थः- आसुरी स्वभाव वाले जगत को मिथ्या और आधारहीन कहते हैं। ईश्वर को जगत का नियामक भी नहीं मानते। वे मानते हैं कि कामेच्छा से जगत की उत्पत्ति होती हैं।

विशेषार्थः- जैसे स्त्री-पुरूष के संयोग से बच्चे उत्पन्न ले लेते हैं, उसी तरह पदार्थों के संयोग से जगत की उत्पत्ति हो जाती है। आसुरी स्वभाव वाले प्रकृति को कारण स्वरूपा मानते हैं। जैसे जीवित प्राणी के पसीने से या मृत प्राणी के शरीर से अनेक जीवित प्राणी उत्पन्न लेते हैं। उसी तरह जग का भी निर्माण हो जाया करता है। आत्मा और परमात्मा का अस्तित्व वे नहीं मानते हैं।

द्वौ भूतसर्गौ लोकेऽस्मिन्दैव आसुर एव च।
दैवो विस्तरशः प्रोक्त आसुरं पार्थ मे शृणु।।6।।
प्रवृत्तिं च निवृत्तिं च जना न विदुरासुराः।
न शौचं नापि चाचारो न सत्यं तेषु विद्यते।।7।
असत्यमप्रतिष्ठं ते जगदाहुरनीश्वरम्।
अपरस्परसम्भूतं किमन्यत्कामहैतुकम्।।8।।

सब ज्ञानहीन आसुरी लोग इसकी ही नकल अधिक करते।
वैसे नष्टात्मा क्रूर कर्म कर विश्व नाश करते रहते।। 9

अर्थः- जो ज्ञानहीन, अल्पबुद्धि वाले नष्टात्मा हैं वे इसी सिद्धान्त का अनुशरण कर संसार को नष्ट करते रहते हैं।

पाखंडी, दम्भी लालच में ही गलत कार्य करते रहते।
इच्छाएँ तृप्त नहीं होती, केवल उनके पीछे रहते।। 10

अर्थः- कभी न तृप्त होने वाली लालसा के वश में पाखंडी और दम्भी लोग अपवित्र कार्यों का अनुशरण करते रहते हैं।

विशेषार्थः- कामेच्छा की पूर्ति करने के लिए प्रकृतिवादी आसुरी लोग जीवन के भौतिक सुख को सर्वोच्च लक्ष्य मानकर अशुद्ध कर्म करते रहते हैं।

इन्द्रिय की ईच्छा-पूर्ति हेतु भौतिक विकास वे करते हैं।
निज कामेच्छा की पूर्ति हेतु आजीवन चिन्तित रहते हैं।। 11

अर्थः- उनका विश्वास है कि भौतिक विकास करके इन्द्रियों की ईच्छा पूरी की जा सकती है। अतः आजीवन कामेच्छा को पूरा करने के लिए वे चिन्ताग्रस्त रहते हैं।

विशेषार्थः- आसुरी स्वभाव वाले लोग इन्द्रियों के भोग को ही जीवन का परम लक्ष्य मानते हैं। चार्वाकियों के जैसे उन्हें भी आत्मा, परमात्मा या मृत्यु के बाद के जीवन पर कोई विश्वास नहीं होता है। मरने के समय तक अनैतिक तरीके से वे सारा भौतिक सुख प्राप्त कर लेने की ईच्छा करते रहते हैं तथा चिन्ताग्रस्त रहकर अमानुषिक कार्य करते रहते हैं।

सैकड़ों लालसा में बँधकर वे क्रोध-वासनावृत रहते।
सब ईच्छाओं की पूर्ति हेतु धन को अवैध अर्जित करते।। 12

अर्थः-शत-शत लालसाओं के जाल में फँसकर वे क्रोध और वासनाओं के वश में होकर निज ईच्छाओं की पूर्ति के लिए ढेर सारे धनों को अन्यायपूर्ण तरीकों से भी एकत्र करने का प्रयत्न करते रहते हैं।

एतां दृष्टिमवष्टभ्य नष्टात्मानोऽल्पबुद्धयः।
प्रभवन्त्युग्रकर्माणः क्षयाय जगतोऽहिताः।।9।।
काममाश्रित्य दुष्पूरं दम्भमानमदान्विताः।
मोहाद्गृहीत्वासद्ग्राहान्प्रवर्तन्तेऽशुचिव्रताः।।10।।
चिन्तामपरिमेयां च प्रलयान्तामुपाश्रिताः।
कामोपभोगपरमा एतावदिति निश्चिताः।।11।।
आशापाशशतैर्बद्धाः कामक्रोधपरायणाः।
ईहन्ते कामभोगार्थमन्यायेनार्थसंचयान्।।12।।

कुछ पाकर भी ईच्छा को पूरा करने का सोचा करते।
उससे भी अधिक धनार्जन हो उसका उपाय कर खुश होते।। **13**

अर्थः- वह कुछ पा लेने पर निज ईच्छा की पूर्ति के लिए सोचता है और अधिक से अधिक धन पाने की योजना बनाकर खुश होता रहता है।

वे सभी शत्रुओं की हत्या करने का ही सोचा करते।
भोक्ता और बली, सुखी होने के लिए स्वयं ईश्वर बनते।। **14**

अर्थः- आसुरी प्रवृति वाले लोग अपने शत्रुओं को मारने के लिए उत्सुक रहते हैं। वे स्वयं को ईश्वर मानकर सफल भोक्ता, बलवान और सुखी होना चाहते हैं।

सबसे कुलीन दानी बनकर यज्ञों का अधिकारी बनते।
धन पाकर अज्ञानी यज्ञों का कर्ता बनकर खुश होते।। **15**

अर्थः- अज्ञानता के कारण मूढ लोग स्वयं को धनवान, कुलीन, दानी और यज्ञ करने वाला मानकर आनन्द प्राप्त करने का अधिकारी समझ बैठता है और इसी से खुष होते रहता है।

विभ्रान्त विचारों से अज्ञानी महा जाल में फँस जाता।
लालच पूरा करने में ही वह मूढ नरक में धँस जाता।। **16**

अर्थः- अनेक विचारों के कारण वे भ्रान्त और मूढ बनकर लालसाओं को तृप्त करने के अभ्यासी बन जाते हैं और फलस्वरूप वे घोर नरक में गिर जाते हैं।

मिथ्या अभिमानी और घमंडी, यज्ञ सविध न कभी करता।
पाखंडी, विधि से यज्ञ न करता सिर्फ दिखावा ही करता।। **17**

अर्थः- हठी और अभिमानी लोग धन के अहंकार में सिर्फ दिखावा के लिए बिना विधि तथा नियम के यज्ञ क्रिया करते हैं।

इदमद्य मया लब्धमिमं प्राप्स्ये मनोरथम्।
इदमस्तीदमपि मे भविष्यति पुनर्धनम्।।**13**।।
असौ मया हतः शत्रुर्हनिष्ये चापरानपि।
ईश्वरोऽहमहं भोगी सिद्धोऽहं बलवान्सुखी।।**14**।।
आढ्योऽभिजनवानस्मि कोऽन्योऽस्ति सदृशो मया।
यक्ष्ये दास्यामि मोदिष्य इत्यज्ञानविमोहिताः।।**15**।।
अनेकचित्तविभ्रान्ता मोहजालसमावृताः।
प्रसक्ताः कामभोगेषु पतन्ति नरकेऽशुचै।।**16**।।
आत्मसम्भाविताः स्तब्धा धनमानमदान्विताः।
यजन्ते नामयज्ञैस्ते दम्भेनाविधिपूर्वकम्।।**17**।।

जो अभिमानी, बल, काम, क्रोध के वश में हरदम इठलाता।
सब जीवों में आत्मा स्वरूप मुझसे ही सदा घृणा करता।। 18

अर्थः- झूठा, घमंड, बल, दर्प, काम, क्रोध के वशीभूत होकर अपने शरीर एवं अन्य जीवों के शरीर में स्थित मुझसे ही घृणा करता रहता है।

विशेषार्थः- आसुरी स्वभाव वाले झूठा घमंड, बल, काम और क्रोध के वशीभूत होने के कारण सबके शरीर में स्थित मुझसे ही घृणा करते हैं। अज्ञानता के कारण शास्त्र एवं भगवान के अस्तित्व को अस्वीकार करके विरोधी को कुचल देते हैं।

ऐसे ईर्ष्यालु, क्रूर, नराधम को मैं दण्डित करता हूँ।
उनको आसुरी योनि में देकर भवसागर में रखता हूँ।। 19

अर्थः- ईर्ष्यालु, क्रूर एवं नराधम को विभिन्न आसुरी योनियों में बराबर डालकर भवसागर में ही रहना पड़ता है।

वे असुर योनि में पड़े हुए मेरा दर्शन न कभी करते।
हे अर्जुन! वे अति निम्न दशा की ओर सदा गिरते जाते।। 20

अर्थः- आसुरी योनि में पड़े हुए ये मूढ़ प्राणी कई जन्मों तक मुझको प्राप्त नहीं कर पाते हैं और हे अर्जुन! सत्य तो यह है कि वे निम्न से निम्नतर दशा की ओर ही गिरते चले जाते हैं।

कामों, क्रोधों और लोभों से यह नरक द्वार तिहरा बनता।
इन सबसे मुक्ति जरूरी है, आत्मा का पतन यही करता।। 21

अर्थः- काम, क्रोध और लोभ से नरक का द्वार तिहरा बना हुआ होता है। इसको त्यागना आवश्यक है अन्यथा इसी से आत्मा का पतन होता है।

अहंकारं बलं दर्पं कामं क्रोधं च संश्रिताः।
मामात्मपरदेहेषु प्रद्विषन्तोऽभ्यसूयकाः।।**18**।।
तानहं द्विषतः क्रूरान्संसारेषु नराधमान्।
क्षिपाम्यजस्रमशुभानासुरीष्वेव योनिषु।।**19**।।
आसुरीं योनिमापन्ना मूढा जन्मनि जन्मनि।
मामप्राप्यैव कौन्तेय ततो यान्त्यधमां गतिम्।।**20**।।
त्रिविधं नरकस्येदं द्वारं नाशनमात्मनः।
कामः क्रोधस्तथा लोभस्तस्मादेतत्त्रयं त्यजेत्।।**21**।।

तीनों द्वारों से बचकर जो कल्याण कार्य करते रहता।
हे अर्जुन! वही आत्म दर्शन कर परम मोक्ष को पा लेता।। 22

अर्थः- हे अर्जुन! जो नरक जाने वाले तीनों द्वारों को पार कर लेता है, वही आत्म- साक्षात्कार कर पाता है तथा कल्याणकारी कार्य करते हुए परम गति को प्राप्त कर लेता है।

विशेषार्थः-मनुष्य के जीवन में तीन शत्रु-काम, क्रोध और लोभ ही नरक की ओर ले जाने वाला कारण होता है। इन तीनों से मुक्त होने पर वह कल्याणकारी कार्य करने लगता है और शनैः शनैः उसी को आत्म-साक्षात्कार भी होता है। अन्ततः वही परमगति को प्राप्त कर लेता है।

जो शास्त्र-नियम को छोड़ स्वयं के मन से कार्य किया करता।
वह पूर्णसिद्धि, आनन्द और लक्ष्यों को कभी नहीं पाता।। 23

अर्थः- जो शास्त्रों के नियमों के विरूद्ध अपने ही मन से कार्य करता है उसको न तो पूर्ण

सिद्धि मिलती है और न सुख या परम लक्ष्य ही मिल पाता है।
प्रामाणिक शास्त्र सदा सबको शुभ-कर्म-ज्ञान सिखलाता है। 24
उन नियमों का पालन करने से कर्म सफल हो जाता है।।

अर्थः-शास्त्र ही प्रमाण है-करणीय अथवा अकरणीय कार्यो की जानकारी के लिये। अतः शास्त्रों द्वारा निर्धारित नियमों को जानकार कार्य करना अधिक उपयुक्त और फलदायी होता है।

एतैर्विमुक्तः कौन्तेय तमोद्वारैस्त्रिभिर्नरः।
आचरत्यात्मनः श्रेयस्ततो याति परां गतिम्।।22।।
यः शास्त्रविधिमुत्सृज्य वर्तते कामकारतः।
न स सिद्धिमवाप्नोति न सुखं न परां गतिम्।।23।।
तस्माच्छास्त्रं प्रमाणं ते कार्याकार्यव्यवस्थितौ।
ज्ञात्वा शास्त्रविधानोक्तं कर्म कर्तुमिहार्हसि।।24।।

इति षोडशोध्यायः

सप्तदशोध्यायः

भौतिक इच्छा के बिना सिर्फ ईश्वर में जो प्रवृत्त रहता।
श्रद्धा जब दिव्य रहे तो तीनों तप, सात्विक तप कहलाता।।

हे भगवन्! शास्त्र नियम बिन जाने, कल्पित पूजा क्या होती?
वह सतगुण एवं रजगुण, तमगुण से परिपूर्ण कही जाती? 1

अर्थः- अर्जुन ने भगवान से पूछा कि बिना शास्त्र-नियमों को जाने कोई कल्पना के अनुसार पूजा करता है तो वह पूजा सतोगुणी, रजोगुणी अथवा तमोगुणी में से क्या कही जायेगी?

विशेषार्थः- शास्त्रों के नियमों को पालन नहीं करने वाला असुर कहलाता है और पालन करनेवाला देवता है। इस बात का उल्लेख पूर्व में श्रीकृष्ण द्वारा अर्जुन को बताया जा चुका हैं। लेकिन कुछ लोग ऐसे होते हैं जिनको शास्त्र के नियमों की जानकारी नहीं होती और और देवी-देवता अथवा मनुष्यों की पूजा श्रद्धापूर्वक करते रहते हैं। वे ज्ञान के अभाव में ही वैसा करते हैं।

भगवान बताते जीवों के पूर्वार्जित गुण पर यह होती।
वह सत गुण, रजगुण तमोगुणी श्रद्धानुसार बनती रहती।। 2

अर्थः- देहधारी प्राणियों द्वारा अर्जित किये गये गुणों के अनुसार उनकी श्रद्धा भी तीन प्रकार की हो जाती है। या तो वह सतोगुणी या रजोगुणी या तमोगुणी होगी।

विशेषार्थः-जो शास्त्रीय विधि-विधानों को जानते हुए भी किसी कारणवश उसका पालन नहीं करते हैं उनको प्राकृतिक गुणों द्वारा शासित होना पड़ता है। पिछले कर्मों के अनुसार उनमें विशेष तरह का स्वभाव बन जाता है। प्रकृति के सतगुण, रजगुण या तमोगुण के कारण ही उनका स्वभाव निर्मित होता है। परन्तु शास्त्रों के विधि-विधानों को जानकर किसी प्रामाणिक गुरु के निर्देशन में सतगुण, रजगुण या तमगुण में परिवर्तन लाया जा सकता है।

अर्जुन उवाच
ये शास्त्रविधिमुत्सृज्य यजन्ते श्रद्धयान्विताः।
तेषां निष्ठा तु का कृष्ण सत्त्वमाहो रजस्तमः।।1।।
श्रीभगवानुवाच
त्रिविधा भवति श्रद्धा देहिनां सा स्वभावजा।
सात्त्विकी राजसी चैव तामसी चेति तां शृणु।।2।।

हे अर्जुन! लोगों की श्रद्धा उनके स्वभाव पर बनती है।
जिसकी जैसी श्रद्धा होती वह वैसी ही बन जाती है।। 3

अर्थः- हे अर्जुन! प्रत्येक व्यक्ति की श्रद्धा उसके स्वभाव के अनुरूप बन जाती है। जैसा स्वभाव रहता है ठीक वैसी ही श्रद्धा भी बनती है।

विशेषार्थ- एक निश्चित लक्ष्य को प्राप्त करने के लिये मनःशक्ति को एकाग्र कर आत्मा को पा लेने की कोशिश ही श्रद्धा नहीं है। आध्यात्मिक जीवन को अधिक उत्कृष्ट बनाने की प्रेरणा श्रद्धा से ही मिलती है। मनुष्य में प्रबल श्रद्धा, सात्विक कार्यों से उत्पन्न होती है। सतगुण में हृदय को स्थित रखने पर श्रद्धा भी सतोगुणी होगी। ठीक उसी तरह हृदय में रजोगुण या तमोगुण स्थित रहे तो श्रद्धा भी रजोगुणी या तमोगुणी बन जाती है। विभिन्न प्रकार की श्रद्धा होने के कारण धर्म भी अलग-अलग रूप के पाये जाते हैं और पूजा भी विभिन्न प्रकार से की जाती है।

देवों को सतोगुणी पूजे, राक्षस-यक्षों को रजोगुणी।
भूतो-प्रेतों को जो पूजे वह कहलाता है तमोगुणी।। 4

अर्थः- सतगुण सम्पन्न व्यक्ति देवताओं की पूजा करते हैं, परन्तु रजोगुण सम्पन्न व्यक्ति यक्ष और राक्षसों की पूजा करते हैं। जबकि तमोगुणी व्यक्ति भूत और प्रेतो की पूजा करते हैं।

वे अहंकार और काम, रागवश सिर्फ दिखावा ही करते।
और उसी शक्ति से प्रेरित होकर शास्त्र विरोधी तप करते।। 5

अर्थः- वैसे लोग केवल प्रदर्शन प्रिय और अहंकार पूर्ण रहते हैं तथा काम और राग की शक्ति से प्रेरित होकर शास्त्र विरूद्ध उग्र तपस्या करते हैं।

सत्त्वानुरूपा सर्वस्य श्रद्धा भवति भारत।
श्रद्धामयोऽयं पुरुषो यो यच्छ्रद्धः स एव सः।।3।।
यजन्ते सात्त्विका देवान्यक्षरक्षांसि राजसाः।
प्रेतान्भूतगणांश्चान्ये यजन्ते तामसा जनाः।।4।।
अशास्त्रविहितं घोरं तप्यन्ते ये तपो जनाः।
दम्भाहंकारसंयुक्ताः कामरागबलान्विताः।।5।।

वे अज्ञानी ही निज शरीर के तत्वों को दुःख देते हैं।
आसुरी प्रवृति के कारण ही आत्मा को सदा सताते हैं।। 6

अर्थः- वे मूर्ख अपने शरीर में विद्यमान तत्व समूह को सताते रहते हैं और देहस्थित परमात्मा को कष्ट देते रहते हैं।

विशेषार्थः- कई सम्प्रदायों में अनावश्यक उपवास, कील ठोकना शरीर के अंगों को कष्ट देने का प्रदर्शन इत्यादि करने की प्रथा है, परन्तु यह वेद-सम्मत कार्य नहीं है। मूर्खतावश विशेष कार्य को सिद्ध करने के उदेश्य से शरीर स्थित अंग-समूह को सताने से परमात्मा भी दुःखी होते हैं। आत्मानुशासन अलग क्रिया है, शरीर के अंगों को सताने की क्रिया तो सिर्फ एक प्रदर्शन है जो किसी विशेष कामना की प्राप्ति के लिए किया जाता है।

भोजन भी प्रकृति गुणों के कारण तीन तरह के होते हैं।
वैसे ही तप और दान, यज्ञ भी तीन तरह के होते हैं।। 7

अर्थः- प्रकृति के तीन गुणों के हिसाब से भोजन भी तीन तरह के होते हैं। ठीक उसी तरह तप, दान और यज्ञ भी तीन तरह के होते हैं।

सात्विक भोजन जीवन-बलबर्द्धक स्वस्थ, तृप्तिदायक होता।
यह भोजन रसमय और स्निग्ध, सबके मन को अति-शय भाता।। 8

अर्थः- सात्विक व्यक्तियों के लिये सात्विक भोजन, आयुर्वर्द्धक, शुद्ध, बल-स्वास्थ्य वर्द्धक, सुख तथा तृप्ति प्रदान करने वाला होता है। यह भोजन रसयुक्त, स्निग्ध, स्वास्थ्यप्रद तथा हृदय को अधिक भाने वाला होता है।

जो तिक्त, शुष्क, चटपट, खट्टा, नमकीन, गर्म भोजन करता।
वैसे प्रेमी को ऐसा भोजन रोग, शोक, दुःख ही देता।। 9

अर्थः- रजोगुण सम्पन्न व्यक्ति को तिक्त, शुष्क, चटपटा, खट्टा, नमकीन एवं गर्म भोजन अधिक प्रिय होता है। और वही भोजन उसको दुःख, शोक एवं रोग से ग्रसित करता है।

कर्षयन्तः शरीरस्थं भूतग्राममचेतसः।
मां चैवान्तःशरीरस्थं तान्विद्ध्यासुरनिश्चयान्।।6।।
आहारस्त्वपि सर्वस्य त्रिविधो भवति प्रियः।
यज्ञस्तपस्तथा दानं तेषां भेदमिमं शृणु।।7।।
आयुः सत्त्वबलारोग्यसुखप्रीतिविवर्धनाः।
रस्याः स्निग्धाः स्थिरा हृद्या आहाराः सात्त्विकप्रियाः।।8।।
कट्वम्ललवणात्युष्णतीक्ष्णरूक्षविदाहिनः।
आहारा राजसस्येष्टा दुःखशोकामयप्रदाः।।9।।

बिगड़ा भोजन जो स्वादहीन और सड़ा जूठ वासी होता।
वैसा ही गंदा भोजन तम गुण युक्त व्यक्ति को प्रिय होता।। **10**

अर्थः- जो भोजन बहुत पहले का पकाया हुआ बिगड़ गया हो वैसा स्वादहीन, सड़ा, जूठा और वासी भोजन तामसिक व्यक्ति को अधिक प्रिय होता है।

जो यज्ञों को कर्तव्य समझ कर बिना फलेच्छा से करता।
शास्त्रीय-नियमों से किया यज्ञ हरदम सात्विक ही कहलाता।। **11**

अर्थः- जब बिना फल की कामना रखे यज्ञों को कर्तव्य समझकर किया जाता है तो शास्त्रीय नियमों से किया गया ऐसा यज्ञ सात्विक कहलाता है।

विशेषार्थः-यज्ञों या पूजा-अर्चना को कर्तव्य समझ कर शास्त्रीय विधि से करना चाहिये। यह बिना किसी प्रयोजन अथवा बिना फल की ईच्छा रखे करना सात्विक कहलाता है। किसी भौतिक लाभ के उदेश्य से यज्ञ करने का शास्त्रीय आदेश नहीं है। सामान्य तौर पर यह बलिदान या त्याग-रूप कार्य है जिससे सम्पूर्ण प्राणी जगत को लाभ प्राप्त होता है।

हे अर्जुन! फल की आशा से जब यज्ञ प्रदर्शित होता है।
शास्त्रानुकूल यह यज्ञ सदा राजसी यज्ञ बन जाता है।। **12**

अर्थः-हे अर्जुन। भौतिक लाभ के उदेश्य से किया गया ऐसा यज्ञ राजसी यज्ञ कहलाता है।

विशेषार्थः-जब यज्ञ-कार्य भौतिक लाभ या स्वर्ग प्राप्ति के लिये किया जाता है तो उसे राजसी यज्ञ कहते हैं।

जो यज्ञ बिना नियमों एवं बिन अन्न दान के हो जाता।
श्रद्धा एवं दक्षिणा रहित वह यज्ञ तामसिक हो जाता।। **13**

अर्थः- शास्त्रों के नियमो के अनुकूल जब यज्ञ नहीं हो रहा हो, अन्न-दान नहीं किया जाता हो, मंत्रों को सही ढंग से भी नहीं पढ़ा जाता हो और न प्रोहितों को सही दक्षिणा दिया गया हो तो वैसे श्रद्धा रहित यज्ञ को तामसिक यज्ञ कहा जाता है।

यातयामं गतरसं पूति पर्युषितं च यत्।
उच्छिष्टमपि चामेध्यं भोजनं तामसप्रियम्।।**10**।।
अफलाकाङ्क्षिभिर्यज्ञो विधिदिष्टो य इज्यते।
यष्टव्यमेवेति मनः समाधाय स सात्त्विकः ।।**11**।।
अभिसन्धाय तु फलं दम्भार्थमपि चैव यत्।
इज्यते भरतश्रेष्ठ तं यज्ञं विद्धि राजसम्।।**12**।।
विधिहीनमसृष्टान्नं मन्त्रहीनमदक्षिणम्।
श्रद्धाविरहितं यज्ञं तामसं परिचक्षते।।**13**।।

ईश्वर, ब्राह्मण, और मातृ-पितृ, गुरु का पूजन तप कहलाता।
शुद्धता, सरलता, ब्रह्मचर्य और सत्य अहिंसा तप होता।। 14

अर्थः- परमेश्वर, ब्राह्मण, माता-पिता, गुरूजनों की पूजा समेत शुद्धता, सरलता, ब्रह्मचर्य तथा अहिंसा को शारीरिक तपस्या कहा जाता है।

सच्चा, प्रिय, हितकर वचन अन्य को क्षुब्ध नहीं जब करता है।
वैदिक ग्रंथों का पठन सदा वाणी का तप हो जाता है।। 15

अर्थः-सच्चा, प्रिय और हितकर वचन जो किसी अन्य को क्षुब्ध नहीं करता हो तथा वैदिक ग्रंथों का नियमित परायण होता हो तो वही वाणी का तप कहलाता है।

संतोष, आत्मसंयम एवं गाम्भीर्य, सौम्यता जब रहती।
मन में पवित्रता हो तब वह मानसिक-तपस्या बन जाती।। 16

अर्थः- संतोष, सरलता, गाम्भीर्य, आत्मसंयम और जीवन में शुद्धता रहने पर वह मानसिक तपस्या कहलाती है।

भौतिक इच्छा के बिना सिर्फ ईश्वर में जो प्रवृत्त रहता।
श्रद्धा जब दिव्य रहे तो तीनों तप, सात्विक तप कहलाता।। 17

अर्थः- इन तीनों तरह के तप को सन्तुलित मन से विना फल की ईच्छा रखे जब श्रद्धापूर्वक सम्पन्न किया जाय तब वह सात्विक तप हो जाता है।

जो तप सत्कार प्रतिष्ठा पाने हेतु प्रदर्शित होता है।
वैसा तप क्षणिक, अशाश्वत है और सदा राजसिक होता है।। 18

अर्थः- सत्कार, सम्मान और प्रतिष्ठा पाने के उेदश्य से जब तप का प्रदर्शन किया जाता है तब वैसा अस्थिर और अस्थायी तप राजसिक तप बन जाता है।

देवद्विजगुरुप्राज्ञपूजनं शौचमार्जवम्।
ब्रह्मचर्यमहिंसा च शारीरं तप उच्यते।।**14**।।
अनुद्वेगकरं वाक्यं सत्यं प्रियहितं च यत्।
स्वाध्यायाभ्यसनं चैव वाङ्मयं तप उच्यते।।**15**।।
मनः प्रसादः सौम्यत्वं मौनमात्मविनिग्रहः।
भावसंशुद्धिरित्येतत्तपो मानसमुच्यते।।**16**।।
श्रद्धया परया तप्तं तपस्तत्त्रिविधं नरैः।
अफलाकाङ्क्षिभिर्युक्तैः सात्त्विकं परिचक्षते।।**17**।।
सत्कारमानपूजार्थं तपो दम्भेन चैव यत्।
क्रियते तदिह प्रोक्तं राजसं चलमध्रुवम्।।**18**।।

आत्मा को पीड़ा देकर जब मूर्खतापूर्ण तप होता है।
वह निज को, सबको हानि करे तो तमप्रधान तप होता है। 19

अर्थः- मूर्खतावश आत्मा को उत्पीड़ित कर जब तपस्या की जाती है जिससे अपने को और अन्यों को हानि पहुँचती है तोवैसा तप तामसी तप बन जाता है।

कर्तव्य समझकर दान, बिना प्रत्युपकारों के जब होता।
स्थान, काल में उचित पात्र को दिया दान सात्विक होता।। 20

अर्थः- कर्तव्य समझकर दिया गया दान जब विना प्रत्युपकार की आशा से किया जाता है तथा उचित स्थान और उचित काल में उचित व्यक्ति को दिया जाता है तब वैसा दान सात्विक दान हो जाता है।

विशेषार्थः- किसी तीर्थ स्थान में, मंदिर में, सूर्य या चन्द्रग्रहण के समय, मासान्त में ब्राह्मण एवं भक्तादि को विचारपूर्ण दिया गया दान हमेशा श्रेष्ठ माना जाता है। विचार पूर्ण दान में पात्रता को आवश्यक मानना चाहिये और प्रत्युपकार की भावना नहीं रहनी चाहिये। हमारे वैदिक शास्त्रों की ऐसी ही संस्तुति है।

प्रतिफल एवं लाभों की आशा में जब दान दिया जाता।
उससे ही क्लेश जन्म लेता और दान राजसिक हो जाता।। 21

अर्थः- प्रतिफल एवं भविष्य में लाभ की आशा से दिया गया दानक्लेश उत्पन्न करता है और ऐसा ही दान राजसिक दान कहलाता है।

जो दान गलत स्थान, गलत कालों में बिन आदर होता।
वह बिना ज्ञान के ही कुपात्र को दिया, तामसिक हो जाता।। 22

अर्थः- अपवित्र स्थान और अनुचित समय में अयोग्य व्यक्ति को बिना ज्ञान-ध्यान और बिना आदर के दिया गया दान तामसिक कहलाता है।

मूढग्राहेणात्मनो यत्पीडया क्रियते तपः।
परस्योत्सादनार्थं वा तत्तामसमुदाहृतम्।।19।।
दातव्यमिति यद्दानं दीयतेऽनुपकारिणे।
देश् काले च पात्रे च तद्दानं सात्त्विकं स्मृतम्।।20।।
यत्तु प्रत्युपकारार्थं फलमुद्दिश्य वा पुनः।
दीयते च परिक्लिष्टं तद्दानं राजसं स्मृतम्।।21।।
अदेशकाले यद्दानमपात्रेभ्यश्च दीयते।
असत्कृतमवज्ञातं तत्तामसमुदाहृतम्।।22।।

ओम तत् सत् ही प्राचीन काल से यज्ञ-विधान हुआ करता।
ब्राह्मण और वेद यज्ञ का नियमन उन प्रतीक से कृत होता।। 23

अर्थः- ब्रह्म का तीन तरह का प्रतीक ॐ तत् सत् द्वारा प्राचीन समय में ब्राह्मण, वेद और यज्ञों का विधान बनाया गया था।

विशेशार्थः- ओम तत् सत् तीनों सांकेतिक अभिव्यक्तियाँ हैं जो ब्राह्मणों द्वारा वैदिक मंत्रों के उच्चारण के समय ब्रह्म को संतुष्ट करने के उदेश्य से यज्ञ-काल में प्रयुक्त होता था। ओम् सर्वोच्चता का सूचक, तत् सार्वभौमकता का सूचक तथा सत् ब्रह्म की वास्तविकता का सूचक माना जाता था। यह चेतना की तीन दशाओं का प्रतीक है।

जो लोग ब्रह्मवादी होते तप, दान, यज्ञ में यह कहते।
शास्त्रों की विधि को पूरा करने ओम् उच्चरित ही करते।। 24

अर्थः- ब्रह्मवादी लोगों द्वारा यज्ञ, दान और तप के समय शास्त्रीय विधानान्तर्गत ओम् शब्द का उच्चारण किया जाता है।

तत् का उच्चारण यज्ञ, दान, तप में मोक्षार्थ किया करते।
प्रतिफल की ईच्छा बिन रखे वे मोक्ष हेतु ऐसा करते।। 25

अर्थः- यज्ञ, दान और तप के समय तत् शब्द का उच्चारण किया जाता है। यह वैसे लोगों के लिए है जिसे प्रतिफल की कोई इच्छा नहीं रहती है सिर्फ मोक्ष के लिए तत् शब्द का उच्चारण करते हैं।

सत् का प्रयोग अच्छाई एवं सही अर्थ में होता है।
हे पार्थ! प्रशंसित सब कर्मो में सदा उच्चरित होता है।। 26

अर्थः- सत् शब्द का उच्चारण वास्तविकता एवं अच्छाई के उेदश्य से किया जाता है। जितने भी प्रशंसनीय कार्यों का सम्पादन होता है उसमें इसका प्रयोग होता है।

ॐ तत्सदिति निर्देशो ब्रह्मणस्त्रिविधः स्मृतः।
ब्राह्मणास्तेन वेदाश्च यज्ञाश्च विहिताः पुरा।।23।।
तस्माद् ॐ इत्युदाहृत्य यज्ञदानतपः क्रियाः।
प्रवर्तन्ते विधानोक्ताः सततं ब्रह्मवादिनाम्।।24।।
तदित्यनभिसन्धाय फलं यज्ञतपःक्रियाः।
दानक्रियाश्च विविधाः क्रियन्ते मोक्षकाङ्क्षिभिः।।25।।
सद्भावे साधुभावे च सदित्येतत्प्रयुज्यते।
प्रशस्ते कर्मणि तथा सच्छब्दः पार्थ युज्यते।।26।।

तप, यज्ञ, दान में दृढ़ता से स्थित रहना सत् कहलाता।
ऐसे प्रयोजनों पर कर्मों का सम्पादन सत् हो जाता।। 27

अर्थः- यज्ञ, तप और दान में दृढ़ता से स्थित रहना भी सत् की संज्ञा से सम्बोधित होता है और ऐसे सभी प्रयोजनों पर किया गया कर्म सत् कहलाता है।

तप, यज्ञ, दान में जब भी बिन श्रद्धा के कर्म किया जाता।
हे पार्थ! असत् कर्मो से उनका सभी लोक निष्फल होता।। 28

अर्थः- बिना श्रद्धा के यज्ञ, तप और दान सम्बन्धित कर्म करने से वह असत् हो जाता है। हे पार्थ! ऐसे कर्म से इहलोक या परलोक में कोई लाभ भी नहीं मिलता है।

यज्ञे तपसि दाने च स्थितिः सदिति चोच्यते।
कर्म चैव तदर्थीयं सदित्येवाभिधीयते।।27।।

अश्रद्धया हुतं दत्तं तपस्तप्तं कृतं च यत्।
असदित्युच्यते पार्थ न च तत्प्रेत्य नो इह।।28।।

<u>इति सप्तदशोध्यायः</u>

अष्टदशोध्यायः

यह ज्ञान रहस्यों का रहस्य जो मैंने तुमको बतलाया।
तुम भलीभाँति सोचो, स्वेच्छा से करने ही यह समझाया।।

अर्जुन ने पूछा, महाबाहु! त्यागों का मकसद क्या होता?
हे हृषीकेश! सन्यासी जीवन का कैसा प्रतिफल होता? 1

अर्थः- हे महाबाहु! मैं सन्यास और त्याग का उदेश्य जानने का इच्छुक हूँ, अतः उससे जीवन का लक्ष्य बताने की कृपा करें।

विशेषार्थः- गीता में सन्यास का अर्थ, कर्म का सन्यास नहीं है, अपितु इच्छा का त्याग कर कर्म करते रहने को सन्यास माना गया है। फल का त्याग करने को त्याग कहा गया है। बिना इच्छा और फल का कर्म, कभी भी भौतिक बन्धनों में नहीं डालता है।

इच्छा प्रेरित कर्मो के त्यागों को सन्यास कहा जाता।
भगवान बताते फल के त्यागों को ही त्याग कहा जाता।। 2

अर्थः- विद्वान लोग इच्छा द्वारा प्रेरित कर्मो के त्याग को सन्यास कहते हैं, परन्तु गीता, कर्मफल के त्याग को सही त्याग बतलाता है।

विशेषार्थः- गीता में कर्मों के पूर्ण सन्यास को उपदेशित नहीं किया गया है। बल्कि सभी कर्मों को निष्काम कर्म में बदलने की शिक्षा दी गयी है। वैसे शंकराचार्य आदि ने अलग तरीके से इसकी व्याख्या की है।

ज्ञानी सकाम कर्मों को दुषित समझ कर त्याग किया करते।
पर वे तप, दान तथा यज्ञों में कर्म नहीं त्यागा करते।। 3

अर्थः- कुछ विद्वान लोग यह मानते हैं कि कर्म में दोष रहने के कारण इसको त्याग देना चाहिये। परन्तु कुछ विद्वान कहते है कि यज्ञ, दान और तप में कर्मों का त्याग नहीं करना चाहिये।

हे अर्जुन! त्यागों के बारे में मुझसे सच को तुम जानो।
यह तीन तरह का होता है इस सच को सदा सही मानो।। 4

अर्थः- श्री कृष्ण ने कहा कि हे भरतश्रेष्ठ! त्याग की सच्चाई को तुम जान लो-यह तीन प्रकार का होता है।

अर्जुन उवाच,
संन्यासस्य महाबाहो तत्त्वमिच्छामि वेदितुम्।
त्यागस्य च हृषीकेश पृथक्केशिनिषूदन।।1।।
श्रीभगवानुवाच
काम्यानां कर्मणां न्यासं संन्यासं कवयो विदुः।
सर्वकर्मफलत्यागं प्राहुस्त्यागं विचक्षणाः।।2।।
त्याज्यं दोषवदित्येके कर्म प्राहुर्मनीषिणः।
यज्ञदानतपः कर्म न त्याज्यमिति चापरे।।3।।
निश्चयं शृणु मे तत्र त्यागे भरतसत्तम।
त्यागो हि पुरुषव्याघ्र त्रिविधः सम्प्रकीर्तितः।।4।।

यज्ञों, दानों और तप के कर्मों को न कभी छोड़ा जाता।
यह बुद्धिमान लोगों को हरदम अति पवित्र करता रहता।। 5

अर्थः- यज्ञ, दान और तप में कर्मों को कभी नहीं छोड़ना चाहिये क्योंकि बुद्धिमान लोग इस कर्म से पवित्र होते हैं।

आसक्ति तथा फल की इच्छा विन सभी कर्म को करना है।
हे पार्थ! मेरा निश्चित मत जानो इन्हीं मतों पर चलना है।। 6

अर्थः- हे पार्थ! मेरा यह निश्चित और अन्तिम मत है कि लोगों को आसक्ति और फल की इच्छा को त्यागकर सभी कर्मों को करना चाहिये।

विशेषार्थः- गीता का कृष्ण हमेशा कर्मयोग के अभ्यास का पक्षधर है। वह कर्म को त्यागने की बात नहीं करता, उसका कहना है कि यज्ञ, तप, दान इत्यादि कर्म बिना आसक्ति और बिना फल की इच्छा से करना चाहिये।

करणीय दिव्य कर्मो का त्याग न कभी उचित समझा जाता।
ज्ञानाभावों के कारण ऐसा त्याग तामसिक हो जाता।। 7

अर्थः- किसी भी करणीय कार्य का त्याग करना उचित नहीं होता है। ज्ञानाभाव के कारण इस तरह का त्याग तामसिक ढंग का हो जाता है।

जिसको कर्तव्यों के त्यागों में दैहिक दुःख का भय होता।
उसको न त्याग का फल मिलता और त्याग राजसिक हो जाता।। 8

अर्थः- जो लोग कर्तव्य का त्याग, शारीरिक दुःख के भय के कारण करते हैं उनको त्याग का फल प्राप्त नहीं होता है और वह त्याग राजसिक त्याग की तरह हो जाता है।

यज्ञदानतपः कर्म नत्याज्यं कार्यमेव तत्।
यज्ञो दानं तपश्चैव पावनानि मनीषिणाम्।।5।।
एतान्यपि तु कर्माणि संगं त्यक्त्वा फलानि च।
कर्तव्यानीति मे पार्थ निश्चितं मतमुत्तमम्।।6।।
नियतस्य तु संन्यासः कर्मणो नोपपद्यते।
मोहात्तस्य परित्यागस्तामसः परिकीर्तितः।।7।।
दुःखमित्येव यत्कर्म कायक्लेशभयात्त्यजेत्।
स कृत्वा राजसंत्यागं नैव त्यागफलं लभेत्।।8।।

जो नियत कर्म को उचित मानकर उसमें सदा लगा रहता।
आसक्ति-फलेच्छा रहित कर्म को सात्विक त्याग कहा जाता।। 9

अर्थः- जो बिना आसक्ति और फलेच्छा के सभी करणीय कार्यों को कत्र्तव्य समझकर करते रहता है तो उसका कार्य सात्विक त्याग बन जाता है।

विशेषार्थः- विश्व के प्रयोजन के साथ समस्वर रहने वाले सभी कर्म करणीय माने जाते हैं। कर्म के फलों से अनासक्त होकर किया गया कार्य सात्विक हो जाता है।

ज्ञानी का संशय रहित त्याग सात्विक स्वभाव निर्मित करता।
उसको न गलत कर्मों से नफरत तथा सुकर्म न रस देता।। 10

अर्थः- जो बुद्धिमान लोग संशय रहित होकर त्याग करते हैं उनका स्वभाव भी सात्विक रहता है, वे अप्रिय कर्मों से घृणा नहीं करते और प्रिय कर्मों में लिप्त नहीं होते हैं।

कोई देही प्राणी कर्मों का पूरा त्याग न कर सकता।
कर्मों के फल का त्याग करे तो सच्चा त्यागी बन जाता।। 11

अर्थः- कोई भी देहधारी प्राणी कर्मों का पूर्णतः त्याग नहीं कर सकता है। कर्मों के फल का त्याग करने पर वह सही त्यागी कहलाता है।

जो त्याग न करता, मरने पर कर्मो का मिश्रित फल पाता।
फल त्यागी को प्रिय, अप्रिय, मिश्रित फल भी नहीं कभी मिलता।। 12

अर्थः- जो त्याग नहीं करता है उसको मरणोपरान्त, कर्मों के तीनों प्रिय अप्रिय और मिश्रित फल प्राप्त होते हैं। परन्तु जिसने फल का त्याग किया है उसको कोई भी विपरीत परिणाम नहीं मिलता है।

विशेषार्थ- जो त्याग नहीं करता है उसको इष्ट अनिष्ट और मिश्रित कर्म फल मरणोपरान्त मिलते हैं। परन्तु सन्यासी या त्यागी को कर्मफल का सुख-दुःख नहीं भोगना पड़ता है।

कार्यमित्येव यत्कर्म नियतं क्रियतेऽर्जुन।
संगं त्यक्त्वा फलं चैव स त्यागः सात्विको मतः।।9।।
न द्वेष्ट्यकुशलं कर्म कुशले नानुषज्जते।
त्यागी सत्त्वसमाविष्टो मेधावी छिन्नसंशयः।।10।।
न हि देहभृता शक्यं त्यक्तुं कर्माण्यशेषतः।
यस्तु कर्मफलत्यागी स त्यागीत्यभिधीयते।।11।।
अनिष्टमिष्टं मिश्रं च त्रिविधं कर्मणः फलम्।
भवत्यत्यागिनां प्रेत्य न तु संन्यासिनां क्वचित्।।12।।

हे महाबाहु! सब कर्मों को करने का सांख्य-नियम सुन लो।
कर्मों के पाँचों आवश्यक उपकरणों को मुझसे सुन लो।। 13

अर्थः- हे महाबाहु, अर्जुन! कर्मों को करने के लिये पाँच आवश्यक उपकरणों का सांख्य या वेदान्त सिद्धान्त, मुझसे सुन लो।

कर्ता, कर्मस्थल, विविध साधनों से ही कर्म किये जाते।
चेष्टाएँ तथा भाग्य पाँचों ही कर्मों के कारण होते।। 14

अर्थः- कर्म का स्थान, कर्ता, विभिन्न साधन, अनेक चेष्टाएँ तथा भाग्य -ये पाँचों कर्म के कारण होते हैं।

विशेषार्थः- यहाँ अधिष्ठान का अर्थ भौतिक शरीर है। सभी क्रियाएँ तो शरीर में ही होती है न। तो पहला कर्म का कारण शरीर को कहा गया है। दूसरा कारण कत्र्ता है। शंकराचार्य की दृष्टि में गोचर आत्मा को कत्र्ता कहा गया है, परन्तु रामानुज की मान्यता के अनुसार वैयक्तित आत्मा को जीवात्मा और मध्व के विचार से यह सर्वोच्च विष्णु माना गया है। अर्थात् दूसरा कारण गोचर आत्मा या वैयक्तिक आत्मा या सर्वोच्च विष्णु को कहा गया है। कर्म के पाँच कारणों में जीव को रखा तो गया है परन्तु सांख्य-सिद्धान्त के अनुसार यह साक्षी रूप में है और इसको प्रकृति की गतिविधियों में निर्धारक-कारणों के रूप में सम्मिलित किया गया है।

तीसरा कारण विभिन्न इन्द्रियाँ हैं और चैथा कारण शरीर के अन्तर्गत प्राण शक्तियों की क्रियाएँ हैं और अन्तिम कर्म का कारण दैव या भाग्य या परमात्मा को कहा गया है जिसको भवितव्यता या भाग्य अथवा अतीत के जीवनों के कर्मो द्वारा संचित शक्ति के रूप में जानना उचित है। यह अतीत में सम्पन्न हो चुका कार्य है जो अलक्षित होकर शासन करता है। मनुष्य अपने कठोर संकल्पों के माध्यम से भाग्य पर विजय प्राप्त कर सकता है।

जो निज शरीर, वाणी या मन से गलत-सही कुछ भी करते।
उन सब में ही ये पाँच उपकरण निश्चित ही स्थित रहते।। 15

अर्थः- जो कोई शरीर, वाणी या मन से कुछ भी उचित या अनुचित कर्म करते हैं उनमें ये पाँच उपकरण निश्चित रूप से उपस्थित रहते हैं।

पंचैतानि महाबाहो कारणानि निबोध मे।
सांख्ये कृतान्ते प्रोक्तानि सिद्धये सर्वकर्मणाम्।।**13**।।
अधिष्ठानं तथा कर्ता करणं च पृथग्विधम्।
विविधाश्च पृथक्चेष्टा दैवं चैवात्र पंचमम्।।**14**।।
शरीरवाङ्मनोभिर्यत्कर्म प्रारभते नरः।
न्याय्यं वा विपरीतं वा पंचैते तस्य हेतवः।।**15**।।

जो पाँचों कारण नहीं मानकर अपने को कर्ता कहता।
इनका न सत्य जो जान सका तो वही मूर्ख भी कहलाता।। 16

अर्थः- मूर्ख लोग ही इन पाँचों कारणों को नहीं मानते हैं और स्वयं को कत्र्ता समझ बैठते हैं, चूँकि वस्तुओं के सत्य रूप को उसने नहीं पहचाना है।

विशेषार्थः- स्थान, कत्र्ता, चेष्टा और इन्द्रियाँ भौतिक कारण हैं और अन्तिम पाँचवा कारण परमात्मा हैं जो शरीर के भीतर मित्र रूप में बैठा रहता है तथा सभी कर्मों का संचालन करता रहता है। पहले के चार भौतिक कारणों को ही सिर्फ न देंखे, मुख्य पाँचवा कारण (परमात्मा) की पहचान कर ले तो स्वयं को कत्र्ता मानने की गलती से वह मुक्त हो जायेगा।

जो अहं-मुक्त है और कभी निज बुद्धि मलीन नहीं रखता।
वह सबकी हत्या करके भी बन्धन में कभी नहीं पड़ता।। 17

अर्थः- जो मिथ्या अहंकार में नहीं है और उसकी बुद्धि भी मलीन नहीं है, वह लोगों को मारकर भी हत्या जैसे कर्म के बन्धन में नहीं पड़ता है।

विशेषार्थः-मिथ्या अहंकार से मनुष्य बहुत कुछ करना चाहता है या नहीं भी करना चाहता है। यहाँ गुरु कृष्ण अर्जुन को समझा रहे हैं कि वह भी स्वयं को कत्र्ता मान बैठा है और मिथ्या अहंकार के कारण युद्ध नहीं करना चाहता है। परमात्मा के आदेश से वह युद्ध-भूमि में लोगों की हत्या करके भी हत्यारा जैसे कुकर्म के बन्धन में नहीं पड़ेगा। जैसे सेनापति के आदेश से किसी सैनिक द्वारा हत्या करने पर वह दोषी नहीं कहलाता है। यहाँ तो भगवान कृष्ण सीधा-सीधा अर्जुन को युद्ध करने का आदेश दे रहे हैं, फिर भी वह अहंकार में घिरा हुआ है।

ज्ञाता और ज्ञेय, ज्ञान तीनों कर्मों के प्रेरक कहलाते।
इन्द्रिय, कर्ता और कर्म, संघटक कर्मों के हैं बन जाते।। 18

अर्थः- किसी कर्म को प्रेरित करने का कारण ज्ञान, ज्ञेय और ज्ञाता हुआ करता है तथा कर्म के संघटक भी तीन हैं-इन्द्रियाँ, कर्म एवं कर्ता

विशेषार्थः- किसी कर्म के पहले कुछ न कुछ प्रेरणा होती है चाहे वह शास्त्र से प्राप्त प्रेरणा हो या गुरु के उपदेश से मिली हो। प्रेरणा मिलने के बाद ही कत्र्ता इन्द्रियों की सहायता से यानि इन्द्रियों के केन्द्र मन से वास्तविक कर्म को सम्पन्न करता है। प्रत्येक दैनिक कार्य में ज्ञान, ज्ञेय और ज्ञाता प्रेरणा का रूप है। कर्म का उपकरण, स्वयं कर्म तथा कत्र्ता कर्म के संघटक होते हैं। ये सभी तत्व प्रत्येक कर्म में अनिवार्यतः उपस्थित रहते हैं।

केवल प्रकृति-गुण के कारण कर्ता और ज्ञान, कर्म होते।
इन तीनों के तीनों भेदों को अब हैं तुमको समझाते।। 19

अर्थः-प्रकृति के तीन गुणों के हिसाब सेज्ञान, कर्म और कत्र्ता के तीन-तीन भेद होते हैं जिसके बारे में मैं तुम्हें आगे बतलाता हूँ।

विशेषार्थः- गीता के अध्याय-चौदह एवं अध्याय सत्रह में प्रकृति के सत्वगुण, रजोगुण और तमोगुण के सम्बन्ध में स्पष्ट किया गया है कि सतोगुण प्रकाशोत्पादक, रजोगुण भौतिकवादी एवं तमोगुण आलस्य का उत्पे्ररक होता है। यानि किसी न किसी प्रकार से ये तीनों गुण बन्धनकारी ही होते हैं। गुरु कृष्ण इन तीन गुणों के अनुसार अनेक तरह से ज्ञान, कत्र्ता और कर्म की व्याख्या करके अर्जुन की जिज्ञासा को शान्त करना चाहते हैं।

जब सब विभक्त रूपों में केवल एक आत्मा दिख जाती।
तब उक्त ज्ञान की प्रासि इसी अनुभव से सात्विक कहलाती।। 20

अर्थः- जीवों के अनेक विभक्त रूपो में एक ही अविभक्त सत्ता को दिखाने वाला ज्ञान सात्विक कहलाता है।

विशेशार्थः- संसार के विभिन्न विभक्त प्राणियों में जब एक ही अविभक्त आत्मा को जिस ज्ञान से देखा जाता है वही ज्ञान सात्विक कहलाता है।

जो भिन्न शरीरों में जीवों का पृथक रूप देखा करता।
वह भिन्न-भिन्न दिखलाने वाला ज्ञान राजसिक कहलाता।। 21

अर्थः- जिस ज्ञान से भिन्न-भिन्न प्राणियों में विविध अस्तित्व (उनके पृथक रूप में रहने से) दिखलाई पड़ता हो, वह ज्ञान राजसिक कहलाता है।

तत्रैवं सति कर्तारमात्मानं केवलं तु यः।
पश्यत्यकृतबुद्धित्वान्न स पश्यति दुर्मतिः।।16।।
यस्य नाहंकृतो भावो बृद्धिर्यस्य न लिप्यते।
हत्वापि स इमाँल्लोकान्न हन्ति न निबध्यते।।17।।
ज्ञानं ज्ञेयं परिज्ञाता त्रिविधा कर्मचोदना।
करणं कर्म कर्तेति त्रिविधः कर्मसंग्रहः।।18।।
ज्ञानं कर्म च कर्ता च त्रिधैव गुणभेदतः।
प्रोच्यते गुणसंख्याने यथावच्छृणु तान्यपि।।19।।
सर्वभूतेषु येनैकं भावमव्ययमीक्षते।
अविभक्तं विभक्तेषु तज्ज्ञानं विद्धि सात्त्विकम्।।20।।
पृथक्त्वेन तु यज्ज्ञानं नानाभावान्पृथग्विधान्।
वेत्ति सर्वेषु भूतेषु तज्ज्ञानं विद्धि राजसम्।।21।।
यत्तु कृत्स्नवदेकस्मिन्कार्ये सक्तमहैतुकम्।
अतत्वार्थवदल्पं च तत्तामसमुदाहृतम्।।22।।

जो तुच्छ कर्म से तत्वार्थो को बिन जाने, लिपटा रहता।
उन कार्यो में रत रहने वाला ज्ञान तामसिक कहलाता।। **22**

अर्थः- बिना सत्यता और तत्वार्थ जाने जब कोई तुच्छ कार्यों में ही लिप्त रहता हो तो जिस ज्ञान के कारण वह कार्य होता है वह तामसिक ज्ञान कहलाता है।

विशेषार्थः-साधारण लोगों का ज्ञान लगभग तामसी ही हुआ करता है। सामान्य पशुओं की तरह खाना, सोना, रक्षा करना, मैथुन करना इत्यादि भौतिक सुख से सम्बन्धित कार्यों को तमोगुण वाले लोग करते रहते है। अर्थात शरीर को सुखमय रखने का सभी कार्य जिस ज्ञान के माध्यम से किया जाता है उसको तामसी ज्ञान कहा जाता है।

इस शरीर से बिल्कुल परे रहते हुए आत्मा सम्बन्धी ज्ञान को सात्विक ज्ञान कहा जताा है। तथा जिस ज्ञान में तर्क, मनोधर्म एवं चिन्तन द्वारा अनेक प्रकार का सिद्धान्त और वाद उत्पन्न ले ले, वह ज्ञान राजसी ज्ञान कहलाता है।

आसक्ति, राग या द्वेष रहित जो कर्म नियमतः होता है।
कर्मों के फल की चाह बिना वह सात्विक ही बन जाता है।। **23**

अर्थः- जिन कर्मों में आसक्ति, राग या द्वेष नहीं हो, नियमित हों तथा कर्मफल की ईच्छा के बिना वह किया जाता हो तो वह सात्विक कहलाता है।

जो अहंकार भावों से फल की ईच्छा हेतु यत्न करता।
उसका वह कठिन परिश्रम भी राजसिक कर्म है कहलाता।। **24**

अर्थः- कर्मफल की ईच्छा रखने वाला व्यक्ति जब मिथ्या अहंकार की भावना से कठिन श्रम करता है तब वह कार्य राजसिक ढंग का हो जाता है।

जो कर्म मोहवश अन्यों को दुःख देने हेतु किया जाता।
अज्ञानी का वह शास्त्र विरोधी कर्म तामसिक हो जाता।। **25**

अर्थः- अज्ञानतावश शास्त्रों के प्रतिकूल अन्यों को हानि या दुःख पहुँचाने के विचार से किया जानेवाला कर्म तामसिक कर्म हो जाता है।

नियतं संगरहितमरागद्वेषतः कृतम्।
अफलप्रेप्सुना कर्म यत्तत्सात्विकमुच्यते।।**23**।।
यत्तु कामेप्सुना कर्म साहंकारेण वा पुनः।
क्रियते बहुलायासं तद्राजसमुदाहृतम्।।**24**।।
अनुबन्धं क्षयं हिंसामनपेक्ष्य च पौरुषम।।
मोहादारभ्यते कर्म यत्तत्तामसमुच्यते।।**25**।।

जो अहंकार-आसक्ति रहित साहस से कर्म किया करता।
फल अफलों से अविचलित रहे तो सात्विक कर्ता हो जाता।। 26

अर्थः- जो अहंकार एवं आसक्ति रहित होकर उत्साहपूर्वक कोई कर्म करता है तथा सफलता-असफलता से वह अविचलित रहता है, तो वैसा व्यक्ति सात्विक कर्ता कहलाता है।

लोभी, ईर्ष्यालू, फलासक्त रह भोगों की इच्छा करता।
सुख-दुःख से विचलित होने से वह रजोगुणी ही कहलाता।। 27

अर्थः- जो कर्मफल में आसक्त रहकर फलों को भोगने की इच्छा रखता हो, वह लोभी, ईर्ष्यालू, अशुद्ध एवं सुख-दुःख से विचलित होने वाला कर्ता रजोगुणी होता है।

विशेषार्थः- सामान्यतः लोग भौतिक उपलब्धि के लिये अहर्निश प्रयत्नशील रहते हैं इस संसार में आरामदेह जिन्दगी जीने के लिये वे कोई कोर-कसर नहीं छोड़ते हैं। वे ईर्ष्यालू, लोभी, अपवित्र और सुख-दुख से विचलित होने वाले व्यक्ति होते हैं। सफलता मिलने पर वे अत्यन्त प्रसन्न तथा विफलता मिलने पर अत्यन्त दुखी होते रहते है। इस तरह के व्यक्ति को रजोगुणी कर्ता कहा जाता है।

जो हठी, आलसी, शास्त्र विरोधी, आलस सदा किया करता।
वैसा असंस्कृत, असंतुलित कर्ता ही तमोगुणी होता।। 28

अर्थः- जो हठी, कपटी, भौतिकवादी, आलसी, खिन्न, दीर्घसूत्री तथा शास्त्रों के आदेश के विरूद्ध कार्य करने वाला है वह तमोगुणी कर्ता कहलाता है।

हे अर्जुन! अब प्रकृति के तीनों गुण को मैं बतलाता हूँ।
उसके हिसाब से विविध बुद्धि, धृति का विस्तार सुनाता हूँ।। 29

अर्थः- हे धनंजय! प्रकृति के तीनों गुणों के अनुसार विविध बुद्धि और धैर्य धारण की शक्ति को मैं विस्तार पूर्वक बताता हूँ।

मुक्तसंगोऽनहंवादी धृत्युत्साहसमन्वितः।
सिद्ध्यसिद्ध्योर्निर्विकारः कर्ता सात्त्विक उच्यते।।**26**।।
रागीकर्मफलप्रेप्सुर्लुब्धो हिंसात्मकोऽशुचिः।
हर्षशोकान्वितः कर्ता राजसः परिकीर्तितः।।**27**।।
अयुक्तः प्राकृतः स्तब्धः शठो नैष्कृतिकोऽलसः।
विषादी दीर्घसूत्री च कर्ता तामस उच्यते।।**28**।।
बुद्धेर्भेदं धृतेश्चैव गुणतस्त्रिविधं शृणु।
प्रोच्यमानमशेषेण पृथक्त्वेन धनंजय।।**29**।।
प्रवृत्तिं च निवृत्तं च कार्याकार्ये भयाभये।
बन्धं मोक्षं च या वेत्ति बुद्धिः सा पार्थ सात्त्विकी।।**30**।।

क्या कर्म करें, किससे न डरें, जो कार्य-अकार्य समझ लेती।
आत्मा जब बँधे नहीं उससे तो वही बुद्धि सात्विक होती।। **30**

अर्थः- कौन सा कर्म करें, किससे भय करें, कैसा कार्य उचित हैं, हे पृथापुत्र! जिससे आत्मा नहीं बँधती हो वैसी बुद्धि को सात्विक बुद्धि कही जाती है।

जो बुद्धि, धर्म एवं अधर्म में भेद नहीं कर पाती है।
तब रजोगुणी वह बुद्धि, कर्म में भेद नहीं कर पाती है।। **31**

अर्थः- हे पृथा पुत्र! जो बुद्धि धर्म-अधर्म में तथा करणीय-अकरणीय कार्यो में भेद नहीं कर पाती है वह रजोगुणी कही जाती है।

जो बुद्धि मोह और अन्धकार में धर्मो को अधर्म कहती।
विपरीत राह पर सदा चले तो वही तामसिक कहलाती।। **32**

अर्थः- हे पार्थ। जो बुद्धि अधर्म को धर्म और धर्म को अधर्म मानकर विपरीत दिशा में कार्य करवाती है उसी को तामसिक बुद्धि कहते हैं।

जो धृति, योगों से प्राण, इन्द्रियाँ, मन को वश में रखती है।
वह अचल, नियंत्रित करने वाली सात्विक धृति कहलाती है।। **33**

अर्थः- हे पार्थ! जब अटूट और अचल धृति, योगाभ्यास द्वारा मन, प्राण और इन्द्रियों के कार्यकलापों को नियंत्रित कर वश में रखती है तो उसी को सात्विक धृति कहा जाता है।

विशेषार्थः- मन, प्राण और इन्द्रियों को योगाभ्यास द्वारा परमात्मा में दृढ़तापूर्वक एकाग्र तथा स्थिर करने वाली धृति सात्विक कहलाती है। ध्यान को स्थिर और दृढ़ करके हम बहुत सारी बातों को जान ले सकते हैं जो साधारण दृष्टि से जानना असंभव है। सात्विक धृति रहने से ही यह संभव हो पाता है।

हे पार्थ! मनुष्यों को जो धृति, धर्मार्थ कार्य में लगवाती।
उनके फलार्थ कार्यो में लिपटी धृति ही रजोगुणी होती।। **34**

अर्थः- जिस धृति से धर्म, अर्थ और कार्यफल में मनुष्य लिपटा रहता है उस धृति को राजसी कहा जाता है।

यया धर्ममधर्मं च कार्यं चाकार्यमेव च।
अयथावत्प्रजानाति बुद्धिः सा पार्थ राजसी।।**31**।।
अधर्मं धर्ममिति या मन्यते तमसावृता।
सर्वार्थान्विपरीतांश्च बुद्धिः सा पार्थ तामसी।।**32**।।
धृत्या यया धारयते मनःप्राणेन्द्रियक्रियाः।
योगेनाव्यभिचारिण्या धृतिः सा पार्थ सात्त्विकी।।**33**।।

यया तु धर्मकामार्थान्धृत्या धारयतेऽर्जुन।
प्रसंगेन फलाकाङ्क्षी धृतिः सा पार्थ राजसी।।**34**।।

हे अर्जुन! धृति जब स्वप्न, शोक, भय, मोह, विवादों में रहती।
ऐसी दुर्बुद्धि-पूर्ण धृति ही तामसिक रूप है कहलाती।। **35**

अर्थः- हे पार्थ! जो धृति स्वप्न, शोक, भय, मोह और विषादों में लिप्त रहती है, वही तामसिक धृति कहलाती है।

विशेषार्थः- सात्विक, राजसी एवं तामसी प्रकृति के लोगों को भी स्वप्न आना एक प्राकृतिक घटना है। यहाँ अधिक सोने का अर्थ लगाना उपयुक्त होगा। संसार पर प्रभुत्व जमाने का स्वप्न रखते हुए भौतिक वस्तुओं को भोगने के उदेश्य से मन, प्राण और इन्द्रियों को इसमें लिप्त रखने वाली धृति तामसिक कहलाती है।

हे अर्जुन! अब मैं सुख के तीनों भेदों को भी बतलाता।
जो सुख का भोग कराता एवं दुःख का अन्त करा देता।। **36**

अर्थः- हे भरतश्रेष्ठ! अब मैं सुख के तीनों प्रकार को तुम्हें बतलाता हूँ जिससे हमको सुख का भोग प्राप्त होता है और दुख का अन्त भी हो जाता है।

विशेषार्थः- मनुष्य बद्धजीव होता है और इन्द्रियों की तृप्ति के लिये सतत प्रयत्नशील रहता है। परन्तु सुन्दर संगति मिलने पर या महापुरूष के संसर्ग में आकर दिशा बदल लेता है और दीर्घ अभ्यास से सुख को भोगकर दुःख रूपी भव-बन्धन से मुक्ति पा लेता है।

जो शुरूः शुरूः में विष समान और अन्तिम में अमृत लगता।
जो आत्मा का दर्शन करवा दे वह सुख सात्विक कहलाता।। **37**

अर्थः- प्रारम्भ में विष जैसा लगे और अन्त में वह अमृत जैसा हो जाय तथा हमें आत्मसाक्षात्कार करवा दे वैसा सुख सात्विक सुख कहलाता है।

इन्द्रिय-विषयों के सम्पर्कों में पहले सुख अमृत लगता।
पर अन्तिम में विष सा लगता तो रजोगुणी वह कहलाता।। **38**

अर्थः- इन्द्रिय-विषयों के संसर्ग में आकर जो सुख शुरू में (अग्रे) अमृत जैसा लगता है परन्तु अन्त में विष जैसा हो जाता है वह राजसिक सुख कहलाता है।

यया स्वप्नं भयं शोकं विषादं मदमेव च।
न विमुंचति दुर्मेधा धृतिः सा पार्थ तामसी।।**35**।।
सुखं त्विदानीं त्रिविधं शृणु मे भरतर्षभ।
अभ्यासाद्रमते यत्र दुःखान्तं च निगच्छति।।**36**।।
यत्तदग्रे विषमिव परिणामेऽमृतोपमम्।
तत्सुखं सात्विकं प्रोक्तमात्मबुद्धिप्रसादजम्।।**37**।।
विषयेन्द्रियसंयोगाद्यत्तदग्रेऽमृतोपमम्।
परिणामे विषमिव तत्सुखं राजसं स्मृतम्।।**38**।।

जो सुख आरम्भ-अन्त दोनों में आत्मा को भ्रम में रखता।
निद्रा, आलस्य, प्रमादों से जन्मा सुख तमोगुणी होता।। 39

अर्थः- जो सुख आरम्भ में और अन्त में आत्मा को भ्रमित करके रखता है तथा जो आलस्य, निद्रा एवं प्रमाद से उत्पन्न हुआ है, वह तामसिक सुख कहलाता है।

विशेषार्थः- तमोगुणी मनुष्य हिंसा, जड़ता, अन्धता और त्रुटियों से संतुष्ट रहता है। रजोगुणी मनुष्य सम्पत्ति, सत्ता, अभिमान और यश प्राप्त करने में आनन्द लेते रहता है, परन्तु जब वह सर्वोच्च आत्मा के साथ-साथ सभी प्राणियों के साथ घुल-मिल जाता है तब वह शाश्वत शान्ति, उल्लास और आत्मानन्द तक पहुँच जा सकता है।

इह लोक, स्वर्ग लोकों, देवों में सभी इन्हीं गुण में रमता।
इन प्रकृति जन्य तीनों गुण से कोई भी मुक्त नहीं रहता।। 40

अर्थः- इस लोक में स्वर्गलोक में और देवताओं में ऐसा कोई नहीं है जो प्रकृति के तीनों गुण से मुक्त हो।

ब्राह्मण, क्षत्रिय और वैश्य, शुद्र में गुण का अन्तर रहता है।
सब प्रकृतिजन्य स्वभाविक गुण ही उनमें अन्तर रखता है।। 41

अर्थः- हे परन्तप! प्रकृति के गुणों के अनुसार ब्राह्मण, क्षत्रिय, वैश्य और शुद्र के स्वभाव में भेद हो जाता है।

विशेषार्थः- मनुष्य का बाह्य जीवन उसके आन्तरिक अस्तित्व को अभिव्यक्त करने वाला होना चाहिये। प्रत्येक व्यक्ति को अपना जन्मजात स्वभाव होता है। हमारे अस्तित्व का सत्य स्वभाव बता देता है और स्वभाव के अनुसार स्वधर्म का पालन अपेक्षित रहता है। जबतक हम स्वभाव के अनुसार कर्म करते हैं तब तक धर्मात्मा रहते हैं उसे परमात्मा को समर्पित कर देने पर वह पूर्ण कर्म होकर आध्यात्मिक बन जाता है। स्वभाव के अनुकूल उचित कर्म नहीं करना ही पाप बन जाता है।

मानव जीवन के वर्गों को व्यष्टि के रूप में देखना अधिक समीचीन है। उसको स्वभाव के चार वर्गों में बाँटा जा सकता है और फलस्वरूप सामाजिक जीवन के भी चार प्रकार हो जाते हैं। जन्म या रंग के आधार पर अन्तर करना उचित नहीं है। समाज के कुछ सुनिश्चित कार्यों के सम्पादन के लिये मनोवैज्ञानिक विशेषताओं का मूल्यांकन हमेशा श्रेयस्कर है।

यदग्रे चानुबन्धे च सुखं मोहनमात्मनः।
निद्रालस्यप्रमादोत्थं तत्तामसमुदाहृतम्।।**39**।।
न तदस्ति पृथिव्यां वा दिवि देवेषु वा पुनः।
सत्त्वं प्रकृतिजैर्मुक्तं यदेभिः स्यात्त्रिभिर्गुणैः।।**40**।।
ब्राह्मणक्षत्रियविशां शूद्राणां च परन्तप।
कर्माणि प्रविभक्तानि स्वभावप्रभवैर्गुणैः।।**41**।।

जो ब्राह्मण शान्त, सहिष्णु, संयमित, सत्य, शुद्ध बनकर रहता।
विज्ञान, ज्ञान, धार्मिक स्वभाव गुण के कारण वह तप करता।। 42

अर्थः-शान्त, सहिष्णु, आत्मसंयमित, सत्य और शुद्ध होकर ज्ञान-विज्ञान एवं धार्मिकता पूर्ण स्वाभाविक गुण के कारण ब्राह्मण कर्म तथा तप करता है।

संकल्प, शक्ति, युद्धों में धीरज गुण-स्वभाव जिसका होता।
नेतृत्व, दान और शौर्य, दक्षता क्षत्रिय का सब गुण होता।। 43

अर्थः- संकल्प, शक्ति, युद्ध में धैर्य, वीरता, उदारता, नेतृत्व करने की क्षमता आदि स्वाभाविक गुण क्षत्रियों में होते हैं।

गो-रक्षा, कृषि, व्यापार वैश्य का कर्म स्वाभाविक कहलाता।
सब की सेवा और भक्ति-कर्म, शुद्रों का ही स्वभाव होता।। 44

अर्थः- कृषि, गोर-रक्षा और व्यापार करना वैश्यों के स्वाभाविक कर्म हैं, परन्तु श्रम एवं अन्यों की सेवा करना शुद्रों का स्वाभाविक कर्म हो जाता है।

निज-निज कर्मों का पालन कर हर व्यक्ति सिद्धि को पा सकता।
अब मुझसे सुन लो कैसे निज कर्मों का पालन हो सकता।। 45

अर्थः- श्री कृष्ण अर्जुन को बता रहे हैं कि अपने-अपने कर्मों का किस तरह पालन करके सिद्धि को प्राप्त किया जा सकता है।

जो सभी प्राणियों का उद्गम है, सबमें व्याप्त रहा करता।
निज कर्म सहित जो पूजा कर ले वही पूर्णता पा लेता।। 46

अर्थः- परमात्मा सर्वव्यापी और सभी जीवों का उद्गम हैं। अपने स्वाभाविक गुण के अनुसार कर्म का सम्पादन तथा भगवान की उपासना करके मनुष्य पूर्णता को प्राप्त कर सकता है।

षमो दमस्तपः शौचं क्षान्तिरार्जवमेव च।
ज्ञानं विज्ञानमास्तिक्यं ब्रह्मकर्म स्वभावजम्।।**42**।।
शौर्यं तेजो धृतिर्दाक्ष्यं युद्धे चाप्यपलायनम्।
दानमीश्वरभावश्च क्षात्रं कर्म स्वभावजम्।।**43**।।
कृषिगोरक्ष्यवाणिज्यं वैश्यकर्म स्वभावजम्।
परिचर्यात्मकं कर्म शूद्रस्यापि स्वभावजम्।।**44**।।
स्वे स्वे कर्मण्यभिरतः संसिद्धिं लभते नरः।
स्वकर्मनिरतः सिद्धिं यथा विन्दति तच्छृणु।।**45**।।
यतः प्रवृत्तिर्भूतानां येन सर्वमिदं ततम्।
स्वकर्मणा तमभ्यर्च्य सिद्धिं विन्दति मानवः।।**46**।।

निज धर्मो का अपूर्ण पालन भी औरों से अच्छा होता।
अपने स्वभावगत कर्मो के पालन में पाप नहीं लगता।। **47**

अर्थः- अपने धर्मो का अपूर्ण पालन करना भी अन्य धर्मो के पूर्ण पालन करने की अपेक्षा अधिक अच्छा होता है। अपने स्वभाविक गुण के द्वारा निर्दिष्ट कर्म को करने में पाप नहीं लगता है।

विशेषार्थः-कोई भी कर्म निकृष्ट नहीं होता है। अपने स्वाभाविक अर्जित गुण के आधार पर कर्मों का सम्पादन अगर भगवान की सेवा के उदेश्य से किया जाय तो वैसा व्यक्ति निश्चित रूप से पूर्णता को प्राप्त कर सकता है। यहाँ कृष्ण का संकेत अर्जुन को युद्ध करने की ओर प्रवृत करने के लिये है। वह क्षत्रिय है और क्षात्र-धर्म में युद्ध से भाग खड़ा होने को अधर्म माना गया है। श्री कृष्ण भगवद्स्वरूप हैं, उनकी खुशी के लिये युद्ध करना और अन्यायी शत्रुओं का विनाश कर देना ही उसका स्वधर्म और पूर्णता प्राप्त करने का सुनिश्चित पथ होगा।

धूएँ से आवृत अग्नि की तरह कर्म, दोष-आवृत होता।
कौन्तेय! दोष से युक्त कर्म भी ज्ञानी त्याग नहीं करता।। **48**

अर्थः- हर कार्य किसी न किसी दोष से युक्त रहता है, जैसे धूएँ से आवृत अग्नि रहती है। ज्ञानबाण पुरूष का कत्र्तव्य है कि उसका स्वाभाविक गुण अगर दोषपूर्ण भी रहे तब भी उसका त्याग नहीं करना चाहिये।

भगवान को प्रसन्न करने के लिये वृतिपरक कार्यो का सम्पादन हमेशा दोषमुक्त एवं शुद्ध हो जाता है।

जो आत्मसंयमित, अनासक्त रहकर ईच्छा न कभी रखता।
वह सन्यासी बनकर कर्मों से उच्च दशा को पा लेता।। **49**

अर्थः-जो आत्म संयमित, अनासक्त एवं ईच्छा रहित होकर सन्यास-कर्म करता है, वह सभी कर्मों से ऊपर उठकर, आध्यात्मिक दशा को प्राप्त कर लेता है।

विशेषार्थः- शरीरधारी के लिये पूर्ण निष्क्रिय होना संभव नहीं है यहाँ कृष्ण आन्तरिक सन्यास के लिये प्रेरित कर रहे हैं। आत्मदर्शी और स्वतः प्रकाशित सच्चा आत्म-ज्ञान प्राप्त करने के लिये अज्ञान, जड़ता और सांसारिकता से ऊपर उठकर निम्नतर स्वभाव पर विजय प्राप्त करना होगा। आध्यात्मिक पूर्णता को प्राप्त करने के लिये संयमित और इच्छा रहित होना अनिवार्य है।

श्रेयान्स्वधर्मो विगुणः परधर्मात्स्वनुष्ठितात्।
स्वभावनियतं कर्म कुर्वन्नाप्नोति किल्बिषम्।।**47**।।
सहजं कर्म कौन्तेय सदोषमति न त्यजेत्।
सर्वारम्भा हि दोषेण धूमेनाग्निरिवावृताः।।**48**।।
असक्तबुद्धिः सर्वत्र जितात्मा विगतस्पृहः।
नैष्कर्म्यसिद्धिं परमां संन्यासेनाधिगच्छति।।**49**।।

कौन्तय! सिद्धि पाकर कोई भी ब्रह्म प्राप्त कर लेता है।
वह कारण ही सर्वोच्च ज्ञान का, ब्रह्म प्राप्त करवाता है।। 50

अर्थः- हे कुन्तीपुत्र! सिद्ध हो जाने के बाद सर्वोच्च ज्ञान की अवस्था में ब्रह्म को प्राप्त किया जाता है जिसका संक्षेप में वर्णन तुम मुझसे सुन लो।

विशेषार्थः- यदि वृत्ति-परक कर्म का फल परमात्मा की प्रसन्नता के लिये कोई त्याग देता है तो वह ब्रह्म को अवष्य प्राप्त कर लेता है। इसको आत्म-साक्षात्कार की विधि कही जाती है। अर्थात् किसी भी वृति का कर्मफल मनुष्य को, भगवान के लिये, त्याग देना चाहिये तभी ब्रह्म-प्राप्ति संभव हो सकती है। इसके लिये बाह्य वस्तुओं से विमुख होकर आत्मा को प्रशिक्षित करना अनिवार्य होता है।

दृढ़ संयम, इन्द्रिय-निग्रह और बुद्धित्व ब्रह्म से मिलवाता।
शब्दादि, राग और द्वेष त्याग का यत्न, भक्त जब कर लेता।। 51

अर्थः- शुद्ध बुद्धि से एवं अपने को दृढ़तापूर्वक संयम में रखकर जो इन्द्रियों के विषयों को त्याग करे और राग-द्वेष से मुक्त होने का अभ्यास करे तो वह ब्रह्म के साथ एकाकार होने का सही तरीका हो जाता है।

एकान्तवास, आहार अल्प, मन, वाणी देह नियंत्रित हो।
एकाग्र-ध्यान, वैराग्य-शरण लेकर संयम में रहता हो।। 52

अर्थः- एकान्त वास और अल्पाहार करके जो मन, वाणी और शरीर को संयमित रखते हुए ध्यान तथा एकाग्रता में लीन रहकर वैराग्य की शरण में चला गया हो तो वही ब्रह्म के साथ एकाकार होने का सही तरीका हो जाता है।

जो अहंकार, ईच्छा, घमंड, बल, क्रोध, धनादि त्याग करता।
वह ममतामुक्त शान्त मन वाला आत्म-मिलन है कर पाता।। 53

अर्थः- जो अहंकार, बल, घमंड, इच्छा, क्रोध और सम्पत्ति का त्याग करके ममता रहित होकर शान्त चित्त से प्रयत्नशील रहता है तो वह निश्चित रूप से आत्म साक्षात्कार करने की योग्यात प्राप्त कर लेता है।

सिद्धिं प्राप्तो यथा ब्रह्म तथाप्नोति निबोध मे।
समासेनैव कौन्तेय निष्ठा ज्ञानस्य या परा।।50।।
बुद्ध्या विशुद्धया युक्तो धृत्यात्मानं नियम्य च।
शब्दादीन्विषयांस्त्यक्त्वा रागद्वेषौ व्युदस्य च।।51।।
विविक्तसेवी लघ्वाशी यतवाक्कायमानसः।
ध्यानयोगपरो नित्यं वैराग्यं समुपाश्रितः।।52।।
अहंकारं बलं दर्पं कामं क्रोधं परिग्रहम्।
विमुच्य निर्ममः शान्तो ब्रह्मभूयाय कल्पते।।53।।

जो ब्रह्म लीन हो कर इच्छा, शोकों से मुक्त, खुशी रहता।
वह सब जीवों में सम रहकर मेरी सर्वोच्च भक्ति पाता।। 54

अर्थः- जो ब्रह्म से एकाकार होकर बिना कामना एवं शोक के सब जीवों में समभाव रखता है वह मेरी सर्वोच्च भक्ति को प्राप्त करता है।

विशेषार्थः- कामना और शोक से मुक्त होकर सभी जीवों को समान रूप से देखते हुए जब जीव ब्रह्म से एकाकार होने का प्रयास करता है तब वही प्रयास उसको शुद्ध भक्ति की अवस्था में पहुँचा देता है।

जो शुद्ध भक्ति से यथारूप में मुझको ही जाना करता।
वह तत्व रूप में मुझे जानने पर प्रवेश मुझमें करता।। 55

अर्थः- शुद्ध भक्ति के माध्यम से (मैं कौन हूँ, कितना हूँ आदि) तत्वरूप में मुझको जाना जा सकता है और मुझको जान लेने के बाद ही कोई भक्त मुझमें यानि बैकुण्ठ लोक में प्रवेश कर सकता है।

विशेषार्थः-ज्ञान और भक्ति दोनों का लक्ष्य एक ही होता है। ईश्वर से प्रेम करना, उसको सम्पूर्ण रूप से जानना और उसमें प्रवेश कर जाना ही ब्रह्मलीन होने का सही अर्थ होता है। भक्ति मार्ग में ईश्वर को सम्पूर्ण रूप से समझकर भक्त उनके धाम में प्रवेश कर सकता है। ब्रह्मलीन अवस्था को प्राप्त करने के बाद भी भक्तों की भक्ति चलती रहती है। प्रत्येक जीव परमात्मा का अंश है अतः स्वाभाविक रूप से मुक्ति प्राप्त करने के बाद भी परमात्मा की सेवा में वह लगा रहता है। देहात्म-बुद्धि की भ्रान्त धारणा से मुक्त होना ही सच्ची मुक्ति कही जायेगी।

मेरी शरणागत में रहकर जो कर्म सदा करते रहता।
वह शाश्वत और अमर पद को मेरी दयालुता से पाता।। 56

अर्थः- जो मेरी शरण में आकर निरन्तर सभी कर्मो का सम्पादन करता है, वह मेरी कृपा से शाश्वत और अमर पद को प्राप्त कर लेता है।

विशेषार्थः- ज्ञान, भक्ति और कर्म साथ-साथ ही रहते हैं। प्रकृति तो ब्रह्म की शक्ति होती है और व्यक्ति ईश्वर का केवल एक उपकरण है, निमित्त है। इसी ज्ञान के साथ कर्म का सम्पादन होना चाहिये। मन को परमब्रह्म में एकाग्र करके व्यक्ति जब कोई कर्म करता है तो उसकी कृपा के कारण वह शाश्वत रूप से परमधाम में निवास करने के योग्य हो जाता है।

ब्रह्मभूतः प्रसन्नात्मा न शोचति न काङ्क्षति।
समः सर्वेषु भूतेषु मद्भक्तिं लभते पराम्।।**54**।।
भक्त्या मामभिजानाति यावान्यश्चास्मि तत्त्वतः।
ततो मां तत्त्वतो ज्ञात्वा विशते तदनन्तरम्।।**55**।।
सर्वकर्माण्यपि सदा कुर्वाणो मद्व्यपाश्रयः।
मत्प्रसादादवाप्नोति शाश्वतं पदमव्ययम्।।**56**।।

कर्मो को मुझ पर निर्भर रख कर संरक्षण में कार्य करो।
मेरे प्रति ही सचेत रहकर तुम सदा कर्म को किया करो।। 57

अर्थः-मुझ पर निर्भर रहकर मेरे संरक्षण में तुम सभी कामों को करते रहो। पूर्ण चेतना सहित भक्तिपूर्वक कार्यों को सम्पादित करना अनिवार्य होता है।

मन को स्थिर कर, मेरे ही प्रसाद से बाधा लाँघोगे।
पर अहंकारवश, अनसूनी करके विनष्ट हो जाओगे।। 58

अर्थः-अपने मन को मुझमें स्थिर करके मेरी कृपा से तुम सब अवरोधों को पार कर जाओगे। परन्तु अहंकारवश तुम इसको अनसूनी कर दोगे तो विनष्ट हो जाओगे।
विशेषार्थः-अहंकार के कारण लोग ईश्वर की अवज्ञा करते हैं जो नरक भोगने का कारण होता है। अगर ईश्वर को चित्त में स्थिर करके उनकी कृपा के लिए प्रार्थना करते हुए कर्म को सम्पादित किया जाय तो सभी विघ्न-बाधाओं को लाँघते हुए मनुष्य को मोक्ष की प्राप्ति संभव हो जायेगी।

यदि अहंकार वश युद्ध नहीं लड़ने का निश्चय कर लोगे।
तो प्रकृति विवश कर देगी तुमको युद्धातुर हो जाओगे।। 59

अर्थः- अगर अहंकारवश तुम नहीं लड़ने का संकल्प लेते हो तो प्रकृति तुमको विवश कर देगी और संकल्प व्यर्थ हो जायेगा।
विशेषार्थः- साधक हो (कत्र्ता को) अपने आन्तरिक स्वभाव का आदेश मान लेना अनिवार्य है। सभी स्वार्थपूर्ण भय का त्याग करने पर ही यह संभव है। हम अधिकांशतः स्वाभाविक प्रकृति के अधीन हैं और छोटी-छोटी योजनाओं के लिये उत्सुक और आवेशित रहते हैं। परमात्मा की ईच्छा को स्वीकार करके कर्म करने से हम लोक-संग्रह हेतु अधिक उपयोगी सिद्ध हो सकते हैं। कृष्ण ने स्वयं को परमात्मा घोषित कर अर्जुन के प्रकृति-प्रदत्त स्वभाव को उकेरने का प्रयास किया है। स्वाभाविक गुण के आधार पर अर्जुन का युद्ध में सम्मिलित होना आवश्यक समझकर ही भगवान ने उसे उत्साहित किया है।

चेतसा सर्वकर्माणि मयि संन्यस्य मत्परः।
बुद्धियोगमुपाश्रित्य मच्चितः सततं भव।।57।।
मच्चितः सर्वदुर्गाणि मत्प्रसादात्तरिष्यसि।
अथ चेत्त्वमहंकारान्न श्रोष्यसि विनङ्क्ष्यसि।।58।।
यदहंकारमाश्रित्य न योत्स्य इति मन्यसे।
मिथ्यैष व्यवसायस्ते प्रकृतिस्त्वां नियोक्ष्यति।।59।।

कौन्तेय! भ्रमों के कारण तुमसे अगर सुकर्म नहीं होगा।
तो प्रकृति प्रदत्त गुणों के कारण यह संभव हो जायेगा।। **60**

अर्थः- हे कुन्तीपुत्र! अगर भ्रम के कारण तुम युद्ध-कर्म को नहीं करोगे तो तेरी अनीच्छा रहते हुए भी तेरा प्रकृतिजन्य कर्म यह संभव करवा देगा।

विशेषार्थः-स्वभाव को प्रकृतिजन्य कर्म विवश करते रहता है और विना ईच्छा के भी मनुष्य द्वारा तदनुरूप कर्मों का सम्पादन अनायास होता रहता है। अर्जुन स्वभावतः क्षत्रिय है इसलिये प्रकृतिजन्य स्वभाव उसको युद्ध करने के लिये विवश कर ही देगा।

हे पार्थ! सभी जीवों के हृदयों मेंईश्वर बैठा रहता।
भौतिक यंत्रों की भाँति जीव को निज माया में भरमाता।। **61**

अर्थः- हे पार्थ! प्रत्येक जीव के हृदय में मैं भौतिक यंत्रों की तरह बैठा रहता है और अपनी माया से समस्त जीवों को भरमाते रहता हूँ।

हे पार्थ! शरण में आकर, मुझसे कृपा प्राप्त पहले कर लो।
वह परमधाम और परम शान्ति भी मुझसे तुम निश्चित ले लो।। **62**

अर्थः-हे अर्जुन! हर तरह से तुम शरण में आकर मेरी कृपा प्राप्त कर लो। क्योंकि मेरी कृपा से ही तुम परमधाम और परम शान्ति को प्राप्त कर सकोगे।

विशेषार्थः- अर्जुन को परमात्मा के साथ सहयोग करने की सलाह, कृष्ण द्वारा दी जा रही है और यह तभी संभव है, जब अर्जुन अपने कत्र्तव्य का पालन करे। कृष्ण रूप परमात्मा में अपना सारा अस्तित्व समाहित कर दे और शरणागत हो जाय तभी उसकी कृपा से परमधाम और परमशान्ति को प्राप्त कर सकेगा। युद्ध से भागने पर आततायियों का विनाश नहीं हो सकेगा अतः अर्जुन को कृष्ण के आदेश को स्वीकार कर लेना अनिवार्य है।

स्वभावजेन कौन्तेय निबद्धः स्वेन कर्मणा।
कर्तुं नेच्छसि यन्मोहात्करिष्यस्यवशोऽपि तत्।।**60**।।
ईश्वरः सर्वभूतानां हृद्देशेऽर्जुन तिष्ठति।
भ्रामयन्सर्वभूतानि यन्त्रारूढानि मायया।।**61**।।
तमेव शरणं गच्छ सर्वभावेन भारत।
तत्प्रसादात्परां शान्तिं स्थानं प्राप्स्यसि शाश्वतम्।।**62**।।

यह ज्ञान रहस्यों का रहस्य जो मैंने तुमको बतलाया।
तुम भलीभाँति सोचो, स्वेच्छा से करने ही यह समझाया।। 63

अर्थः- जो ज्ञान मैंने दिया है वह रहस्यों से भी बड़ा रहस्य है। अब इस पर विचार करके तुम अपनी ईच्छा से जो उचित समझो वैसा करो।

विशेषार्थः- कृष्ण, अर्जुन का सारथी है। वह शस्त्र-विहीन होकर अर्जुन के रथ को हाँकने का कार्य कर रहा है। परन्तु दोनों में अपूर्व आत्मीयता है और प्रेमवश ब्रह्म का रहस्य तथा मानवोचित कत्र्तव्य का रहस्य बताकर वह अपने आत्मीय मित्र अर्जुन को सहायता करना चाहता है। गुरु तो निश्चित रूप से शिष्य के प्रारम्भिक कदमों को लड़खड़ाते देखना नहीं चाहेगा। हाँ शिष्य की स्वतंत्रता पर अंकुश नहीं डालेगा और उचित मार्ग को चयन करने में उसको स्वेच्छा से विचार करने के लिए कहेगा। यानि कर्तव्य की स्थिति से परे शिष्य को, कर्तव्य का पाठ पढ़ाकर सही मार्ग को चुनने का विचार उसकी ईच्छा पर ही छोड़ देगा।

अब तुम मेरा सर्वोच्च तथा सबसे रहस्यमय वचन सुनो।
तुम मेरे प्रिय हो हितकर वचनों को मानो या ना मानो।। 64

अर्थः- अब तुम मेरे सर्वोच्च वचनों को सुन लो जो सबसे अधिक रहस्य से भरा हुआ है। चूँकि तुम मेरे बहुत प्रिय हो इसलिए तुम्हारे हित के लिये मैं बतला रहा हूँ।

तुम भक्ति पूर्ण मेरी पूजा और नमस्कार मुझको कर लो।
प्रिय मित्र वचन देता हूँ ऐसा कर निश्चित मुझको पा लो।। 65

अर्थः- मेरा भक्त बनकर हरदम मेरी पूजा करो और नमस्कार करो। तुम मेरा प्रिय मित्र हो, मैं वचन देता हूँ कि ऐसा करके तुम निश्चित रूप से मुझको प्राप्त कर लोगे।

विशेषार्थः- जब मनुष्य का सभी कर्म कृष्ण के निमित्त होने लगे, हर क्षण उन्हीं के चिन्तन में बीतने लगे, तो वह निश्चित रूप से उनका प्रेमी बन जाता है और उनका सानिध्य प्राप्त कर लेता है। कृष्ण के प्रति ऐसी एकाग्रता को ही गुह्यतम ज्ञान कहते हैं। नौवें अध्याय में भी इस सर्वोच्च उपदेश को बताया गया है। भगवान तो बराबर सहायता देने के लिए उद्यत रहते ही हैं और प्रतीक्षा करते रहते हैं कि विश्वासपूर्वक उनसे सहायता करने का अनुरोध कोई कर रहा है अथवा नहीं।

इति ते ज्ञानमाख्यातं गुह्याद् गुह्यतरं मया।
विमृश्यैतदशेषेण यथेच्छसि तथा कुरु।।**63**।।
सर्वगुह्यतमं भूयः शृणु मे परमं वचः।
इष्टोऽसि मे दृढमितिततो वक्ष्यामि ते हितम्।।**64**।।
मन्मना भव मद्भक्तो मद्याजी मां नमस्कुरु।
मामेवैष्यसि सत्यं ते प्रतिजाने प्रियोऽसि मे।।**65**।।

सब कर्तव्यों का परित्याग कर शरणागत तुम हो जाओ।

तुम डरो नहीं, शरणागत हो, पापों से मुक्ति तुरत पाओ।। 66

अर्थः- सब प्रकार के धर्मो या कर्तव्यों का परित्याग कर सिर्फ मेरी शरण में आ जाओ। तुम डरो मत, मैं तुम्हें सब पापों से मुक्त कर दूँगा।

विशेषार्थः- अर्जुन डरा हुआ है। युद्ध में सम्मिलित होकर गुरु पितामह, सम्बन्धी एवं मित्र वर्गों के विरूद्ध उसको युद्ध करने में हिचकिचाहट हो रही है। युद्ध के परिणाम से भी वह अधिक चिन्तित और भयभीत है। वीरों की मृत्यु के बाद राज्य में वर्णशंकरता बढ़ जाने एवं पितरों को कष्ट पहुँचने की शंका उसको सता रही है। सभी पवित्र कत्र्तव्यों का उल्लंघन कर वह पाप करने के पक्ष में नहीं है। जितने प्रकार के ज्ञान, धर्म या सम्प्रदायों का वर्णन है, उन सबकों त्याग कर केवल श्री कृष्ण की शरण में आ जाने के लिए उसको प्रोत्साहित किया जा रहा है। भगवान पूर्ण आश्वासन के साथ कहते हैं कि तुम डरो नहीं, चिन्ता मत करो, शरणागत होकर अपने सभी पापों से मुक्त होने का सर्वोच्च और रहस्यपूर्ण तरीका यही है।

गीता के सातवें अध्याय में इस बात का आभास है कि सभी पापों से मुक्त होकर ही हम कृष्ण की शरण में जा सकते हैं। परन्तु यहाँ इसकेा स्पष्ट किया गया है कि सिर्फ भगवान की शरण में आ जाने से, मनुष्य के सभी पाप मिट जाते हैं। इसलिये बिना झिझक के कृष्ण की शरण में पूर्ण श्रद्धा और प्रेमपूर्वक अपने को समर्पण कर देना चाहिये। रामानुजी इस श्लोक को गीता का चरम तथ्य तथा अन्तिम श्लोक मानते हैं।

यह गुह्य-ज्ञान, तपहीन और श्रद्धाविहीन को मत कहना।

अनुशासन हीन द्वेष रखनेवालों को भी मत समझाना।। 67

अर्थः-यह गुह्य ज्ञान ऐसे व्यक्ति को नहीं बताना है जो तपस्वी नहीं हो और जिसको मुझपर श्रद्धा भी नहीं हो। जो आज्ञाकारी नहीं हो और मुझसे द्वेष रखते हो उनको भी यह नहीं बताना है।

विशेषार्थः- अनुशासित व्यक्ति प्रेम और सेवा करने की इच्छा से ज्ञान तथा रहस्य की बात को समझने में समर्थ होता है अन्यथा बाँकी लोग ऐसे संदेश को सुनकर इसका दुरूपयोग भी कर सकते हैं।

सर्वधर्मान्परित्यज्य मामेकं शरणं व्रज।
अहं त्वां सर्वपापेभ्यो मोक्षयिष्यामि मा शुचः।।66।।
इदं तेनातपस्काय नाभक्ताय कदाचन।
न चाशुश्रूषवे वाच्यं न च मां योऽभ्यसूयति।।67।।
य इदं परमं गुह्यं मद्भक्तेष्वभिधास्यति।
भक्तिं मयि परां कृत्वा मामेवैष्यत्यसंशयः।।68।।
न च तस्मान्मनुष्येषु कश्चिन्मे प्रियकृत्तमः।
भविता न च मे तस्मादन्यः प्रियतरो भुवि।।69।।

यह परम रहस्य उचित भक्तों को जो कोई भी बतलाता।
वह शुद्ध भक्ति पाकर अन्तिम में मेरे पास पहुँच जाता।। 68

अर्थः-जो कोई भी मेरे भक्तों को यह परम रहस्य बतलाता हो वह शुद्ध भक्ति प्राप्त करके अन्त में मेरे पास ही आ जाता है।

विशेषार्थः- जो लोग कृष्ण को भगवान के रूप में स्वीकार करते हैं, उन्हीं के समक्ष गीता की विवेचना करना उपयुक्त होगा। सच्चे मन से गीता को यथारूप में प्रस्तुत करने वालों की भक्ति बढ़ती जाती है और अन्त में शुद्ध भक्ति प्राप्त कर वह निश्चित ही गोलोक पहुँच जाता है।

कोई सेवक इससे बढ़कर प्रिय मेरा नहीं कभी होता।
ऐसा करने वालों से अच्छा कभी न कोई हो पाता।। 69

अर्थः- संसार में ऐसे सेवक की तुलना में कोई भी अन्य सेवक अधिक प्रिय नहीं हो सकता है।

जो इन पवित्र संवादों का अध्ययन ज्ञान से कर लेगा।
वह सही अर्थ में ज्ञान-यज्ञ से मेरी पूजा कर लेगा।। 70

अर्थः- मेरे इस वार्तालाप या संवाद का अध्ययन जो कोई भी करेगा वही इस ज्ञान-यज्ञ द्वारा सही अर्थ में मेरी पूजा करता माना जायेगा।

श्रद्धा पूर्वक इन पाठों को सुनने से पाप नष्ट होता।
दिव्यात्माओं के लोकों में आनन्द प्राप्त करता रहता।। 71

अर्थः- जो कोई द्वेष रहित होकर श्रद्धा से इस पाठ को सुनेगा वह पुण्यात्माओं के शुभ लोकों में आनन्द प्राप्त करेगा।

हे पृथापुत्र! एकाग्रचित होकर तुम क्या यह सुन पाया?
अज्ञानों से उत्पन्न मोह क्या अब भी नहीं हटा पाया? 72

अर्थः- हे पृथापुत्रा! हे धनंजय! एकाग्रचित होकर क्या यह सब तुमने नहीं सुना? तुम्हारी अज्ञानता के कारण उत्पन्न सम्मोह (घबड़ाहट) क्या अब तक भी नहीं गया है?

अध्येष्यते च य इमं धर्म्यं संवादमावयोः।
ज्ञानयज्ञेन तेनाहमिष्टः स्यामिति मे मतिः।।70।।
श्रद्धावाननसूयश्च शृणुयादपि यो नरः।
सोऽपि मुक्तः शुभाँल्लोकान्प्राप्नुयात्पुण्यकर्मणाम्।।71।।
कच्चिदेतच्छ्रुतं पार्थ त्वयैकाग्रेण चेतसा।
कच्चिदज्ञानसम्मोहःप्रणष्टस्ते धनंजय।।72।।

अर्जुन बोले, हे कृष्ण! मेरी स्मृति लौटी, भ्रम दूर हुआ।
विन संशय के, आदेशों पर ही कर्म हेतु उद्विग्न हुआ।। 73

अर्थः- हे अच्युत! हे कृष्ण! तेरी कृपा से मेरी स्मृति लौट गयी है और मेरा सभी तरह का भ्रम भी नष्ट हो गया है। अब मैं स्थिर हो गया हूँ और तेरे आदेशानुसार कर्मों को संपादित करने के लिये उद्यत भी हूँ।

संजय बोले, राजन! श्री कृष्ण-अर्जुन का जब सम्वाद सुना।
मेरा शरीर रोमांचित है, अद्भुत संदेश इसे जाना।। 74

अर्थः- संजय ने राजा (धृतराष्ट्र) को बताया कि अर्जुन और श्री कृष्ण का वार्तालाप सुना। कृष्ण का यह सन्देश इतना अद्भुत था कि मेरा शरीर रोमांचित हो रहा है।

विशेषार्थः-अर्जुन का भ्रम नष्ट हो गया है और अब वह परमात्मा के साधन स्वरूप नियत कर्तव्यों का पालन करेगा। उसको पूर्ण विश्वास हो गया है कि भगवान ने अपने प्रयोजन के लिये अर्जुन को बनाया है। भगवान श्री कृष्ण उसकी सहायता के लिये तैयार हैं, अतः अद्भुत सन्देश सुनकर मोक्ष की उपलब्धि के लिये अर्जुन ने उनका आदेश पालन करना ही कर्तव्य समझा है। कुरूक्षेत्र की घटना को सविस्तार बताने के लिये गुरु व्यास ने संजय को दिव्य-दृष्टि प्रदान की थी ताकि युद्ध-स्थल की सारी घटनाओं को वह राजा धृतराष्ट्र से कह सुनावे। श्री कृष्ण और अर्जुन का अद्भुत वार्तालाप और भगवान का संदेश सुनकर संजय रोमांचित हो रहा था। यह वार्तालाप आश्चर्यजनक था क्योंकि अर्जुन जैसे जीवात्मा को भगवान अपने श्रीमुख से अपनी शक्ति का वर्णन सुना रहे थे। प्रत्येक मनुष्य को हृदय में विराजमान परमात्मा के आदेश का अनुभव कर, अर्जुन द्वारा लिये गये निर्णय का अनुसरण करना ही कर्तव्य है।

अर्जुन उवाच,
नष्टो मोहः स्मृतिर्लब्धा त्वत्प्रसादान्मयाच्युत।
स्थितोऽस्मि गतसंदेहः करिष्ये वचनं तव।।**73**।।
संजय उवाच,
इत्यहं वासुदेवस्य पार्थस्य च महात्मनः।
संवादमिममश्रौषमद्भुतं रोमहर्षणम्।।**74**।।

मैंने श्री व्यास की कृपा प्राप्त कर परम गुह्य सम्वाद सुना।
जैसे श्री कृष्ण के संदेशों को अर्जुन ने सतशः माना।। 75

अर्थः- मुनिवर व्यास जी की कृपा से परम गुह्य संदेशों को मैंने सुना जो श्री कृष्ण द्वारा अर्जुन को कहा गया था ।

विशेषार्थः- संजय को गुरु व्यास से शक्ति प्राप्त हुई थी कि वह कुरूक्षेत्र की रण-स्थली में हो रही सभी घटनाओं को दूर में बैठकर भी देख और सुन सके जिससे वह जन्मान्ध राजा धृतराष्ट्र को हूबहू सुना सके। पुराण में ऐसा वर्णन आया है कि नारदमुनि श्री कृष्ण के शिष्य थे और श्री व्यासदेव नारद के शिष्य थे। संजय, मुनि व्यास के शिष्य थे और राजा धृतराष्ट्र व्यास के मानस पुत्र थे। इस गुरु परम्परा में सबको भगवान कृष्ण के दर्शन हुए और संजय ने योगेश्वर कृष्ण द्वारा अर्जुन को दिया गया गुह्य संदेष देखा और सुना भी। भावार्थ यह निकला कि परमात्मा के दर्शन करने में गुरु की कृपा ही फलदायी होती है।

हे राजन! केशव-अर्जुन का संवाद पुनः मैं सुन पाता।
रह-रह कर वही याद आता और आन्न्दित मैं हो जाता।। 76

अर्थः- हे राजन! कृष्ण और अर्जुन के बीच का रहस्यपूर्ण और पवित्र सम्वाद सुनकर बारम्बार मुझे वही स्मरण होता है तथा मैं अति विह्वल और अह्लादित हो जाता हूँ।

विशेषार्थः- सम्पूर्ण गीता का सार कृष्ण-अर्जुन सम्वाद ही है। रहस्यपूर्ण और अति पवित्र वार्तालाप के सन्देश को बराबर स्मरण करते रहने से ही आध्यात्मिक जीवन की दिव्य स्थिति प्राप्त हो जाती है।

हे राजन्! यह स्मरण मात्र से ही मैं हर्षित हो जाता।
भगवान कृष्ण का वह स्वरूप मुझको आश्चर्य चकित करता।। 77

अर्थः- हे राजन! भगवान कृष्ण का वह अद्भुत रूप स्मरण करते ही मैं आश्चर्यचकित हो जाता हूँ और बार-बार मैं आनन्दित तथा हर्षित हो जाता हूँ।

विशेषार्थः- इस आध्यात्मिक तथ्य को केवल कह-सुन कर नहीं समझा जा सकता है, बल्कि बराबर प्रार्थना और मनन करने से आध्यात्मिक दिव्यता प्राप्त होती है।

व्यासप्रसादाच्छ्रुतवानेतद्गुह्यमहं परम्।
योगं योगेश्वरात्कृष्णात्साक्षात्कथयतः स्वयम्।।75।।
राजन्संस्मृत्य संस्मृत्य संवादमिममद्भुतम्।
केशवार्जुनयोः पुण्यं हृष्यामि च मुहुर्मुहुः।।76।।
तच्च संस्मृत्य संस्मृत्य रूपमत्यभ्दुतं हरेः।
विस्मयो मे महान्राजन्हृष्यामि च पुनः पुनः।।77।।

योगेश्वर कृष्ण तथा अर्जुन दोनों ही साथ जहाँ रहते।
सौभाग्य, विजय, कल्याण, नीति सब वहीं अवश्य रहा करते।। **78**

अर्थः- योगेश्वर कृष्ण और अर्जुन जहाँ एक साथ उपस्थित रहते हैं वहीं सौभाग्य, विजय, कल्याण और नैतिकता उपस्थित रहती हैं।

विशेषार्थः-भगवान श्री कृष्ण का रहस्य पूर्ण अद्भुत संदेश सुनकर अर्जुन को आत्मज्ञान प्राप्त हो चुका था और हो भी क्योंकि नहीं, साक्षात परमेश्वर के मुख से जो अमृत वाणी सुनने का सौभाग्य मिल गया था। उसके सारे भ्रम, सन्देह और मन के अहंकार मिट चुके थे। अब वह परमात्मा के सभी आदेशों का शत-प्रतिशत पालन करेगा क्योंकि वह तो श्री कृष्ण के प्रयोजन की सिद्धि के लिए ही भौतिक संसार में लाया गया था। जब परमात्मा स्वयं उसके साथ थे तो नैतिक कर्तव्यों का सम्पादन उसको करनाही था। युद्ध में भाग लेकर अनैतिकता को समाप्त करने के लिये दिव्य सन्देश का परिपालन करना उसके लिये अनिवार्य था।

भगवद्गीता नीतिपूर्ण संदेशों का सुपठनीय ग्रंथ है। इन अमूल्य संदेशों को सुनकर अर्जुन ने कृष्ण को परम ब्रह्म के रूप में स्वीकार कर लिया था। महामुनि नारद, असित, देवल, व्यासदेव आदि सिद्ध महापुरूषों ने भी यह स्वीकार किया है। गीता का विषय ब्रह्म और जीव से सम्बन्धित है। ईश्वर जीव, प्रकृति तथा दृश्य-जगत और सबकुछ काल द्वारा नियंत्रित होते रहने से सम्बन्धित इत्यादि विषयों का सुस्पष्ट चित्रण, एवं जीवों के सभी कार्यकलापों का विशद् वर्णन अगर एक जगह संकलित किसी धर्मग्रंथ में देखना हो तो वह भगवद गीता ही है।

शरीर रूपी रथ में, योद्धा अर्जुन ही हृदय में अवस्थित आत्मा का प्रतीक है। वह अन्धकार, असत्य, सीमितता और मरणशीलता जैसे अवरोधक तत्वों से युद्ध करने में किंकत्र्तव्यविमूढ हो जाता है। उसको उच्चतर आत्मा रूपी भगवान कृष्ण के मार्गदर्शन की अपेक्षा रहती है। प्रकृति एक सकारात्मक सत्ता के रूप में प्रतिरोधक शक्ति है जो प्रकाश या सत्य पर कमोवेश आवरण डालती रहती है। प्रकृति की माया शक्ति की वास्तविकता पहचानने में अर्जुन असमर्थ है। प्रकृति निरपेक्ष रूप से हर बात का निर्धारण नहीं करती है। कर्म की दशा के पाँच घटक तत्व, 1. कर्म का आधार, 2. कर्म करने वाला कत्र्ता 3. प्रकृति के साधक उपकरण 4. प्रयत्न तथा 5. दैव माने गये हैं। इन पाँचों तत्वों से बिल्कुल अलग एक ऐसी शक्ति होती है जो हमारे कर्मों में संशोधन करती है और उसका फल भी देती है। पूर्व जन्मों में किये गये कर्मों के आधार पर बिना किसी परामर्श के हम वर्तमान की स्थिति प्राप्त करते हैं। परन्तु प्रकृति के नियतिवाद पर बुद्धिमत्तापूर्ण संकल्प के द्वारा हम इन सब पर विजय प्राप्त कर सकते हैं।

अर्जुन को अहंकार से ऊपर उठना होगा, अपनी व्यक्तिगत सत्ता को परमात्मा के साथ एक करना होगा तभी वह त्रिगुणातीत होकर संसार के बन्धन से मुक्त हो सकेगा।

भगवान कृष्ण ने मानवीय आत्मा के प्रतिनिधि अर्जुन को पूर्णता और सच्ची शान्ति तक पहुँचने के लिये सर्वांग-सम्पूर्ण योग शास्त्र के संग-संग ज्ञान मार्ग, भक्ति मार्ग, कर्म मार्ग आदि मार्गों का सूक्ष्म विश्लेषण करते हुए अन्त में रहस्योदघाटन किया है कि सभी धर्मों एवं

कत्र्तव्यों का परित्याग कर मेरी शरण में आ जाओ तो निश्चित रूप से मैं तुमको दिव्य मोक्ष प्रदान कर दूँगा। कृष्ण का दिया हुआ यह ज्ञान यद्यपि सभी रहस्यों का रहस्य है परन्तु उसने अर्जुन की इच्छा पर छोड़ दिया है कि वह उनके बताये मार्ग को स्वीकार करे अथवा नहीं करे। और अन्ततः परमेष्वर की इच्छा एवं उनके आदेश को पूर्णतः मानकर कुरूक्षेत्र के युद्ध में सम्मिलित होने के लिए अर्जुन तैयार भी हो गया है। हू-वहू अर्जुन जैसे ही हम मनुष्यों को परमात्मा के संदेष को समझना होगा और उसको अनुपालन कर जीवन की सभी समस्याओं से युद्ध करना होगा।

यत्र योगश्वरः कृष्णो यत्र पार्थो धनुर्धरः।
तत्र श्रीर्विजयो भूतिध्रुवा नीतिर्मतिर्मम।।78।।

इति अष्टदशोध्यायः

Image references :

https://vedicfeed.com/ By Drishith

https://navbharattimes.indiatimes.com/astro/religion-rituals/festivals-and-fasts/bhagwat-geeta-chapter-first-importance-and-benefits-geeta-pratham-adhaya-path-aur-labh/articleshow/93313725.cms

www.Shutterstock.com

https://naadopaasana.wordpress.com/tag/gitopadesha/

https://i.pinimg.com/originals/f7/50/49/f750498dce6aa8dc32a40a146b6267ed.jpg

https://in.pinterest.com/pin/1046664769632911303/

https://i.pinimg.com/originals/73/d6/79/73d679ab289656cdf99d4ae35ca7eef3.jpg

https://i.pinimg.com/originals/7e/13/d0/7e13d039eac42c655be8aff27664764e.jpg

https://krishna.org/understanding-reincarnation/

https://mandalas.life/2019/trimurti-brahma-vishnu-and-shiva/

https://vistaranews.com/web-stories/lord-vishnus-10-avatars

https://decodehindumythology.blogspot.com/2011/08/big-bang-and-bhagvatam.html

https://www.thinksmarterworld.com/bhagavad-gita-heros-journey-unity-consciousness/

www.pininterest.com

https://in.pinterest.com/pin/223280094009971827/

https://iskcondesiretree.com/profiles/blogs/six-promises-by-the-lord-in-the-gita

https://www.hindu-blog.com/2012/04/story-of-hanuman-on-arjunas-flag-in.html

www.ingramcontent.com/pod-product-compliance
Lightning Source LLC
LaVergne TN
LVHW041021150826
845672LV00001B/161

* 9 7 9 8 8 9 1 3 3 8 8 4 5 *